CB073218

KATE
MIDDLETON

Publicado originalmente na Inglaterra em 2013
pela Carlton Books Limited com o título *Kate's Style*
Copyright© 2013 Carlton Books Limited

Todos os direitos desta edição reservados à
Prata Editora e Distribuidora Ltda.

ISBN 978-85-86307-51-5

Créditos da edição brasileira
Editor-Chefe: Eduardo Infante
Tradução: Lúcia Beatriz Primo
Produção Gráfica e Direção de Arte: Julio Portellada
Preparação e Revisão de Texto: Flávia Portellada
Diagramação: Estúdio Kenosis

Créditos da edição original
Editora Executiva Sênior: Lisa Dyer
Diretora de Arte: Lucy Coley
Gerente de Produção: Maria Petalidou
Editora de Texto: Jane Donovan
Assistente de Pesquisa: Ellen Wallwork

Dados Internacionais de Catalogação na Publicação (CIP)
(Câmara Brasileira do Livro, SP, Brasil)

Jones, Caroline
  Kate Middleton : estilo e elegância do maior ícone da realeza / Caroline Jones ; [traduzido por Lúcia Beatriz Primo]. — 1. ed. — São Paulo : Prata Editora, 2013.

  Título original: Kate's style : smart chic fashion from a royal role model.

  1. Beleza física (Estética) 2. Catherine, Duquesa de Cambridge, 1982 – Biografia 3. Catherine, Duquesa de Cambridge, 1982 – Vestuário 4. Elegância feminia 5. Moda 6. Moda e estilo
  I. Título.

13-04524   CDD-646.7042

Índice para catálogo sistemático:
1. Kate Middleton : Trajes : Estilo e elegância
646.7042

Prata Editora e Distribuidora
www.prataeditora.com.br
sac@ prataeditora.com.br
facebook/prata editora

É PROIBIDA A REPRODUÇÃO

Todos os direitos reservados ao autor, de acordo com a legislação em vigor. Proibida a reprodução total ou parcial desta obra, por qualquer meio de reprodução ou cópia, falada, escrita ou eletrônica, inclusive transformação em apostila, textos comerciais, publicação em websites etc., sem a autorização expressa e por escrito do autor. Os infratores estarão sujeitos às penalidades previstas na lei.

Impresso no Brasil/*Printed in Brasil*

KATE MIDDLETON

Estilo e Elegância do Maior Ícone da Realeza

CAROLINE JONES

PRATA

São Paulo-SP
Brasil

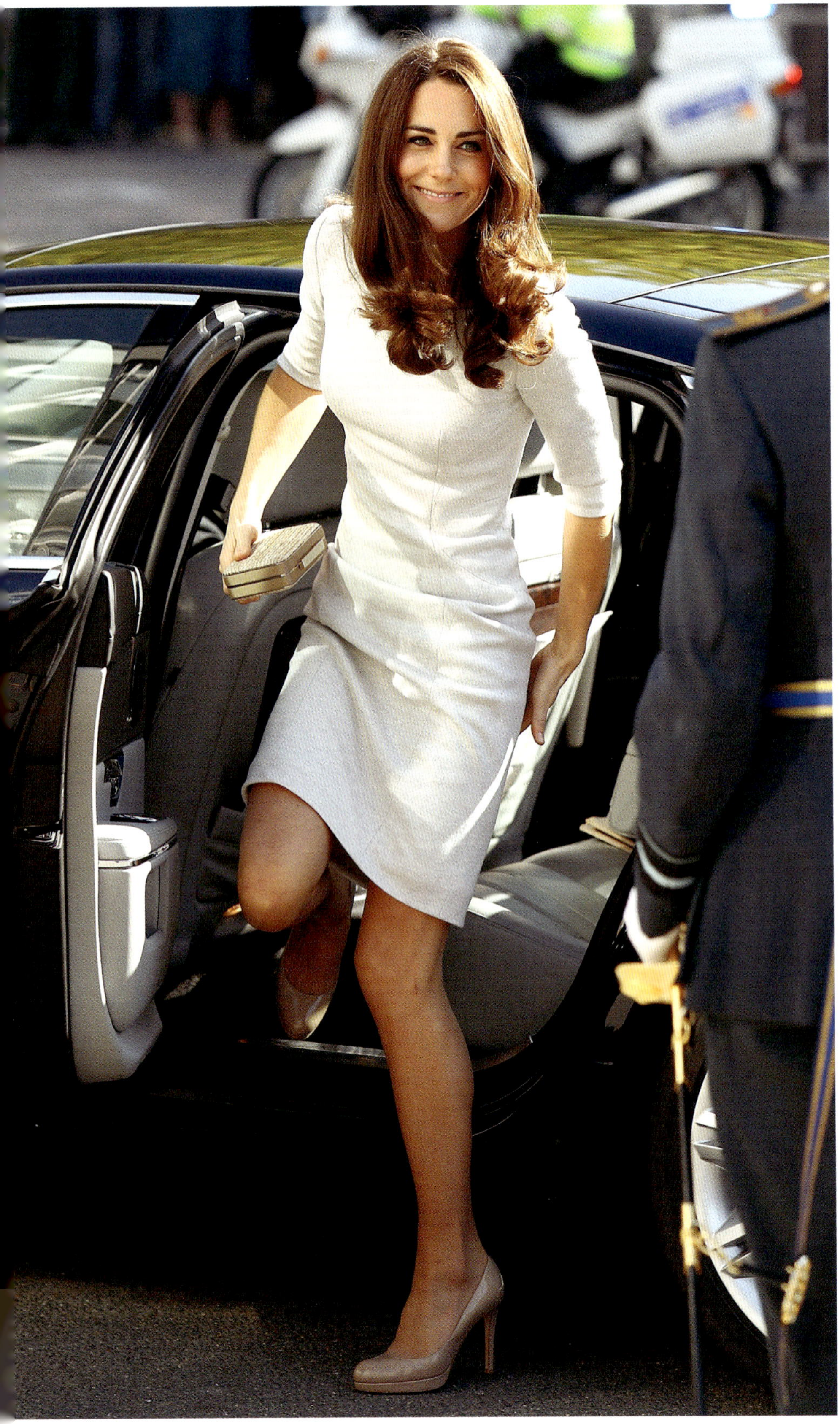

Sumário

Introdução	6
Tudo sobre Kate	8
O *lookbook*	28
Onde encontrar	162
Agradecimentos	175

Introdução

Mesmo quando era apenas Kate, uma linda estudante que passou a namorar o solteiro mais cobiçado da Grã-Bretanha, havia algo sobre a senhorita Middleton que chamava a atenção do mundo. Desde 2002, aos 20 anos de idade, já possuía uma certa postura tranquila, um sorriso fácil e um dom indiscutível para produzir um visual impressionante. Como Catherine, duquesa de Cambridge, a jovem já se mostrava uma genuína fashionista, com um guarda-roupa que inspirava, e inspira, milhões de ávidos seguidores, e tem gerado milhares de imitações.

Parte do fascínio provém, naturalmente, da própria história de Kate. A filha de dois ex-funcionários da British Airways, que se casou com um príncipe e tornou-se um ícone de estilo, é talvez o mais próximo que temos de um conto de fadas moderno. Sua origem nunca a impediu de frequentar os círculos da elite, e esta fusão de influências da classe média e alta foi o que fez surgir o seu estilo pessoal – uma perfeita combinação de roupas de lojas populares e de estilistas. Kate misturou tudo até incorporar um toque de frescor na roupa clássica britânica – uma aparência tão simples e elegante que as mulheres do mundo todo querem imitá-la. Ela transformou-se na duquesa criadora de tendências globais, com uma série de blogs e constantes postagens no twitter dedicados exclusivamente à caça de seu look mais recente.

Em 29 de abril de 2011, o inigualável vestido de noiva criado por Sarah Burton – estilista da grife Alexander McQueen – talvez tenha sido uma das escolhas mais inteligentes que ela podia fazer para um dia tão especial como aquele, e serviu para consolidar as credenciais de Kate como ícone da moda. Nos últimos anos, nós a temos visto constantemente aprimorar e aperfeiçoar seu estilo pessoal durante os sucessivos compromissos oficiais em que comparece. Destaques particulares de moda têm incluído as roupas deslumbrantes que ela usou para as comemorações do Jubileu de Diamante e durante as Olimpíadas de Londres em 2012, mas muitos dos seus trajes mais casuais comprovam igualmente a influência.

Selecionar um traje mais elegante do que o outro para uma variedade de compromissos públicos é uma tarefa extremamente complicada, mas Kate faz isso com serenidade e sem muita assistência – ela não possui um consultor de moda. E se ela pode fazer isso, então há esperança para o resto de nós! Esta é a razão deste livro – um guia bem informado que não apenas celebra o talento da moda inspiradora de Kate, mas também torna possível capturar alguns dos truques de seu estilo.

Começamos analisando com alguma profundidade os componentes do "visual" de Kate e o impacto que ele teve no mundo da moda. Depois, o livro se concentra naquilo que todos querem saber – de onde exatamente vêm as principais peças de moda da duquesa, e como podemos seguir seu exemplo sem termos que casar com um príncipe ou ir à falência para isso. Com belas fotografias, examinamos 40 das mais memoráveis roupas de Kate, descrevendo as lojas, os estilistas e a história que elas trazem.

Além de revelar os segredos pessoais do estilo de Kate, o texto também traz dicas práticas que se encaixam em qualquer orçamento, como, por exemplo, escolher o perfeito "blazer de Kate" ou a melhor forma de compor com um de seus sapatos favoritos, o escarpim nude. Em suma, é tudo o que você precisa saber para tentar seguir a tendência de uma das mulheres mais elegantes do século: Catherine, a duquesa de Cambridge.

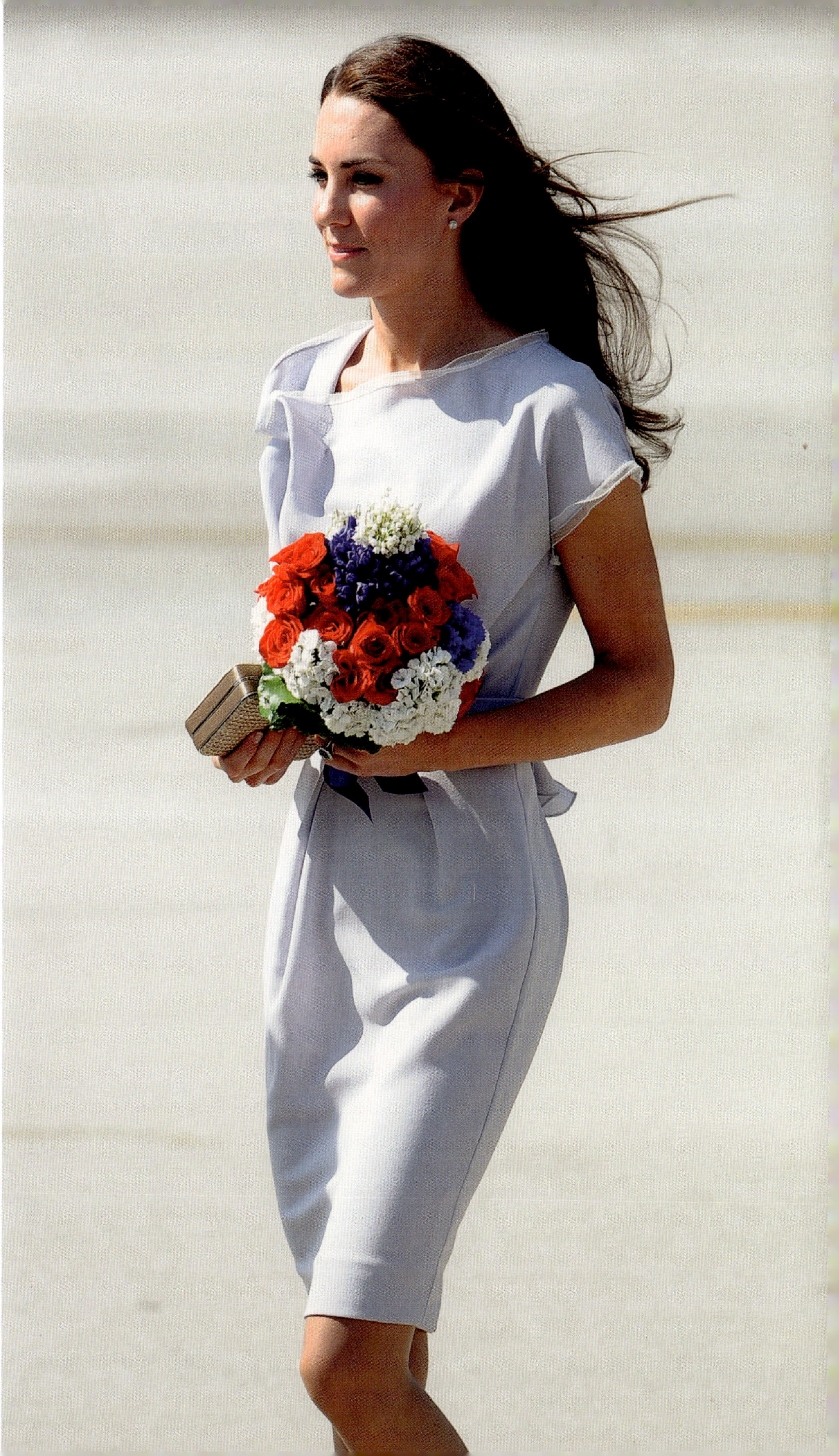

Tudo sobre Kate

Desde que chamou a atenção do príncipe William, há dez anos, usando um vestido transparente de *chiffon* no infame desfile de moda estudantil da Universidade de St Andrews, Kate tornou-se um dos maiores ícones do estilo britânico da atualidade. Seu estilo elegante provoca imitações no mundo todo e impulsiona as vendas das lojas e dos estilistas que escolhe. Na verdade, o "efeito Kate" foi tão comentado mundialmente que, em 2012, a revista *Time* a selecionou como uma das "100 pessoas mais influentes do mundo".

Mas o status de celebridade fashion já tinha sido estabelecido um ano antes, quando Kate foi eleita a "mulher mais bem-vestida do Reino Unido" pela bíblia da moda – a revista *Harper's Bazaar*. Ao atingir o topo da lista das mais elegantes, Kate foi elogiada por seu estilo espontâneo, ao combinar o luxo com a moda casual, bem como pelo seu papel no momento *fashion* do século: seu vestido de noiva, feito por Sarah Burton, da grife inglesa Alexander McQueen. Isso é o que a torna uma princesa moderna, revelada por suas escolhas de moda, como a editora Lucy Yeomans da *Harper's* observou: "A incrível evolução do estilo de Catherine tomou conta de todos nós".

À DIREITA: Kate usou este glamouroso longo de cetim coral criado pela estilista brasileira Daniella Helayel, da Issa, para o Boodles Boxing Ball, evento beneficente para a fundação Starlight Children, no Hotel Royal Lancaster de Londres, em 7 de janeiro de 2008.

NA PÁGINA SEGUINTE: Kate usa um lindo vestido floral criado por Jenny Packham, para uma partida de polo beneficente em Santa Bárbara, onde esteve com seu marido, o príncipe William, em 9 de julho de 2011.

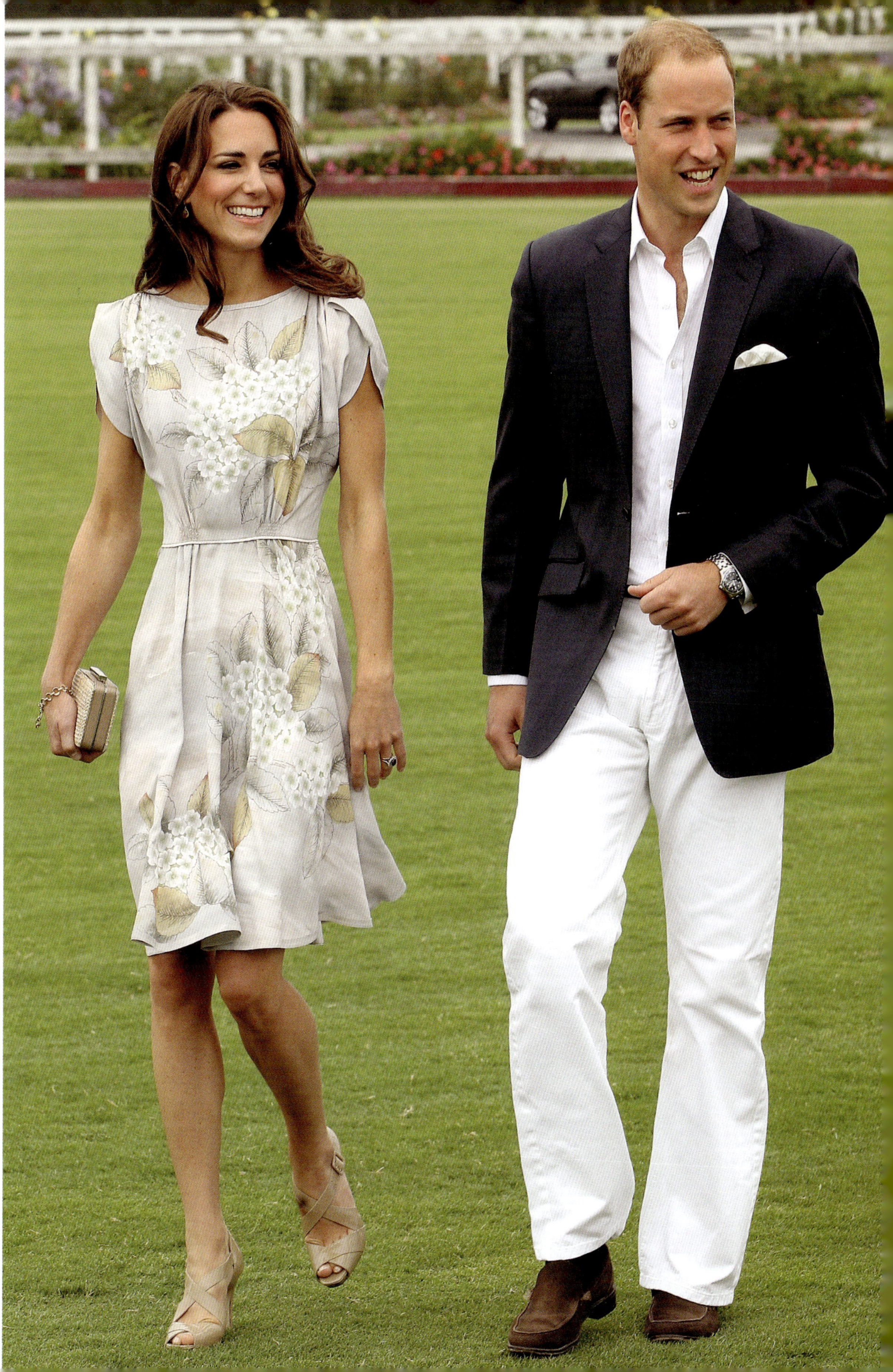

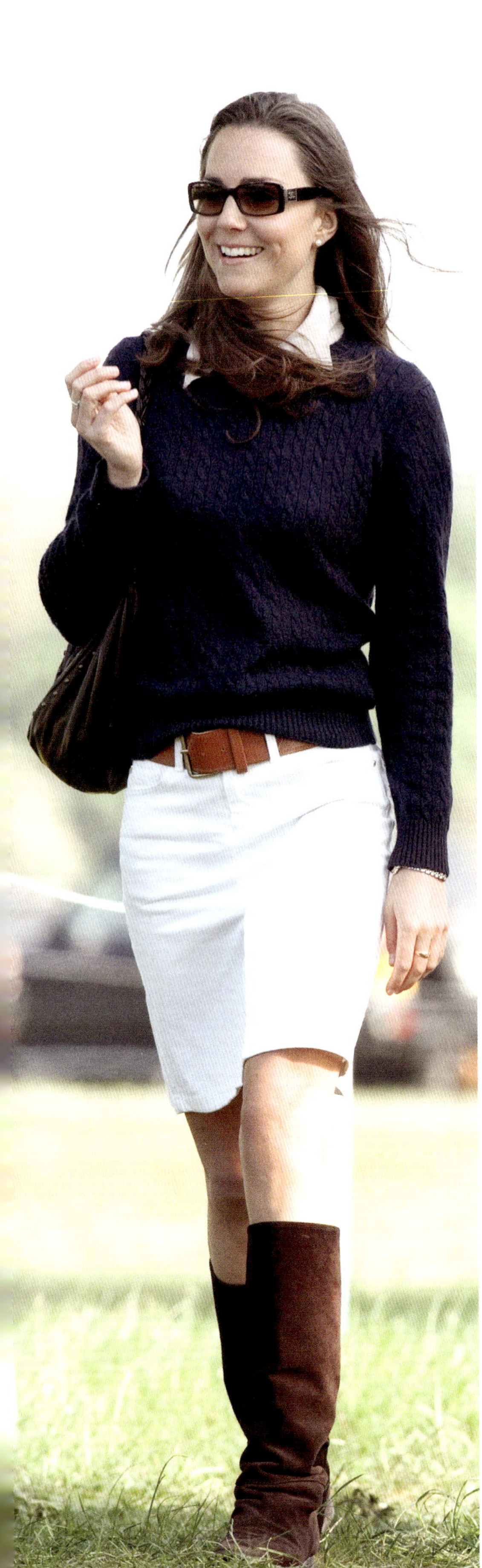

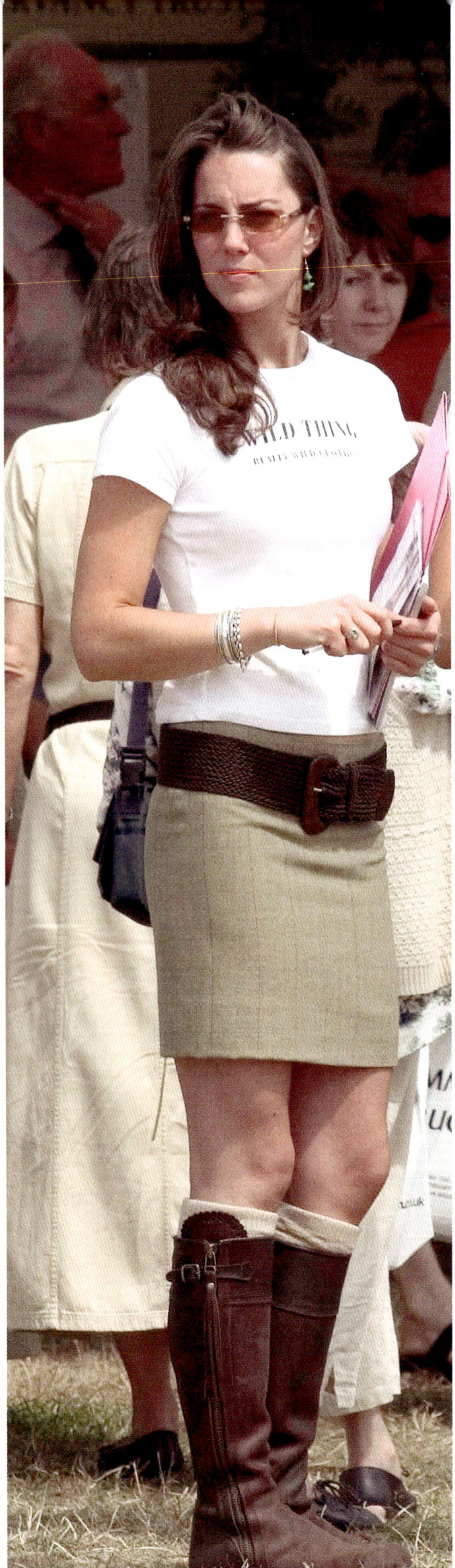
WILD THING

A Evolução de um Look Icônico

Depois de se formar em História da Arte pela St Andrews, em 2006, Kate trabalhou como compradora de acessórios para a rede de lojas Jigsaw. Foi lá, trabalhando nos bastidores, que ela aperfeiçoou sua capacidade de fazer com que os clássicos mais básicos de lojas comuns parecessem caros, e desenvolveu uma visão aguçada para escolher peças simples, porém deslumbrantes, para dar um toque final ao traje – seja um cinto com a largura perfeita ou uma atraente echarpe. Durante esse tempo, Kate ainda colaborou com a *designer* de joias Claudia Bradby na criação de um colar denominado "Silver bean", que se tornou um sucesso.

Entretanto, já em 2002, quando Kate começou a namorar o príncipe William, ficou claro que a jovem sabia como se vestir. Apesar de sua aparente timidez, Kate sempre demonstrou ter opinião própria, não parecia ser facilmente influenciada por modismos passageiros.

Alta e esguia, a sua figura de modelo de passarela por si só indicava que ela poderia dispor de praticamente qualquer estilo ou formato de roupa, e isso prova seu forte senso de identidade, em grande parte, por se ater a uma simples, porém eficaz, fórmula de moda. O visual pode ter sido aprimorado com peças de bons estilistas ao longo dos últimos anos, mas os fundamentos básicos existem desde os seus dias de estudante. Os *looks* infalíveis de Kate geralmente incluem: vestidos do estilo *shift* na altura do joelho, escarpins e sua bolsa favorita, uma *clutch* envelope. Estas formas elegantes valorizam seu corpo esguio e formam a base do seu guarda-roupa. Elas também revelam traços de seu caráter como estabilidade, lealdade e uma tranquila autoconfiança.

As raízes do visual de Kate podem ser encontradas no estilo "sloane"– uma gíria nem sempre elogiosa usada para descrever a moda da classe média-alta das áreas valorizadas de Londres, como Chelsea e Kensington. A atual duquesa pode ter sido criada na zona rural de Berkshire, mas frequentou bons colégios particulares e sempre conviveu com a alta sociedade antes de tornar-se a mais famosa moradora da zona oeste de Londres, e a principal representante do visual moderno estilo *sloane*. Um "uniforme" típico desse *look* inclui roupas casuais do estilo *country fashion*, como as jaquetas Barbour, os *blazers* marinho e as galochas Hunter – um visual usado pela maioria dos membros da família real, a propósito!

Mas, apesar da marca registrada de Kate não ser uma novidade, o que a fez se destacar foi o fato de ter adicionado seus próprios toques modernos para reavivar o que era, essencialmente, um visual cansado, fora de moda. Se o estilo *sloane* é tipicamente conservador e lento para evoluir, Kate o ampliou ao incluir vestidos inovadores de alta-costura criados por estilistas, juntamente com a considerável colaboração da criatividade das boutiques. Sua ligação com o que há de melhor na moda de varejo britânica tem sido particularmente importante no envolvimento do público com a duquesa. Nestes tempos financeiramente conturbados, muito do apelo do estilo e da assinatura de Kate parece tão acessível quanto inspirador.

AO LADO: Amostras do estilo *sloane*. À esquerda, Kate no Badminton Horse Trials, em maio de 2007. À direita, nos jogos anuais do Palácio de Blenheim, em julho de 2004.

ACIMA: Assistindo à partida de polo do Golden Metropolitan Polo Club Charity Cup, em que os príncipes William e Harry jogaram, no Beaufort Polo Club, em junho de 2012.

NAS PÁGINAS SEGUINTES: o estilo urbano para sair à noite, ambas em 2007.

Outro aspecto notável é a sua visão conservadora sobre a sexualidade feminina. Com saias nunca tão curtas e saltos nunca tão altos, seu estilo foi apelidado de "o novo recatado", mas ainda assim, ela consegue parecer feminina e sedutora. Mostrar menos certamente é mais, na sua concepção. Esse estilo focado, mas não inflexível, foi o grande responsável por Kate assumir o status de ícone *fashion*. Como qualquer ídolo do estilo clássico – das calças capri com sapatilhas chiques de Audrey Hepburn ao rock glamouroso de Gwen Stefani – tudo se resume em encontrar um visual forte e garantir sua expressão através de cada roupa escolhida. Com Kate, esse padrão de estilo marcante parece vir naturalmente, uma vez que ela canaliza o bom gosto herdado com charme, mas faz tudo parecer novo e moderno ao mesmo tempo.

O fato de a etiqueta real proibir a duquesa de aceitar presentes pode ter contribuído para o seu modo de pensar tão independente. Ao contrário das celebridades em geral, Kate não está vinculada à nenhuma das grandes marcas e usa apenas as roupas que realmente gosta. É bem provável que ela ainda olhe as etiquetas de preço! Seu jeito independente vai além – é difícil acreditar que até hoje Kate nunca tenha contratado um consultor de moda. Em vez disso, ela planejou a transformação do seu visual sozinha, comprando as suas roupas pessoalmente. Essa decisão corajosa mostra o quanto a duquesa sabe o que quer e indica que ela não escolhe as peças aleatoriamente, mas faz uma deliberada e bem pensada declaração de estilo.

E seu envolvimento pessoal diz tudo – apesar da mídia massificada e do cenário internacional, Kate nunca parece um manequim vestindo alguma criação desconfortável pela primeira vez. Em quase todas as ocasiões, formais ou informais, ela aparece relaxada, autoconfiante e totalmente feliz com suas escolhas. Afinal, trata-se de uma mulher confiante em suas habilidades de compra – o bastante para não hesitar em correr ao shopping e conseguir um casaco Missoni em liquidação, pagando uma pechincha, para comparecer a um compromisso oficial com a rainha!

Embora Kate ainda circule em lojas populares como a Whistles, a L.K. Bennett ou a Reiss, e esteja cada vez mais sob a luz dos holofotes, seu estilo continua a amadurecer e evoluir. Com a autoconfiança de uma pessoa pública estabelecida – sem mencionar a aliança em seu dedo –, a duquesa está escolhendo peças cada vez mais inovadoras e divertidas, com vestidos de noite em cores vibrantes e *design* atraente, tal como o marcante vestido de baile azul-petróleo de Jenny Packham que ela usou para o jantar de gala das Olimpíadas, em maio de 2012. Ela também começou a usar mais acessórios para atualizar seu visual, com um excelente gosto para chapéus, como podemos ver pelo estiloso *fascinator* nude da Whiteley Hat Company que ela usou para o Epsom Derby, em junho de 2011. Combinado com o vestido branco de Reiss, o *blazer* Joseph, o escarpim nude e a *clutch* L.K. Bennett, o *look* desencadeou uma onda de vendas nas lojas de departamento Debenhams: sete *fascinators* (adorno de cabelo) para cada chapéu. E, em novembro de 2012, ela decidiu reinventar o penteado longo e cuidadosamente escovado que ela ostentava desde os tempos da universidade, adicionando uma ousada franja lateral.

O "Efeito Kate"

O impacto provocado pela duquesa nas vendas dos *fascinators* não foi um evento isolado. Dados das ferramentas de busca no Google revelam que "Kate Middleton" é uma das palavras-chave mais procuradas em assuntos de moda, uma vez que seus fãs tentam desesperadamente descobrir onde foi comprada sua mais recente roupa e como é possível adquiri-la. Ela raramente é vista com algo caro como um sapato Manolo Blahnik ou uma bolsa com estampa de tigre da Mulberry, mas a duquesa certamente tem a capacidade de promover a venda de milhares de cópias de suas peças favoritas das lojas populares, seja um simples vestido da Zara ou um escarpim L.K. Bennett.

Kate talvez seja a primeira celebridade em estilo da era da mídia social, e seu efeito sobre as vendas muitas vezes é instantâneo, já que seus fãs consultam o Twitter e o Facebook para saber mais. Diversos blogs, como o *What Kate Wore* [O Que Kate Vestiu], e aplicativos como *Kate's Style List* [Lista de Estilos da Kate], foram lançados para tornar mais fácil seguir suas tendências. Exemplos deste efeito estão por toda parte. Quando Kate usou um vestido-casaco de veludo preto da Libélula para o casamento de Sarah Stourton e Harry Aubrey-Fletcher em janeiro de 2011, ele esgotou em horas – o site da loja caiu – e a peça tinha uma lista de espera de 300 unidades.

Depois Kate escolheu um vestido Reiss "Nannette" para sua foto oficial de noivado, registrada por Mario Testino. O próprio David Reiss afirmou: "Tivemos uma avalanche com a cobertura da imprensa – à certa altura, chegamos a vender uma peça por minuto, online". A duquesa optou novamente pela marca Reiss quando foi apresentada ao casal Obama no Palácio de Buckingham, durante uma visita oficial em maio de 2011. Como era de se esperar, o vestido tubinho que ela usou – um "Shola" nude – esgotou nas lojas numa velocidade vertiginosa. "Estamos muito orgulhosos de que Kate seja uma cliente Reiss", disse o encantado David, com algum eufemismo. "Ela tem os olhos do mundo sobre ela, e é uma incrível representante."

Mesmo uma discreta aparição pode surtir o mesmo efeito. Quando Kate optou por um *tailleur* vermelho Luisa Spagnoli para visitar sua antiga universidade, a St Andrews, causou um frenesi de compras agora comum em Hollie de Keyser, a boutique de Londres que vende a marca. "Nós encomendamos 100 *tailleurs* – um estoque que vale mais de 80 mil dólares. Desde que Kate o vestiu, fomos invadidos", reportou a loja.

E se os clientes não podem pagar pela peça original, comprar algo similar muitas vezes é o suficiente. O famoso vestido azul-royal Issa usado por Kate quando o noivado real foi anunciado no Palácio de Buckingham esgotou em menos de 24 horas. E o mais impressionante é que a versão lançada pela Tesco também esgotou em menos de uma hora nas vendas online. O casaco Burberry virou *hit* e esgotou rapidamente depois que ela apareceu com ele pela primeira vez, em março de 2011, e a marca George, na Asda, relatou um aumento de 300% nas vendas de seus similares mais baratos.

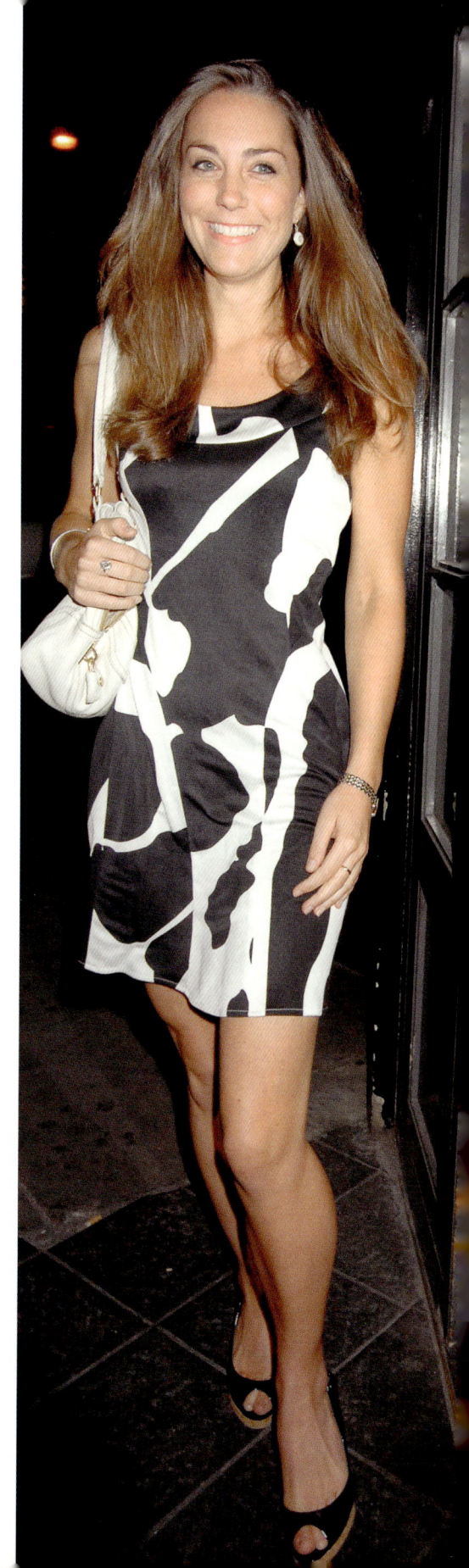

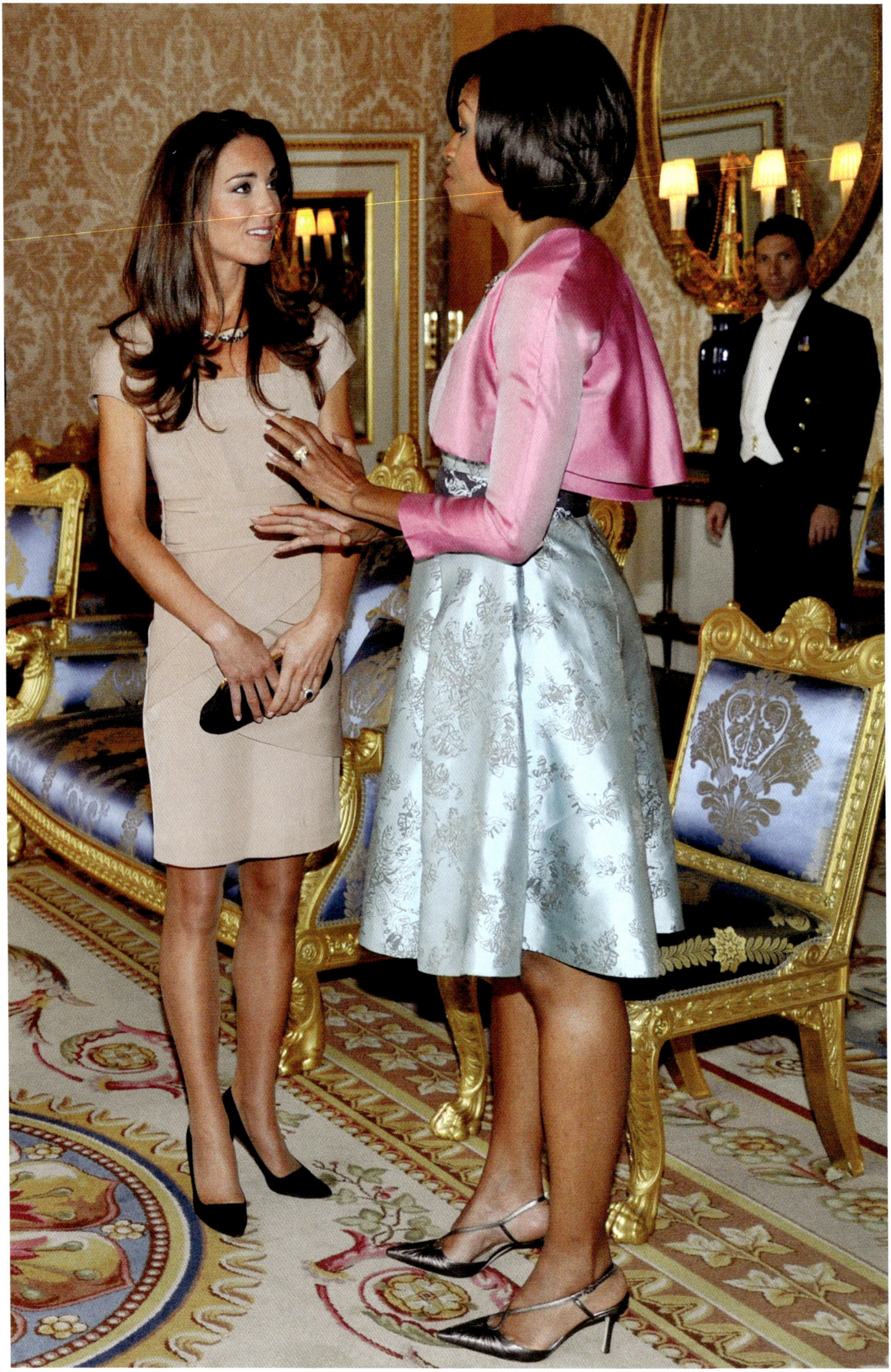

A influência da moda de Kate não é restrita ao público em geral. A elite de Hollywood tem ficado igualmente impressionada pelo estilo da duquesa – a atriz Anne Hathaway, de *O Diabo Veste Prada*, chegou a declarar publicamente: "Posso dizer por que sou tão grata a Kate Middleton? Porque ela é uma grande defensora de como se vestir feito uma dama! Por isso minhas escolhas de moda, no momento, são todas baseadas em Kate Middleton".

Mesmo para uma futura rainha, o impacto de Kate na indústria da moda até aqui tem sido verdadeiramente memorável, chegando a ultrapassar o ícone *fashion* que a precedeu – Diana, a princesa de Gales. O impacto é tão proeminente que qualquer marca em situação difícil na atual economia deve estar rezando para que a duquesa decida usar um dos seus *designs*. Mais uma vez, constatamos que a aprovação de marcas britânicas fazem com que as consumidoras se esqueçam da recessão e gastem, gastem, gastem! Na verdade, se calcularmos na ponta do lápis, o "efeito Kate" é um acontecimento sem precedentes na história da moda em termos de impacto nas vendas e lucro.

Em 2012, ano em que Londres sediou os Jogos Olímpicos, o *Daily Mail* sugeriu que o "efeito Kate" provavelmente tenha gerado cerca de 2 bilhões de libras (mais de 3 bilhões de dólares) para a economia britânica, e citou o dr. Harold Goodwin, professor de turismo na Leeds Metropolitan University: "Eu não ficaria surpreso se o legado de Kate Middleton fosse maior do que o dos Jogos Olímpicos, nacionalmente e internacionalmente".

AO LADO: Kate surgiu em um tubinho nude "Shola" da Reiss, uma de suas marcas favoritas, ao ser apresentada à elegante primeira-dama dos Estados Unidos, Michelle Obama, no Palácio de Buckingham, em 24 de março de 2011.

ACIMA: Kate assiste à equipe olímpica britânica na disputa feminina da classe Laser Radial em Weymouth, em agosto de 2012, com a princesa Anne e sir Steve Redgrave.

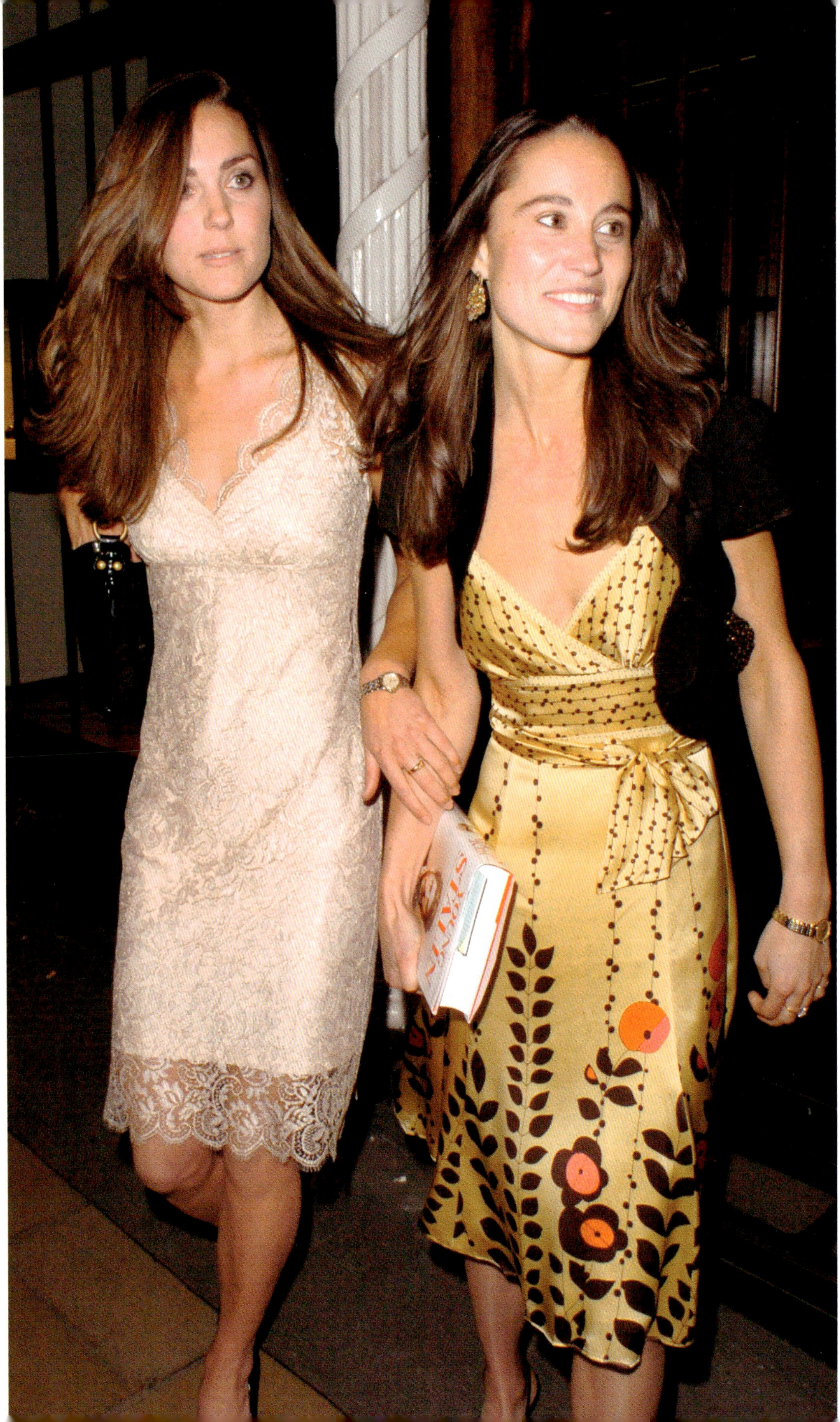

Pippa: uma Irmã Atuante

Claro que Kate não é a única Middleton que frequenta as manchetes pelo estilo. Desde que a irmã mais nova, Pippa, saiu do carro para acompanhá-la ao altar da Abadia de Westminster, ela tem gerado suas próprias tendências. Apesar de simples, seu deslumbrante vestido de dama de honra de seda creme, da grife Alexander McQueen, recebeu elogios do mundo todo, em grande parte centrados no seu belo corpo, o que a fez ganhar da imprensa, aos 27 anos de idade, o apelido de "A Gostosa Real".

Mas não foi apenas o seu *derrière* que causou frenesi – seu estilo também criou um "efeito Pippa" nas vendas de roupas. Esse fenômeno começou quando o casaco Zara que ela usava em sua primeira aparição pública após o casamento real tornou-se um clássico instantâneo. Logo depois, sua fiel bolsa "Bristol" da Modalu, foi rapidamente rebatizada de "Pippa", e a rede de lojas John Lewis deu graças à irmã de Kate por ajudar a superar as quedas nas vendas.

O estilo de Pippa, não se pode negar, deve muito ao da irmã, como demonstrado publicamente no casamento de Camilla Hook, em maio de 2012, quando ela usou a versão vermelha do mesmo Issa "Forever" que Kate imortalizou em sua festa de noivado. E ainda, como convém a uma irmã mais nova, Pippa tem uma propensão notável para cores mais brilhantes e bainhas mais curtas. É um estilo mais sexy que se adapta perfeitamente à sua condição de solteira – e também reflete o fato de que ela não está cotada para ser uma futura rainha! Mas, assim como sua irmã real, Pippa continua a manifestar uma predileção pelas lojas britânicas ao sair com vestidos e casacos de baixo custo. Em setembro de 2012, no seu aniversário de 29 anos, ela assistiu ao torneio de tênis Aberto dos Estados Unidos com um vestido amarelo-canário da Phase Eight – uma loja de preço mediano, especializada em vestidos chiques. Na mesma viagem, usou um ousado vestido multicolorido da grife Paper London e uma blusa azul-celeste da marca Next. As aparições de Pippa acabaram atraindo a atenção de alguns representantes do mundo da moda americana.

A marca Kate Spade, de Nova York, elogiou Pippa em seu "estilo feminino e moderno", observando: "Ela sempre parece estar bem vestida sem esforço e não tem medo de usar cores". Eles também ficaram impressionados por Pippa seguir uma formidável tradição das Middleton, o reaproveitamento: "Nós achamos fantástico como Pippa repete seus acessórios e roupas, disse um porta-voz da Kate Spade. "Isso é um grande exemplo de que a roupa não tem que ser descartada após ser usada uma única vez". Com o reconhecimento global de seu estilo, não é de se admirar que Pippa também tenha sido citada pela *Time* como uma das "100 pessoas mais influentes de 2012", uma nova entrada que depôs da lista o pobre príncipe William!

Mas foi em outubro de 2012, no lançamento de seu livro, um guia sobre organização de festas – *Celebrate: a year of british festivities for families and friends* (Comemore: um ano

AO LADO E ACIMA: Belas garotas em belos vestidos. Ao lado, Kate e Pippa no lançamento do livro de Simon Sebag Montefiore, *Young Stalin*, em 14 de maio de 2007, na Aspreys de Londres. Acima, as irmãs passeando pela cidade, em 2008.

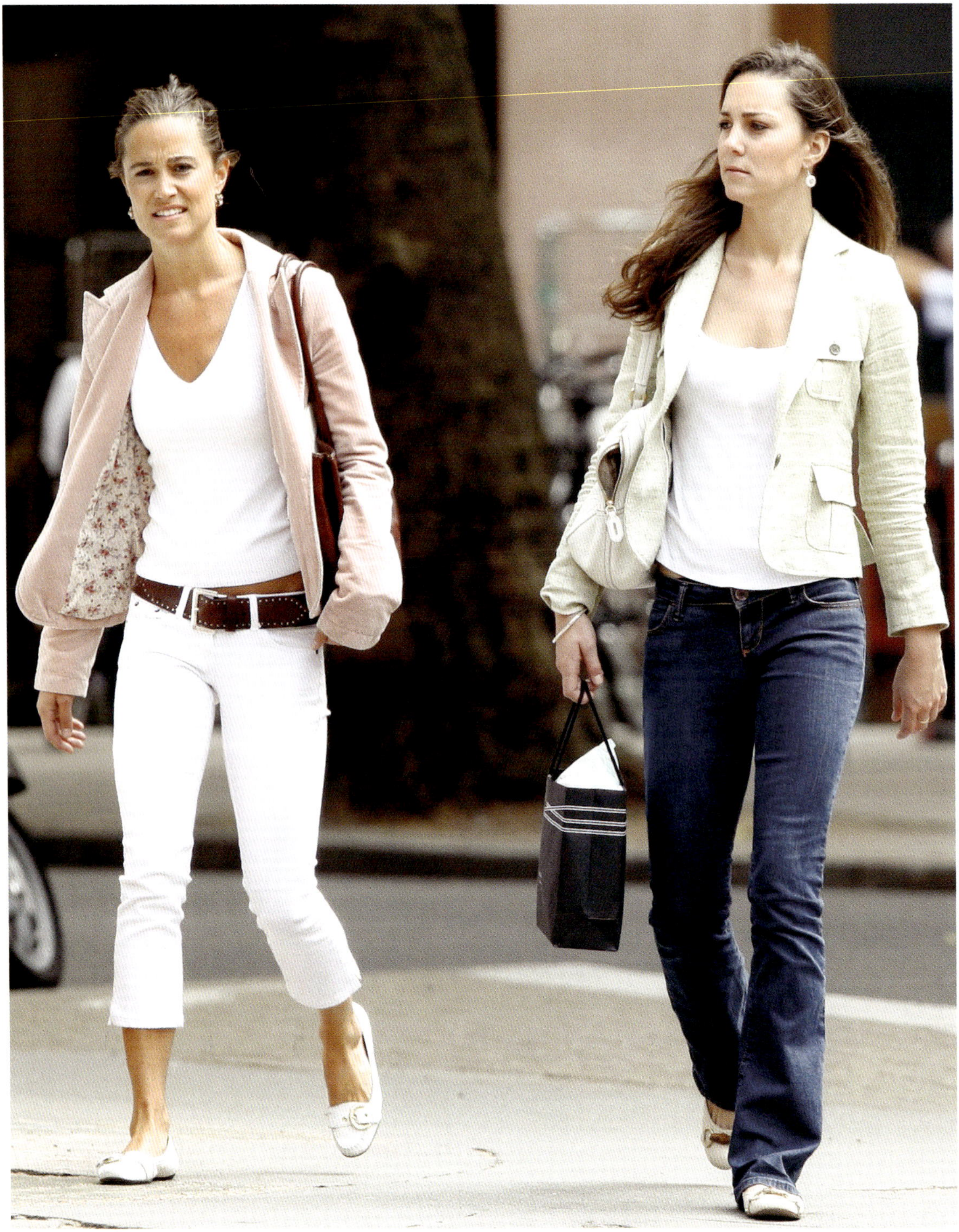

de festividades britânicas para famílias e amigos), que Pippa realmente selou seu potencial *fashion* aos olhos do mundo. A Srta. Middleton usou nada menos do que quatro vestidos de diferentes grifes ao longo de 24 horas em Londres – um custo total de cerca de 5 mil dólares. Ela começou o dia comparecendo à livraria Foyles para autografar seu livro com um vestido patchwork "Vespa" da Paper London; em seguida, foi para a Daunt Books, em Chelsea, encontrando tempo no caminho para trocar de roupa e se pentear. Chegou com o vestido "Ayden", em crepe de lã *bordeaux*, assinado por Roksanda Ilincic, e os cabelos presos pela metade, lembrando muito a duquesa de Cambridge. Pouco depois, Pippa surgiu num modelo preto e verde, do designer Markus Lupfer, em uma festa infantil de Halloween. Depois, saiu para sua última troca de roupa, reaparecendo num evento noturno, encerrado com chave-de-ouro: um vestido de *tweed* preto, de Stella McCartney. Um dia exaustivo, mas altamente estiloso, que resultou num frenesi à medida que as fãs de Pippa tentavam comprar um de seus deslumbrantes modelos nos dias seguintes.

Como Pippa continua sendo vista na primeira fila de alguns dos melhores desfiles de moda em Londres e Nova York, e tem a liberdade de usar roupas mais ousadas do que a irmã, alguns observadores especulam que seu estilo continuará a se fortalecer, e ela pode até conquistar um lugar próprio na indústria de moda.

AO LADO: *Jeans* e *blazers* na famosa King's Road. Kate e Pippa Middleton vão às compras em julho de 2007.

ABAIXO: No melhor estilo mãe-e-filha, Kate Middleton e Carole visitam o festival "Spirit of Christmas Shopping", no centro de exposição Olympia de Londres, em 2005. O clássico *blazer tweed* Chanel de Kate embeleza seu jeans desbotado.

Carole: a Mãe Charmosa

Com as duas filhas famosas no mundo da moda, Carole não iria escapar de ser observada minuciosamente, mas, felizmente para a Sra. Middleton, em seu papel de matriarca da família, ela é uma figura naturalmente elegante em qualquer ocasião. Na verdade, com sua cuidadosa escolha de belos e bem cortados trajes, Carole logo se tornou uma personalidade chique, vestindo-se apropriadamente para a idade, tornando visível de quem Kate e Pippa herdaram o gosto e talento para roupas que atraem a atenção de todos.

Assim como as filhas, Carole fez uma bela escolha para o casamento real, ostentando um tubinho de seda azul-claro coberto por um vestido-casaco no mesmo tom, assinado pela estilista Catherine Walker – um triunfo de charme discreto. Preocupada em não tomar os holofotes de Kate, a mãe conseguiu um visual moderno sem muito esforço, em conformidade com as tradicionais convenções britânicas de etiqueta formal. Não é à toa que ambos, tanto o modelo Walker como o igualmente bem recebido *tailleur* Gérard Darel usado no dia seguinte, esgotaram-se imediatamente.

Carole, na verdade, já teve alguma experiência no mundo da moda, o que pode dar uma pequena amostra de seu estilo inteligente. Assim como criou uma empresa bem-sucedida de artigos para festas, a Party Pieces, ela usou sua veia criativa para ajudar a desenvolver o site do departamento infantil da rede de lojas Jigsaw. Entretanto, manter a serenidade em se vestir de modo inteligente e apropriado para a idade é um feito impressionante que Carole tem alcançado constantemente. Mesmo ao trajar um vestido preto com decote em V na recepção do casamento real realizada no Palácio de Buckingham, ela conseguiu um visual sedutor sem nenhum traço de vulgaridade.

Sua beleza e estilo não passaram despercebidos pelos olhares do mundo da moda. O estilista Karl Lagerfeld fez um comentário a seu respeito, em 2012: "Eu acho Carole muito sexy. Ela é cheia de vida. Para uma mulher que deve ter uns 50 anos, eu acho que ela está ótima, cheia de energia".

Recentemente, Carole Middleton seguiu os passos das filhas, inspirando uma nova coleção de peças baseada em seu guarda-roupa. A coleção foi lançada em 2012 pela marca George, da rede de supermercados Asda, após as clientes declararem que desejavam desesperadamente o estilo da Sra. Middleton. A diretora da George, Fiona Lambert, explicou o apelo: "Carole Middleton é alguém que sempre se veste realmente de acordo com a sua idade. Ela é elegante e sofisticada, mas com um lado versátil e arrojado."

Kate, a Formidável

Arrojada como a mãe e com um estilo consciente como o da irmã, mesmo sem o seu título real, Catherine Elizabeth Middleton, sem dúvida, poderia ser uma excelente compradora e elegante estilista, ou até ter se tornado uma lançadora de tendências trabalhando na indústria de moda. Mas o destino de Kate é, um dia, tornar-se rainha, um destino singular que a distingue do resto das pessoas do mundo *fashion*, inclusive da própria mãe e da irmã. E ainda que toda a expectativa e atenção seja um fardo, a duquesa se utiliza disso como faz com todos os itens do seu guarda-roupa – com elegância e suprema confiança. Como ela certamente continuará evoluindo como ícone *fashion* por muitos anos ainda, só nos resta agradecer a sorte em termos Kate como nossa atual e futura "rainha" de estilo.

À DIREITA: Kate e sua família assistindo à Parada Sovereign's em 15 de dezembro de 2006, na Academia Militar Real de Sandhurst.

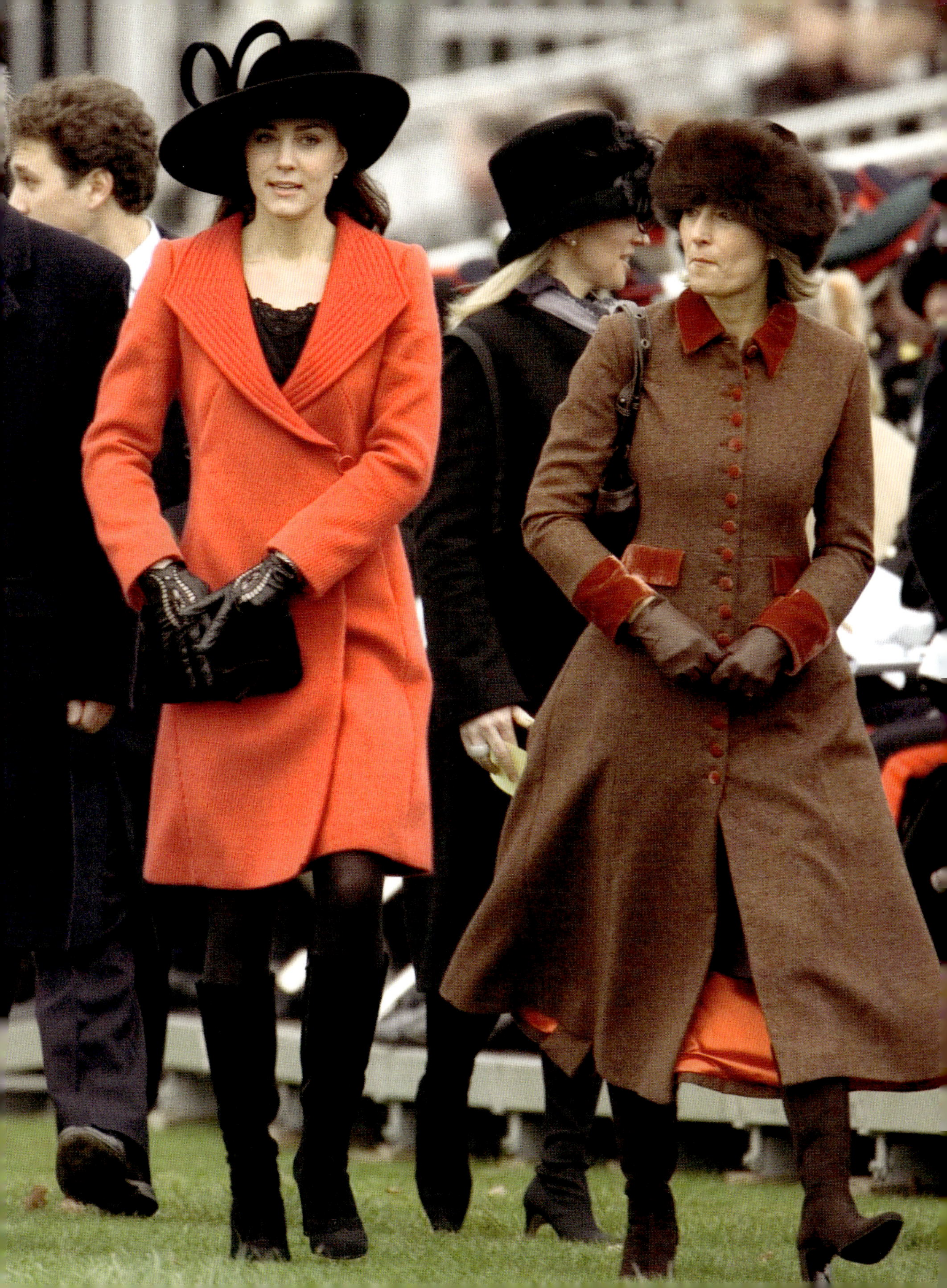

O Calendário do Estilo de Kate

DA ESQUERDA PARA A DIREITA: O jovem casal na universidade de St Andrews, em junho de 2005; Kate usando o vestido transparente de Charlotte Todd no desfile de moda de St Andrews, em março de 2002; o dia da formatura, em junho de 2005; indo de bicicleta para a academia, em julho de 2005; participando da equipe de remo de Sisterhood, em agosto de 2007; saindo da boate Mahiki, em fevereiro de 2007; esquiando em Klosters, Suíça, em março de 2008.

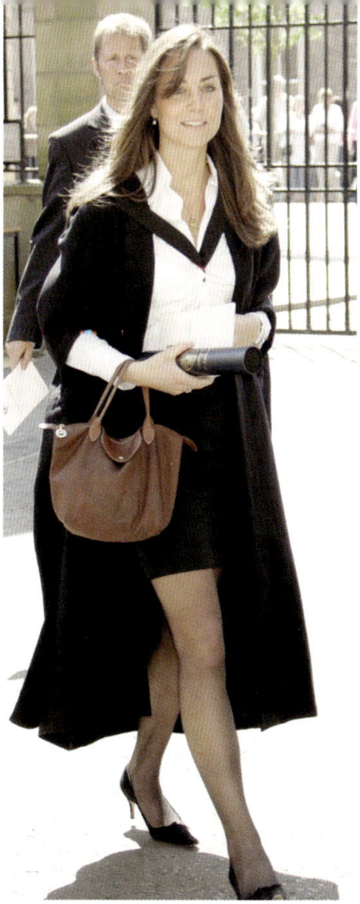
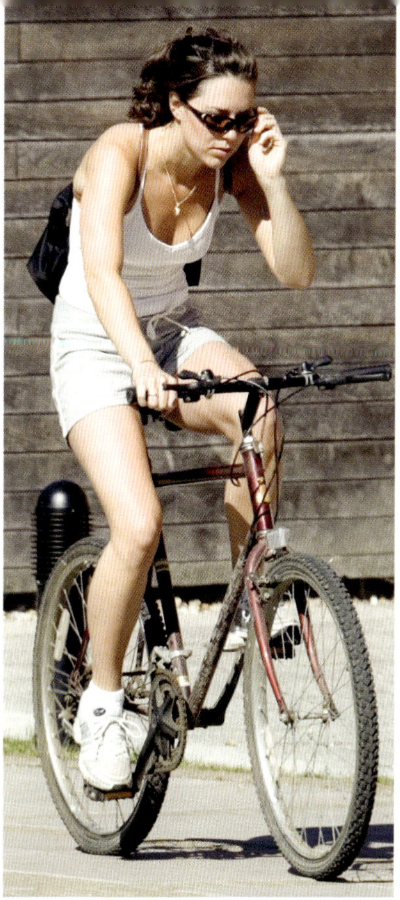
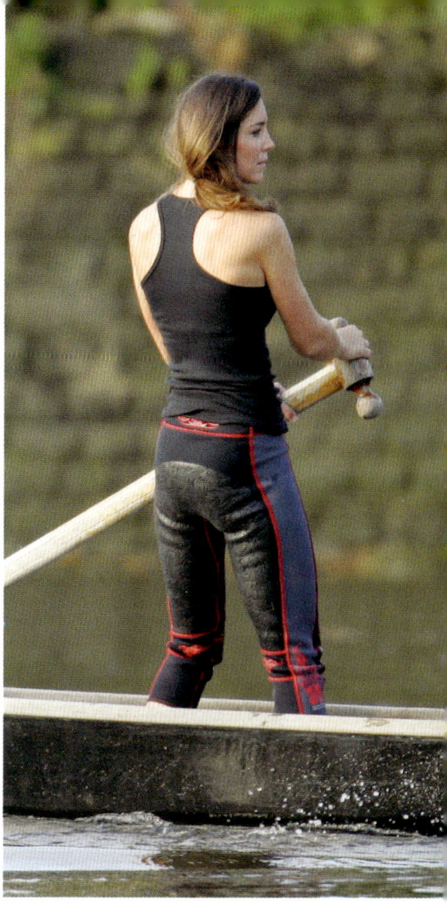
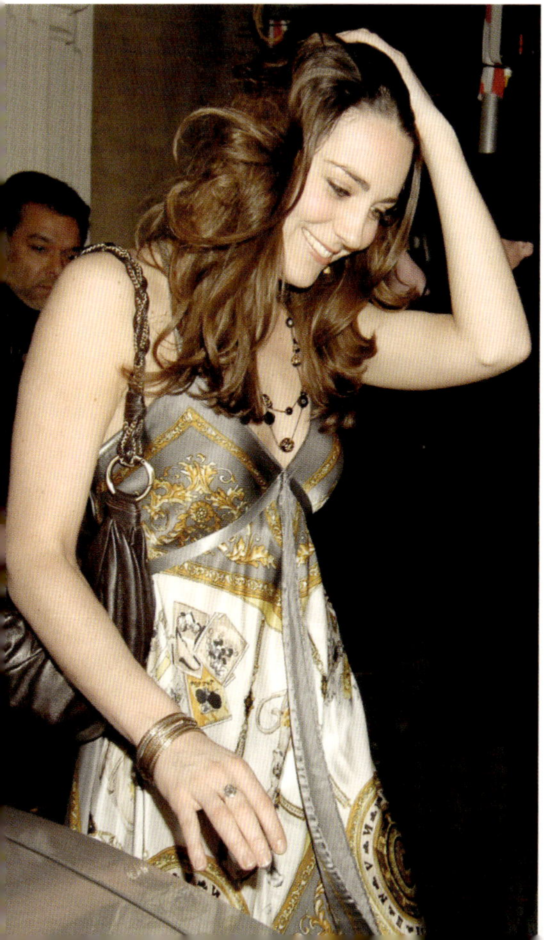
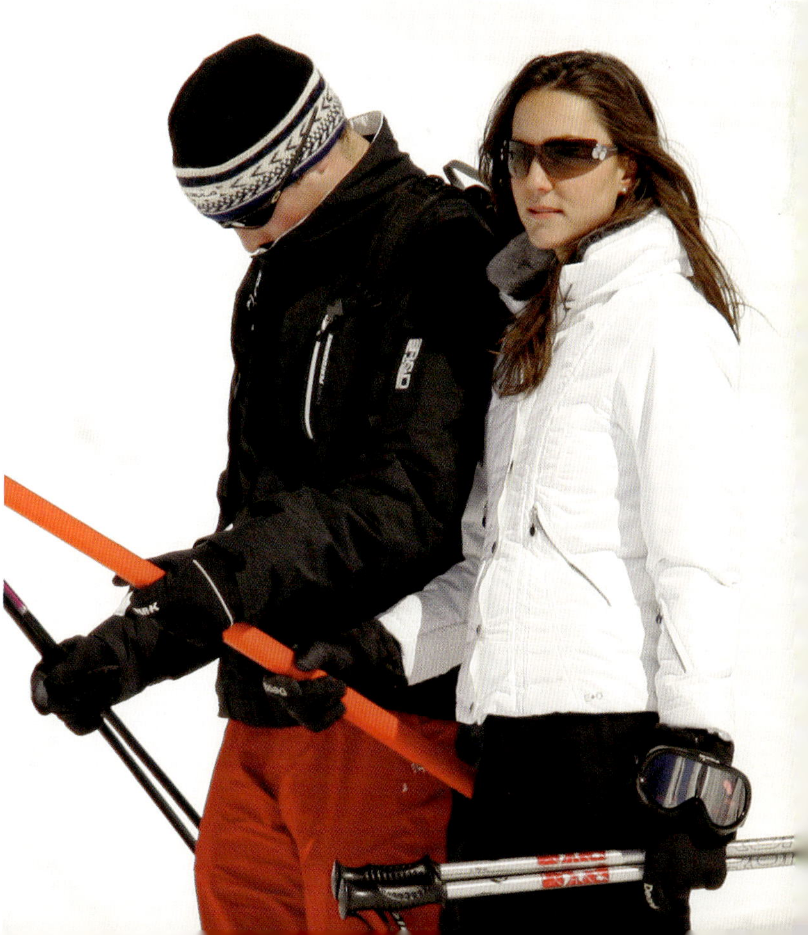

DA ESQUERDA PARA A DIREITA:
Incorporando o estilo *sexy* dos anos 1970 no evento beneficente de patinação Day-Glo Midnight Roller Disco, em setembro de 2008; no cortejo do Jubileu de Diamante em Solomon Islands, setembro de 2012; a elegância em Wimbledon, julho de 2012; torcendo nos Jogos Olímpicos, em agosto de 2012.

NA PÁGINA SEGUINTE: O vestido de noiva inesquecível, tanto para Sarah Burton quanto para a grife Alexander McQueen, no casamento real, em 29 de abril de 2011.

Tudo sobre Kate < 25

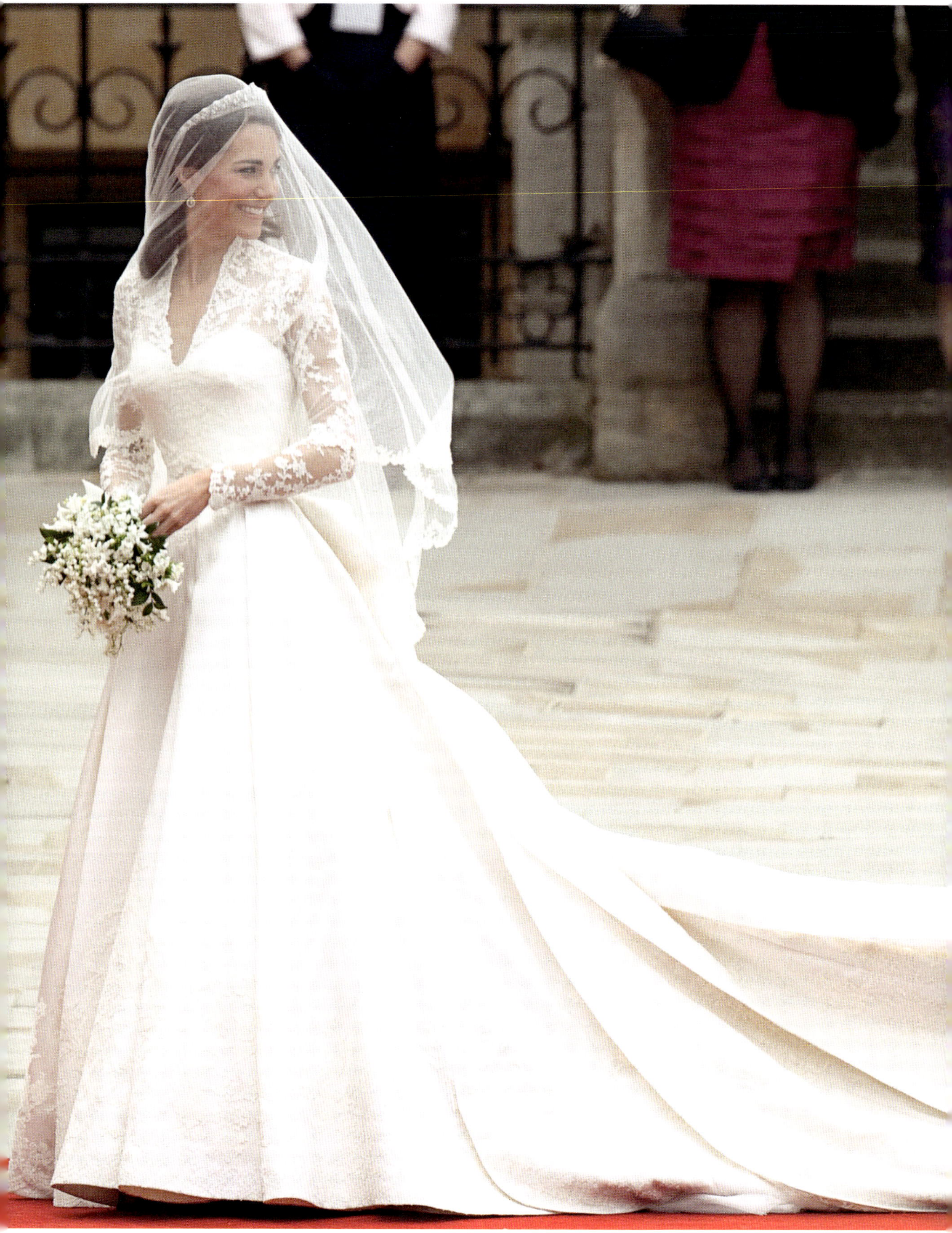

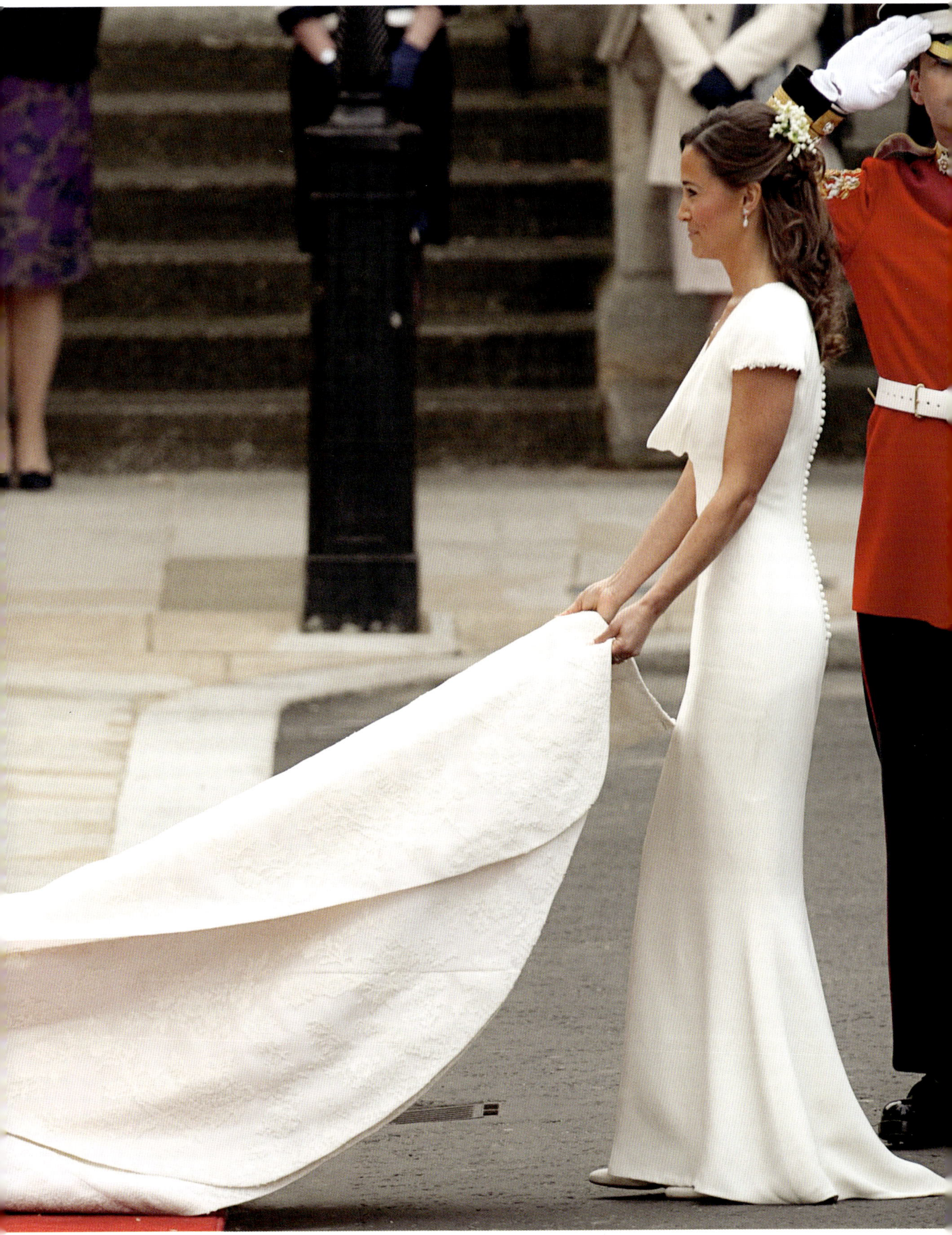

O Lookbook

A evolução do estilo de Kate Middleton no papel de modelo real moderna tomou conta dos fãs de moda no mundo todo. A *Vogue*, em sua edição de fevereiro de 2013, celebrou o 31º aniversário de Kate publicando um estudo sobre o seu modo de se vestir, denominado *Katepedia*, uma honraria concedida pela revista uma única vez – para a avó de William, a rainha.

Dentre outras descobertas, a *Vogue* constatou que o azul é a cor preferida de Kate, usado pela duquesa em 24% das vezes em ocasiões oficiais, enquanto a bolsa *clutch* a acompanha em 90% dos compromissos. A bíblia da moda também observou que Kate opta 40% das vezes por modelos com decote canoa e que o escarpim nude, da marca L.K. Bennett, é seu sapato favorito.

Com o mesmo espírito de admiração e uma atenção igualmente cuidadosa aos detalhes, vamos analisar minuciosamente as roupas mais peculiares de Kate, examinando as peças-chave que ajudaram a criar uma rainha de estilo global. Desde o modelo de renda marinho com seda nude de Erdem Moralioglu, usado durante a viagem oficial do casal real ao Canadá e à América do Norte, ao deslumbrante vestido de noite em renda preta de Alice Temperley, que ela repetiu em duas ocasiões, as roupas da duquesa de Cambridge têm inspirado tanto as marcas de menor porte quanto as grifes, e as vendas crescem à medida que as fãs tentam imitar seu estilo refinado e impecável.

Seja vestindo um casaco de pele de carneiro L.K. Bennett, jeans e galochas Le Chameau para assistir à uma partida de futebol do príncipe William, ou encantando as multidões em um conjunto vermelho da grife Alexander McQueen durante as comemorações do Jubileu de Diamante da rainha, as escolhas de Kate são sempre clássicas, bem consideradas e elegantes.

Em quase todas as ocasiões, as roupas de Kate merecem um olhar mais apurado. Na verdade, a análise que oferecemos aqui apenas revela a própria atenção de Kate aos detalhes. Em viagens oficiais ao Canadá, ao Pacífico Sul e ao Extremo Oriente, ela procurou optar cuidadosamente por estilistas locais – uma delicada homenagem aos seus anfitriões –, como o deslumbrante floral de seda violeta e creme criado pelo estilista cingapuriano Prabal Gurung, usado no jantar oficial em Cingapura. Em outras ocasiões, Kate demonstrou seu ótimo senso de humor, fazendo piadas sobre moda que apenas os *fashionistas* entenderiam, tais como os sapatos com o mesmo nome do narciso amarelo, a flor símbolo do País de Gales que ela usava no feriado nacional galês, o dia de St. David.

Este *lookbook* é clássico, chique e acessível, assim como os toques pessoais e sutis que tornam esta jornada, através das peças-chave de Kate, tão inspiradora e gratificante. Leia mais para descobrir como esta bela moça, mesmo sem ter um *personal estilist* para guiá-la, tornou-se uma duquesa encantadora e cheia de charme que deslumbrou o mundo.

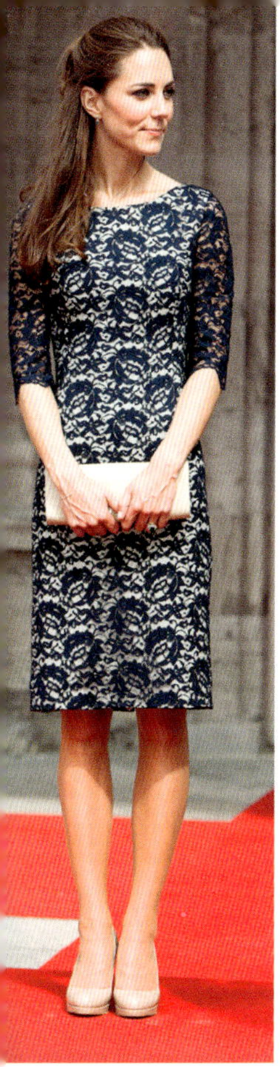
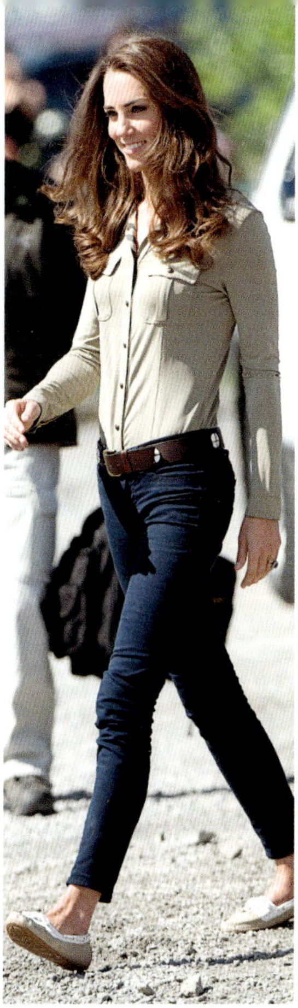
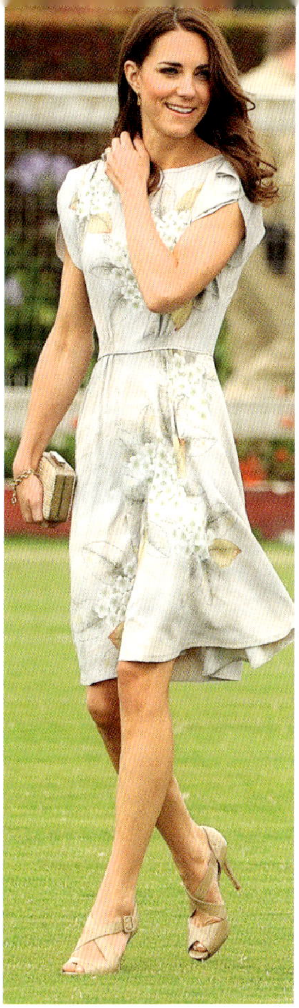
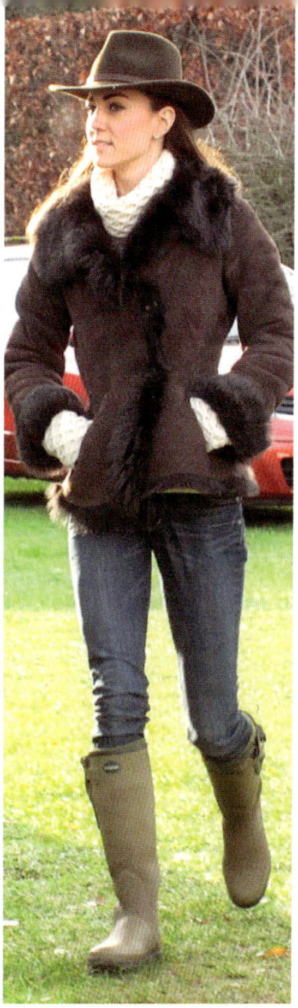
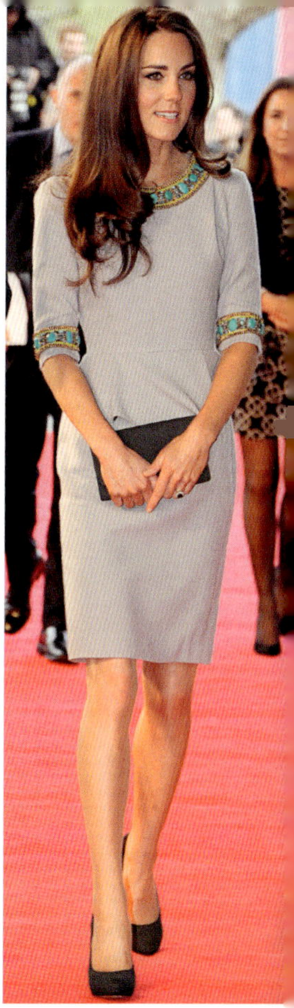
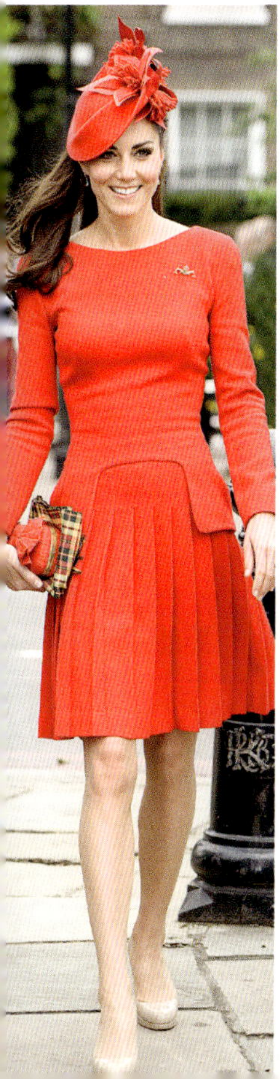
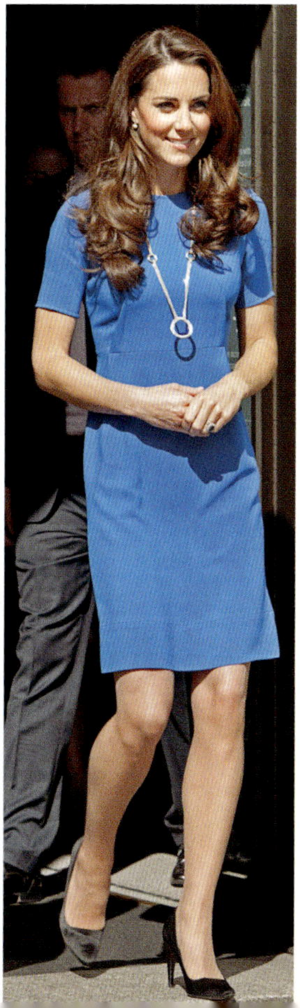
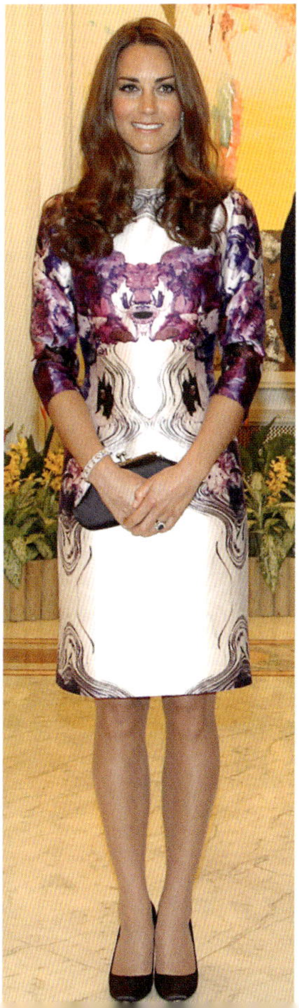
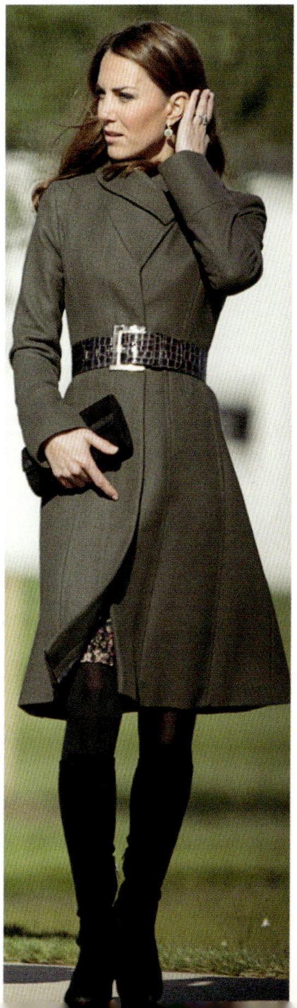
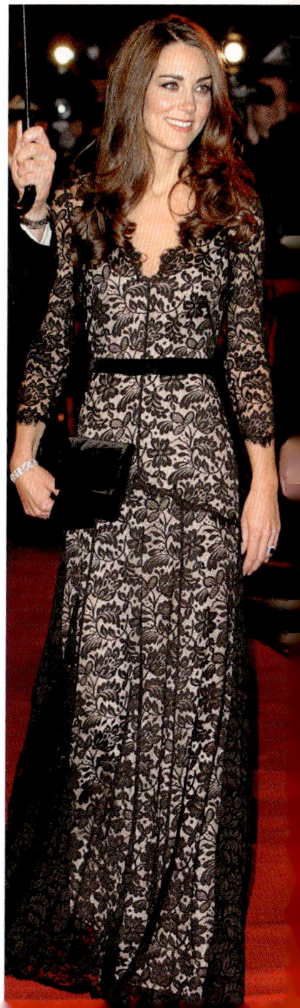

LOOK 1

Chique, para ir às Compras

O Vestido Quando Kate decidiu fazer compras de última hora para a lua de mel, em 20 de abril de 2011 – apenas nove dias antes de seu casamento com o príncipe William – ela sabia que estaria sob os olhares da imprensa mundial. Então, escolheu um elegante vestido envelope, apropriado para ir a Road King, em Chelsea, uma rua que tem sido sinônimo de moda desde o auge dos anos 1960.

Para enfrentar a empreitada, a noiva contou com uma de suas marcas prediletas, a Issa: o modelo casual de mangas curtas, com decote V profundo e detalhes nos ombros e na cintura foi uma escolha certeira. O vestido de seda estiloso assegurou a ela um visual sexy, porém recatado, à medida que caminhava entre as lojas. E desafiando a velha máxima de que a realeza só deve usar preto em caso de morte, ela também demonstrou como impôs suavemente uma conduta própria sobre a família mais formal da Grã-Bretanha quando se trata de etiqueta.

Quanto às compras, acabaram se tornando uma grande diversão; Kate adquiriu diversas peças nas lojas britânicas Warehouse e Whistles, bem como na Banana Republic, uma marca americana que ela diz amar, pois oferece exatamente o tipo de roupa elegante e básica que ela veste tão bem.

Os Sapatos Kate optou por um familiar par de escarpins de salto médio com fivela dourada que ela já havia usado muitas vezes – um de seus favoritos, da marca italiana Salvatore Ferragamo, que produz sapatos de couro feitos à mão cobiçados pelo mundo inteiro. Ferragamo morreu em 1960, mas durante seu auge, o famoso sapateiro de Nápoles serviu a grandes personalidades, como Eva Perón e Marilyn Monroe, e sua marca continua sendo procurada por celebridades elegantes, de Kate Moss a Carey Mulligan.

A Bolsa Kate complementou o visual com uma bolsa Prada estilo *bowling* em uma tonalidade que combinou com o contraste de nude e preto, provando mais uma vez que ela não tem medo de quebrar as regras estabelecidas e adicionar um toque de modernidade aos trajes clássicos.

A Joia Às vésperas de seu casamento, a única joia que Kate precisava ter como acessório era seu anel de noivado: uma bela safira rodeada de diamantes, que pertenceu à Diana, princesa de Gales. O elegante anel da joalheira real, a Garrard, era um aviso que não deixava dúvidas sobre com quem ela estava prestes a se casar e à qual família exatamente passaria a pertencer!

Fique Tranquila Durante as Compras

A agitação das ruas, o entra-e-sai das lojas para experimentar uma variedade de roupas e acessórios pode deixar a mais tranquila consumidora, no mínimo, descabelada. Somado a isso, Kate sabe que até mesmo nos trajetos mais comuns ela é obrigada a conviver com uma série de fotógrafos. Isso acabou se tornando um fator decisivo para a duquesa simplificar e refinar um *look* viável para um simples "dia de compras". Como sempre, Kate não decepciona, aderindo a algumas regras de estilo e charme...

Coloque uma roupa fácil de vestir
A opção de Kate por um vestido tipo envelope é perfeita para ir às compras, pois é um modelo com abertura na frente, e pode ser tirado e colocado rapidamente, permitindo que ela experimente outras roupas sem desarrumar seu cabelo, desfazer a maquiagem ou sujar as peças provadas. Essa facilidade garante que seu visual impecável seja mantido de loja em loja.

Use saltos médios
Os saltos médios tipo carretel, como os usados por Kate, são ideais para compras – eles oferecem mais conforto do que os saltos altos e são mais requintados do que os planos, por isso ela se mantém sempre tão elegante.

Prefira cabelos fáceis de manter
Um penteado complicado é difícil de manter quando se está experimentando roupas; inevitavelmente, vai acabar parecendo desarrumado quando você terminar. Kate opta por uma secagem simples dos cabelos, finalizando com cachos levemente soltos, o que significa uma sacudida rápida após cada mudança de roupa, parecendo tão bom como antes.

Escolha tons suaves de maquiagem
Um dia de compras não é o ideal para estrear um novo tom brilhante de batom ou uma sombra forte. Provavelmente, você vai acabar borrada à medida que experimentar as roupas. Aqui, Kate mantém sua marca registrada – a maquiagem simples, que consiste apenas de um delineador e brilho labial para um visual refrescante. Não é de se surpreender que sua marca preferida de maquiagem seja a Bobbi Brown, famosa por seus tons terra e acabamento natural. A própria Bobbi explica a filosofia por trás de seus produtos: "As mulheres querem parecer e se sentir como elas realmente são, apenas mais bonitas e mais confiantes. O segredo da beleza é simples – ser quem você é".

Como Usar Acessórios

Kate prefere joias discretas e uma paleta de cores mínima que permitem que o foco permaneça em sua figura e no vestido. Já que seu anel de noivado rouba a cena, ela garante que todas as outras peças o complementem em vez de competir com ele – este conjunto marinho e nude realça perfeitamente suas joias de safira.

Escolha joias delicadas que combinem
Pulseiras, correntes finas e braceletes são o estilo usual de Kate. Ela abandonou os anéis e brincos pesados de seus dias de solteira. Visto pela primeira vez em seu noivado, o colar "Cabochon by the Yard", criado por Elsa Peretti, da Tiffany, é uma simples corrente de ouro com um pingente lápis-lazúli ladeado por dois diamantes. Ele é frequentemente usado com uma pulseira de corrente com três diamantes da coleção "Diamonds by the Yard", também da Tiffany. Brincos lápis-lazúli cabochon, emoldurados em ouro amarelo e sustentados por um diamante, complementam seu anel de noivado (veja página ao lado).

Combine sapatos, chapéu e bolsa
A tradição dos anos 1950 de combinar acessórios é uma técnica de estilo utilizada por Kate para conservar todo o conjunto harmônico. Embora indique uma abordagem cautelosa para se vestir, mantendo um esquema de duas cores, permite que o visual seja elegante e minimalista. O fator essencial para tornar esse *look* bem-sucedido, no entanto, é a adição de textura – rendas ou a mistura de seda com couro, pele de cobra ou acessórios em ráfia.

LOOK 2

Um Clássico de Kate: Nude e Marinho

O Vestido Kate usou este deslumbrante vestido "Cecile" de renda azul-marinho e nude pela primeira vez em sua visita oficial ao Canadá, em julho de 2011. Kate se trocou durante as sete horas de voo, e desembarcou no aeroporto de Ottawa com o lindo modelo criado por Erdem Moralioglu. O vestido shift com decote canoa contrasta o tom nude com uma renda marinho sobreposta com mangas.

Não foi apenas uma escolha elegante, mas diplomática também. Erdem Moralioglu é canadense radicado em Londres, assim, ela cuidadosamente reverencia os dois países. O renomado estilista tem uma lista célebre de clientes que incluem Samantha Cameron, Michelle Obama e Gwyneth Paltrow, comprovando que Kate pode se servir tanto da altacostura como das boutiques comuns. O vestido da duquesa é da coleção resort de 2012.

A Bolsa Kate mantém-se fiel ao estilo da bolsa tipo carteira com o traje formal: a *clutch*. Esta versão em *print* animal nude é de L.K. Bennett – Kate foi vista com ela diversas vezes, e com roupas diferentes. Mas não é de se admirar, o tom neutro permite que ela combine bem com a maioria das roupas.

Os Sapatos Nos pés de Kate estava o seu bem-amado L.K. Bennett "Sledge" – um escarpim nude meia-pata que ela tem usado em diversas ocasiões públicas. Como era de se esperar, o modelo esgotou-se rapidamente, tanto online quanto nas lojas, enquanto os pares à venda no *eBay* quase dobraram de preço.

Os calçados em tons neutros atualmente se tornaram imprescindíveis graças à Kate – a rainha dos sapatos nude. Ela contou com eles para sua primeira visita ao Canadá, e os tem usado em muitos outros compromissos oficiais, combinandoos com uma variedade de roupas. Eles são uma escolha muito elegante, não apenas porque alongam as pernas, mas por combinarem com quase tudo, funcionando como peça coringa tanto para compor trajes de cores fortes como de estampas marcantes.

O lookbook < **33**

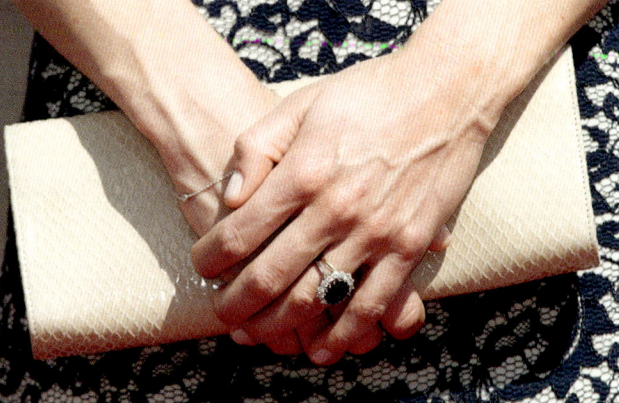

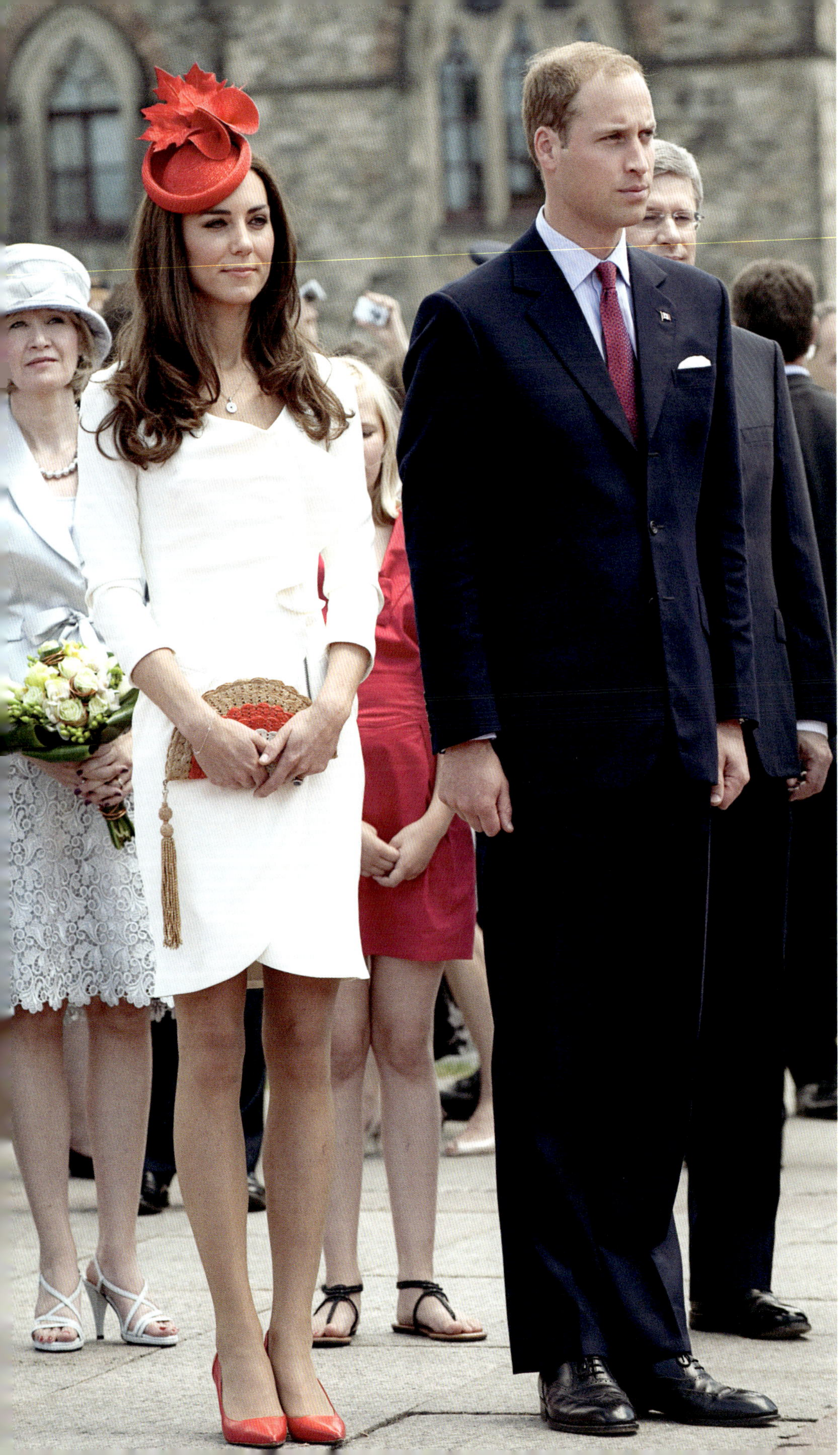

LOOK 3

Kate Sabe Repetir Com Estilo

O Vestido Este vestido branco da Reiss, escolhido por Kate para uma cerimônia em Ottawa durante a visita real ao Canadá, no verão de 2011, é o mesmo usado em seu retrato oficial de noivado com o príncipe William. O modelo "Nannette" teve as vendas esgotadas quase imediatamente após Kate tê-lo usado pela primeira vez, e ao ser relançado, teve o segundo lote desaparecido do estoque mais rápido do que a versão original. O vestido possui mangas três-quartos com um babado em cascata na frente, confeccionado em um leve tecido de chiffon. A boutique britânica Reiss é uma das favoritas de Kate – seu estilo clássico com um toque moderno combina perfeitamente com seu corpo esbelto. Não é a primeira vez que a duquesa de Cambridge repete uma roupa em eventos públicos – ela tem o hábito de usar vestidos que ela gosta, mesmo que já os tenha usado anteriormente, mas costuma atualizar o *look* com novos acessórios. O fato de ela poder reutilizar roupas com sucesso mostra que Kate mantém os pés no chão, confiante em seu estilo.

AO LADO: Este vestido branco da Reiss, levemente drapeado, é um exemplo perfeito de roupa casual e elegante, e demonstra porque Kate frequentemente recorre à marca para compromissos formais que poderiam exigir um modelo de *designer*. As linhas simples do vestido são atemporais, mas o babado lateral e o detalhe da saia envelope ecoam as duas principais tendências da moda de 2011.

36 > O lookbook

O Chapéu A casquete escarlate com arranjo de folhas de bordo é um dos vários chapéus feitos especialmente por sua modista favorita, Sylvia Fletcher da Lock & Co para a visita ao Canadá. Fletcher é conhecida por criar lindos chapéus, casquetes e *fascinators* usados por celebridades e pela realeza. A folha de bordo, símbolo canadense, está presente também no broche de diamante emprestado pela rainha. Ela cedeu várias peças de sua coleção de joias para esta viagem – primeiro compromisso oficial de Kate no exterior. Ao combinar o vestido branco com acessórios vermelhos, a duquesa homenageou as cores da bandeira nacional do Canadá.

A Bolsa A deslumbrante *clutch* nude e escarlate em forma de leque – da coleção primavera-verão 2011 de Anya Hindmarch – é um ótimo acabamento e, assim como a casquete, acrescenta uma pitada de beleza e originalidade a um conjunto simples. Conhecida por suas criações peculiares, a *designer* Hindmarch é a favorita de várias celebridades, como Angelina Jolie, Scarlett Johansson e Sienna Miller.

Os Sapatos Kate sempre mostra o que há de melhor no seu estilo quando combina artigos de boutiques com acessórios de luxo, como estes vibrantes escarpins "Albini".

Encontre Seus Toques Finais

Depois de se formar na Universidade de St Andrews, Kate trabalhou como compradora de acessórios para a Jigsaw, uma loja de departamentos conhecida por misturar o *boho chic* com a alta-costura clássica. Lá, ela colaborou com a *designer* de joias Claudia Bradby, e aprendeu muito sobre como escolher esses toques tão importantes de acabamento. Aqui estão alguns de seus truques favoritos...

Arranje um bom cabeleireiro
Um ótimo cabelo é imprescindível para um visual elegante – vale a pena investir algum tempo para encontrar um profissional que entenda seu cabelo e saiba como extrair o melhor dele. Kate confia seus longos cabelos castanhos ao salão Richard Ward Hair, na saída da Sloane Street, em Chelsea. Além de cortá-lo regularmente, Richard cuida do cabelo de Kate em ocasiões especiais, incluindo o seu casamento.

Opte pela sapatilha no lugar do salto
Embora ela adore um salto alto para ocasiões formais, Kate demonstrou que o segredo para se vestir de maneira informal com estilo é usar sapatos clássicos e elegantes. Na verdade, as Middleton adoram usar sapatos tipo bailarina da grife French Sole – marca conhecida por suas elegantes sapatilhas de couro.

LOOK 4

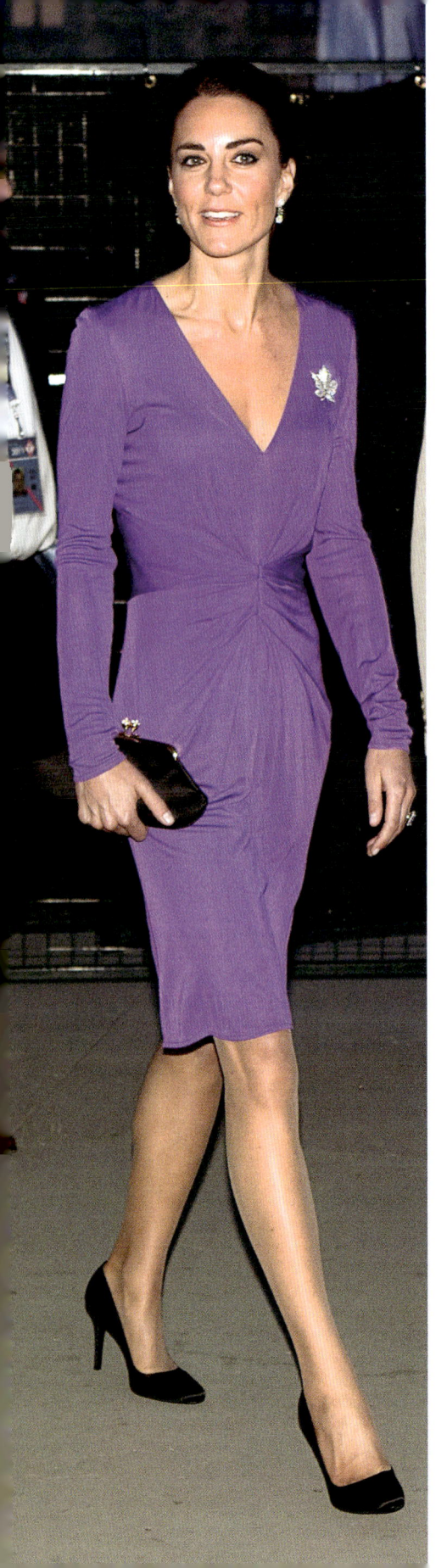

Refinada Com Perfeição

O Vestido Kate estava deslumbrante em um majestoso vestido Issa roxo quando o casal real assistiu a um concerto para comemorar o dia da independência no Canadá, em 1° de julho de 2011. O vestido justo com decote em V trazia um drapeado na parte da frente que acentuava a sua invejável cintura fina.

Desde que Kate usou o vestido *wrap* azul da Issa London para anunciar o seu noivado (veja ao lado), Daniella Issa Helayel, estilista brasileira radicada em Londres, criou uma série de vestidos sob medida especialmente para a duquesa. Os *designs* de Daniella são instantaneamente reconhecidos e sempre apresentam sua distinta forma de envelope. Os vestidos da Issa são confeccionados com jérsei de seda em cores vibrantes. Muitas vezes, eles apresentam detalhes drapeados e babados, criando modelos que conseguem uma combinação sexy e confortável. As filhas da duquesa de York – Beatrice e Eugenie –, também são fãs de Issa.

A Bolsa Kate estava com sua *clutch* de seda preta "Maud" – da coleção Bespoke de Anya Hindmarch –, que ela já havia usado no encontro com o casal Obama, ocorrido naquele mesmo ano. A bolsa é feita em seda pura, o que lhe confere uma aparência acetinada. Diana, a princesa de Gales, também usou uma *clutch* "Maud", bem como Carla Bruni-Sarkozy, Scarlett Johansson e Kate Moss. Anya Hindmarch ficou extremamente feliz ao ver Kate escolher uma de suas bolsas. "É realmente uma honra e eu acho que ela é um ícone para a moda britânica", disse Anya. "Ela é uma menina maravilhosa. Adoro que não seja muito de alta-costura".

O Broche Preso ao vestido da duquesa, o broche de diamantes em forma de folha de bordo pertenceu à Elizabeth, a rainha-mãe, um presente que ela recebeu dos canadenses em 1939. Ele foi herdado pela avó de William, que usou a joia durante sua primeira visita ao Canadá, em 1951. E a tradição foi passada adiante, já que ela o emprestou a Kate para sua visita oficial ao país, em 2011.

Os Sapatos Kate optou por sapatos simples, um Prada forrado em preto acetinado, combinando perfeitamente com a *clutch*.

O Penteado Perfeito de Kate

O cabelo de Kate é longo e brilhante, fluindo levemente ao redor dos ombros. No entanto, muitas vezes ela opta por algum penteado diferente, para um visual mais refinado.

Faça proveito do volume natural dos fios
O cabelo escovado naturalmente e secado com um bocal largo mantém as madeixas soltas e as pontas levemente onduladas, dando volume e movimento.

Prefira penteados simples
Em algumas ocasiões, Kate optou por madeixas trançadas. Mas seu penteado favorito é o estilo semipreso, usado inclusive na cerimônia do seu casamento.

Procure cortar os cabelos regularmente
O cabelo de Kate é um dos mais pedidos nos salões do mundo todo. Há anos mantendo o mesmo estilo de corte, a sua mudança mais "radical" ficou por conta de uma franja lateral que ela usou no final de 2012. Segundo Richard – seu cabeleireiro há anos –, o segredo dos seus cabelos viçosos, além da hidratação, são os cortes feitos regularmente.

Gosto Delicado

Escolha joias simples
Uma das joalherias preferidas de Kate é a Links of London. Ela adora os seus brincos e colares de prata – belos e discretos. Na filial da loja, em New York, houve uma disputa acirrada pelo último par de brincos de topázio branco de Kate, o "Hope Egg" – que ela usou várias vezes em sua viagem oficial ao Canadá, em junho de 2011.

Encontre uma essência que combine com você
Um perfume deslumbrante pode ser tão marcante quanto a própria roupa. Houve uma lista de espera pela delicada fragrância que Kate usou em seu casamento – o White Gardenia Petals, da Illuminum, que possui notas de coco, jasmim, âmbar madeira e um toque de lírio.

LOOK 5

Elegância Subestimada

O Vestido Enquanto participava de uma cerimônia de plantio de árvores durante a turnê canadense, Kate usou este vestido *shift* em tom grafite metálico, com manga curta e colarinho – simples, porém refinado –, criado por Catherine Walker, uma das estilistas favoritas da princesa Diana. Alguns críticos de moda, na ocasião, classificaram a opção como desinteressante, sem ao menos considerar seu estilo clássico e atemporal, naturalmente elegante, além do corte perfeito que acentuava a cintura.

O vestido "Kensington" foi também uma escolha bastante significativa para Kate, já que ela possuía laços familiares com a estilista, que morreu em 2010 depois de lutar contra um câncer. A princesa Diana foi uma grande fã das suas criações, e Carole Middleton vestiu um conjunto de Catherine Walker no casamento real, em abril de 2011.

A Bolsa Kate adora as bolsas *clutch* – simples, mas elegantes –, pois além do visual sofisticado, são perfeitas para dar-lhe algo para fazer com as mãos quando ela está sendo fotografada. Além disso, elas têm a vantagem de não puxar os ombros ou amarrotar a roupa, como fazem as bolsas de alça comum. Esta *clutch* cinza "Somerton" é da Hobbs, outra de suas boutiques favoritas, especialmente quando se trata de bolsas e sapatos de couro. Kate complementou o visual com uma delicada pulseira.

Os Sapatos Estes escarpins modernos com padrão de pele de cobra, em tom cinza-metálico, adicionam um toque ousado ao vestido que parece um pouco antiquado à primeira vista. Os sapatos "Dela" são da *designer* inglesa Tabitha Simmons, de sua coleção outono-inverno 2011. Desde que a duquesa foi vista com suas criações, tem havido um crescente interesse no trabalho da modelo que virou *designer*, e que lançou sua primeira coleção de sapatos em 2009. Caracterizando a marca registrada de Simmons, cada par de seus sapatos é feito à mão na Itália, usando o melhor couro, e apresenta detalhes intrincados e plataformas escondidas para altura extra. A textura de pele de cobra acrescenta interesse e ousadia para um *look* requintado.

O lookbook < **41**

LOOK 6

Náutico Chique

O Vestido Kate e William visitaram Charlottetown, capital da província Ilha do Príncipe Eduardo, em 4 de julho de 2011. Em uma recepção de boas-vindas, ela conversou animadamente sobre sua paixão de infância pelo livro *Anne de Green Gables*, ambientado na ilha, em 1878. A duquesa leu o romance clássico da escritora canadense Lucy Maud Montgomery aos 8 anos de idade e sentia uma grande afinidade com a personagem principal, Anne Shirley. Seu amor pela história pode ter inspirado a escolha do vestido naquela manhã – como no filme e nas séries da televisão, a personagem Anne muitas vezes trajava saias rodadas e blusas com gola marinheiro, de aparência semelhante ao estilo náutico de Kate, um vestido suéter de tricô creme debruado com listras em torno da bainha e punhos, e gola de seda bordada com uma âncora. O vestido de 1.500 dólares possui mangas compridas e foi criado por Sarah Burton, da grife Alexander McQueen, a mesma que criou o vestido de casamento de Kate. Ao usá-lo, a duquesa mais uma vez provou que tem uma queda pelo estilo clássico e que não segue cegamente a última moda, pois a peça veio da coleção de 2006.

PÁGINA SEGUINTE: Sarah Burton, da grife Alexander McQueen, já vestiu Kate em várias ocasiões formais, incluindo este vestido marinheiro. Desde que assumiu o cargo de diretora de criação da McQueen, após a morte de Alexander em 2010, Burton, nascida em Manchester, manteve o sucesso da etiqueta. Como reconhecimento, ela foi eleita *designer* do ano no British Fashion Awards em novembro de 2011, e incluída na lista anual da revista *Time* como uma das "100 pessoas mais influentes no mundo".

Renovando uma Peça que já Foi Usada

Como uma autêntica apreciadora de moda, Kate consegue repetir as suas peças favoritas. A "rainha do reaproveitamento *fashion*" sabe como evitar o desgaste visual de uma roupa. Um ano depois de usar este vestido com um escarpim marinho no Canadá, ela repetiu o traje em Wimbledon.

Mantenha a ocasião em mente
Na primeira vez em que Kate usou este vestido náutico de McQueen, sua intenção era destacar a indústria pesqueira na Ilha do Príncipe Eduardo). No entanto, na segunda vez, a referência era a similaridade da peça com o uniforme de tênis de Wimbledon em 1920. Com astúcia, Kate percebeu que as duas ocasiões trariam histórias diferentes ao mesmo vestido.

Uma mudança no penteado faz toda a diferença
Em Wimbledon, Kate usou o vestido com seu cabelo em cascata, caindo casualmente sobre os ombros, em vez de preso em um rabo de cavalo frouxo, como ela fez no ano anterior.

Sirva-se dos acessórios com inteligência
No primeiro evento, Kate manteve o mínimo de acessórios porque toda a atenção estava voltada para o seu vestido. Mas em Wimbledon, ela carregava uma *clutch* Jaeger azul-marinho acolchoada, provocando uma interessante combinação fashion com as texturas contrastantes do vestido e da bolsa.

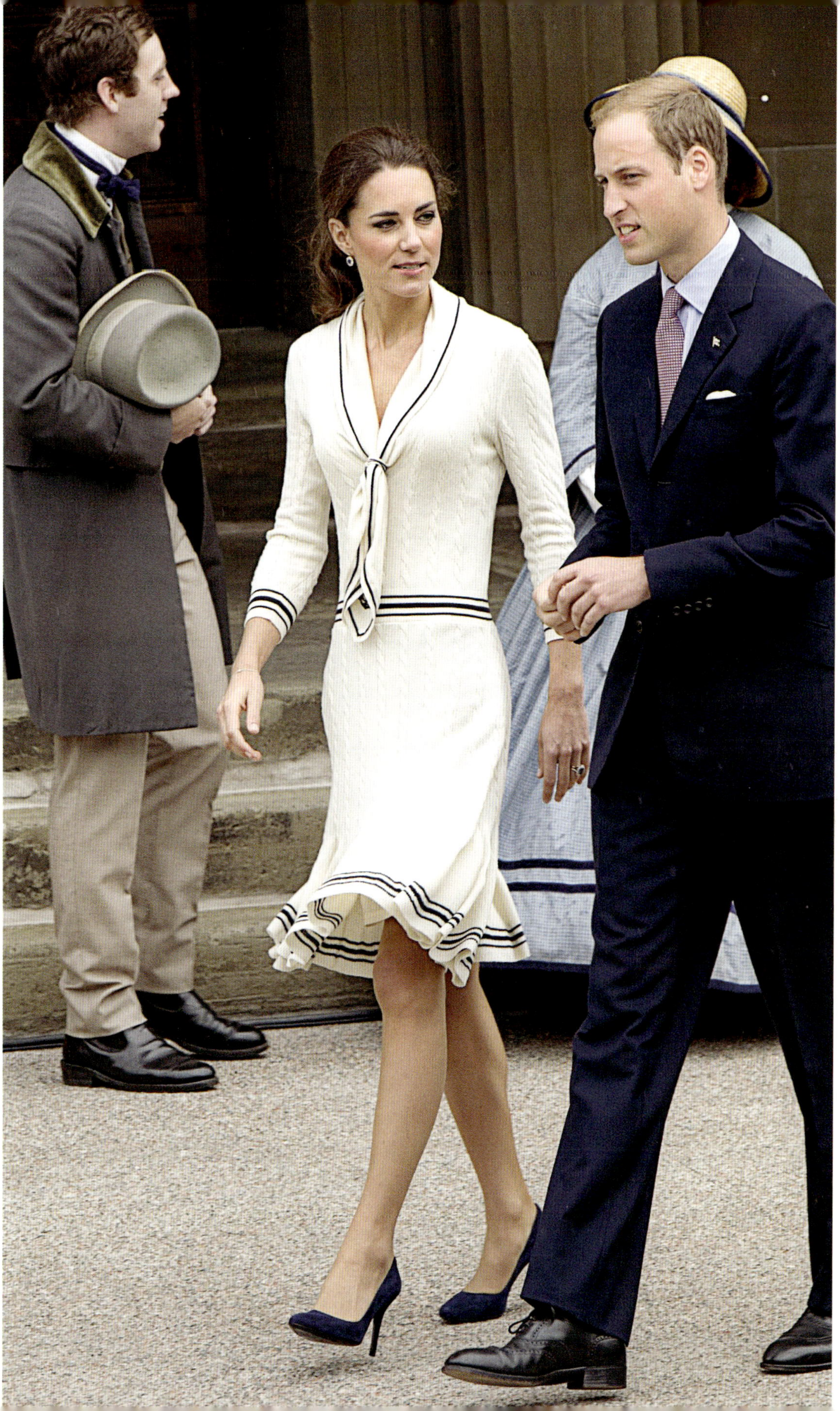

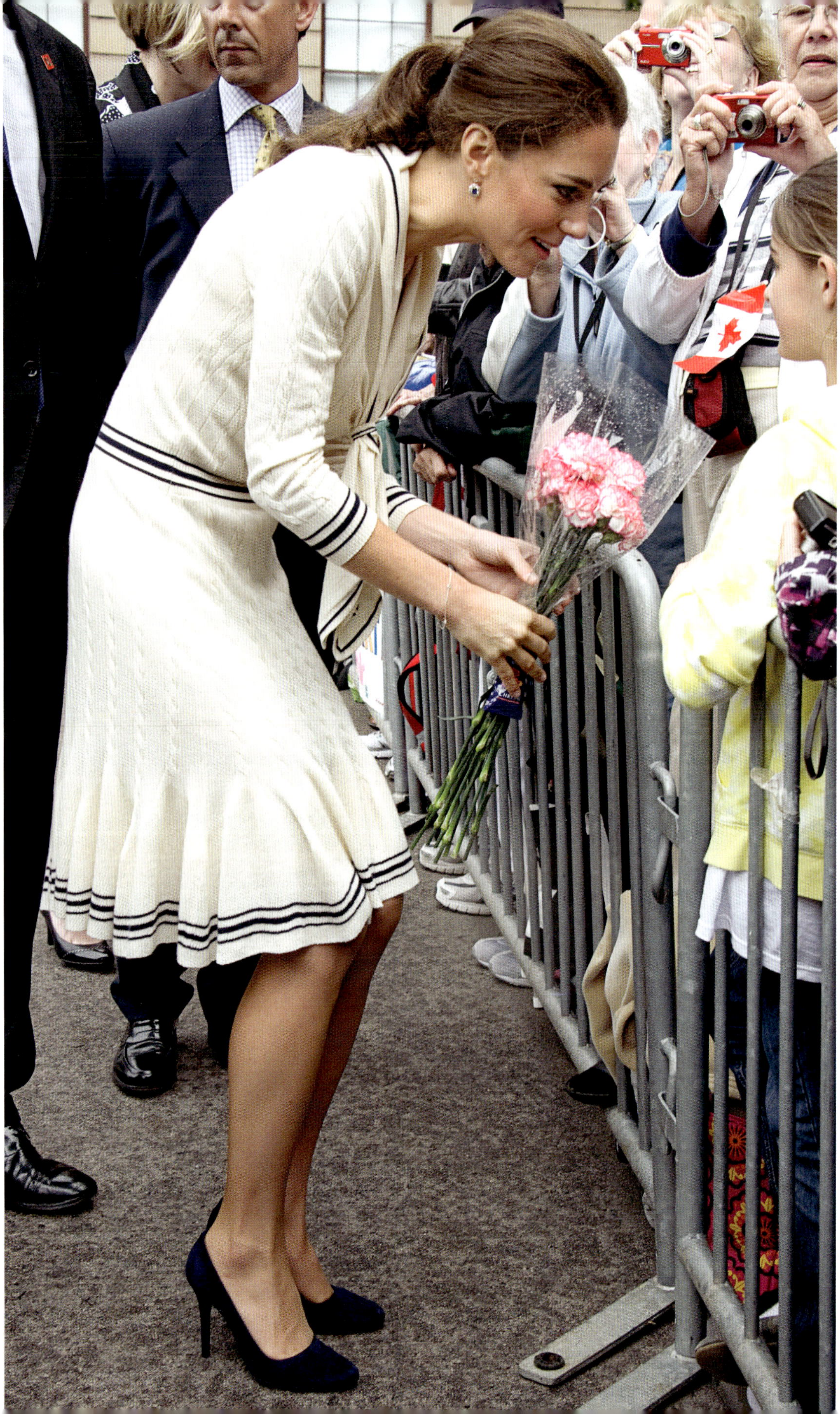

Os Sapatos Kate já combinou várias peças com seus sapatos de camurça azul da L.K. Bennett, outra de suas marcas favoritas. A proprietária, Linda Kristin Bennett, foi premiada pelos serviços prestados à indústria *fashion* na lista de honrarias em 2006. Ela ficou famosa por criar sapatos práticos e glamourosos. "Quando eu me estabeleci, queria produzir algo entre o *designer* de calçado encontrado na Bond Street e aqueles das boutiques", Bennett explica. Isso torna seus *designs* perfeitos para Kate, que é a rainha do *glamour* prático.

Os Brincos Kate ganhou estes brincos de safira e diamantes do príncipe William. Eles pertenceram originalmente à sua falecida mãe, Diana, a princesa de Gales, e combinam perfeitamente com o anel de noivado de Kate, que também foi de Diana. Os brincos foram criados especialmente para serem oferecidos como presente de casamento pelo príncipe herdeiro da Arábia Saudita e Diana foi vista com eles em dezenas de eventos durante a década de 1990. Kate deu-lhes um estilo próprio ao transformá-los em pingente, trazendo-os para o século XXI.

ACIMA: O visual temático *fashion* é recorrente para Kate. À esquerda, um vestido-casaco militar trespassado da McQueen, usado em junho de 2011, e à direita, um conjunto de saia lápis e blusa com detalhes em botões dourados, também da McQueen, desta vez com inspiração náutica, usado em agosto de 2011.

LOOK 7

Kate Veste Jeans

O Jeans Kate com certeza adora o J Brand 811 "Olympia", um jeans de linhas retas que ela repetiu por três vezes em dois dias durante sua viagem ao Canadá em 2011. Ela também foi vista com ele em várias outras ocasiões durante o dia, e a razão é simples: J Brand não é apenas um jeans. Kate descobriu que seu corte perfeito é o que mais a favorece. E não é de se admirar que o jeans azul *slim-fitting* tenha se tornado um item *fashion* obrigatório, com fãs que incluem Jessica Alba, Nicole Scherzinger e Katie Holmes.

A duquesa sem dúvida o aprecia por ser um jeans sem adornos espalhafatosos, e também pelo fato de que o tecido de sarja nobre tem o tom perfeito de índigo e a quantidade certa de *stretch* para valorizar as suas formas. A empresa americana J Brand foi fundada em 2004 e vem crescendo nos últimos anos, graças às suas tendências inovadoras, como foram as calças cargo "Houlihan" e a "Love Story", um jeans estilo *flare*, de boca larga.

O Cinto Este deslumbrante cinto de couro chocolate com fivela de metal é de Linda Camm – uma *designer* de acessórios que se tornou *cult*, desfrutando de um enorme aumento nas vendas desde que Kate usou suas peças no Canadá. A empresa Camm está localizada na Tanzânia, onde emprega mais de 200 membros da tribo Masai, fabricando produtos de couro com miçangas requintadas.

À DIREITA: O J Brand virou o assunto do momento quando Kate usou o jeans para passear com o príncipe William pelo Slave Lake, no Canadá, em julho de 2011; mas ela também aproveitou a ocasião para estrear o que se tornaria um outro *hit* – o blazer de um botão, estilo *sloane*, da marca canadense Smythe. Depois disso, ela voltou a usar a versátil peça em diversas ocasiões, inclusive durante os Jogos Olímpicos de Londres, em 2012.

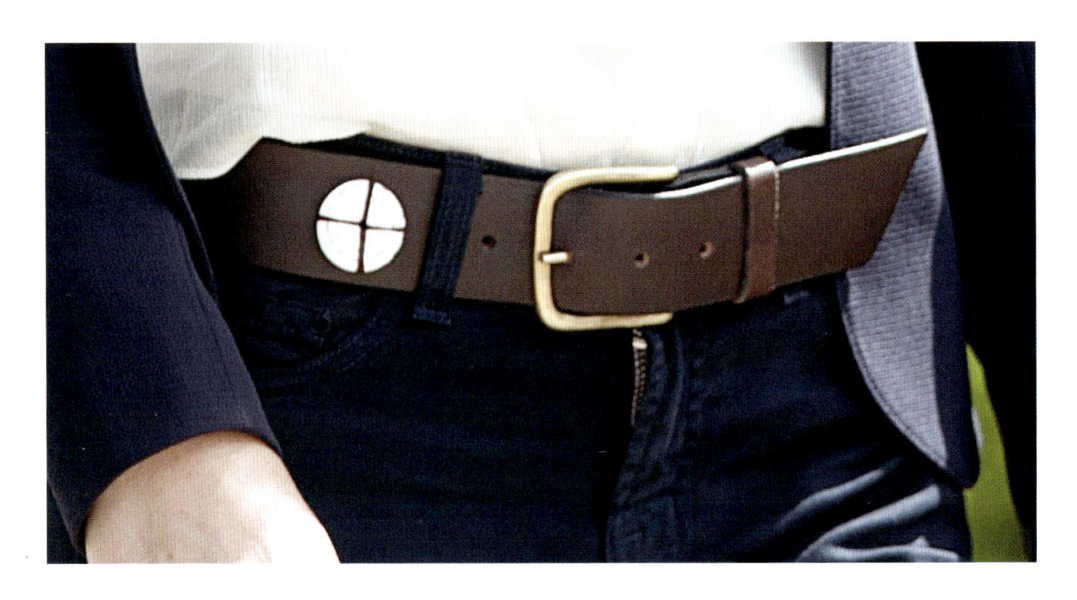

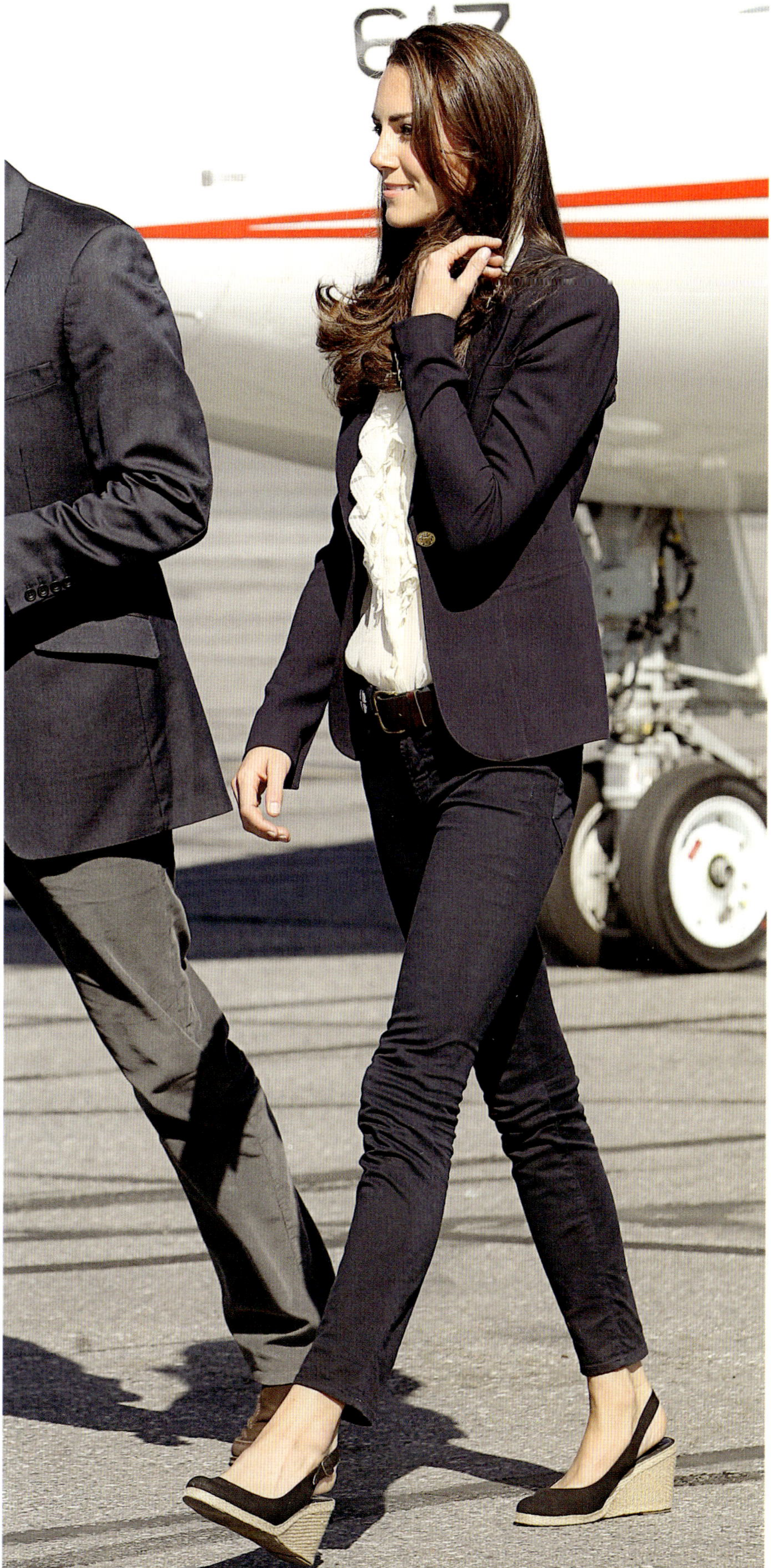

Os Sapatos Kate mostra a versatilidade de seu jeans J Brand ao combiná-lo com as sandálias "Maddox" de salto anabela, em preto e palha, da L.K. Bennett, e mais tarde, no mesmo dia, ela buscou um *look* mais casual optando pelos sapatos *dockside* de camurça nude com detalhes em couro branco, "Bala", da Sebago – tradicionalmente feitos na Nova Inglaterra, EUA. Desnecessário dizer que o "boat shoes", antes popular apenas entre velejadores, virou moda na tonalidade usada pela duquesa.

Como Deixar um Jeans Chique

Como uma verdadeira *fashionista*, Kate sabe que para ficar elegante não é preciso uma roupa chamativa e cara – um par de jeans moderno, que vista bem, pode ser perfeito na maioria das situações do dia a dia. Aqui estão algumas dicas sobre como conseguir isso da maneira certa...

Escolha o tom certo
A cor índigo do J Brands de Kate pode alternar do casual ao elegante com apenas alguns acessórios.

Certifique-se de que o jeans esteja no tamanho ideal
O jeans de Kate tem o tamanho e o comprimento perfeitos para sua estrutura. Uma calça jeans que não cai bem parece inferior e deselegante – e a marca não significa nada se ela não está no tamanho ou estilo adequados para o seu corpo.

Prefira *slim-cut* ao *skinny*
Kate declarou que, a menos que você seja uma estrela do *rock*, o jeans *skinny* é apertado demais para deixar um visual elegante, por isso ela prefere um corte delgado ou reto – ele faz com que suas pernas esbeltas pareçam ainda mais longas, e funciona bem com camisa xadrez e sapatilhas ou com uma blusa de seda e saltos. A menos que você queira parecer um cantor de música country, não combine a calça com uma jaqueta jeans: prefira uma jaqueta ou um blazer de algodão, como Kate.

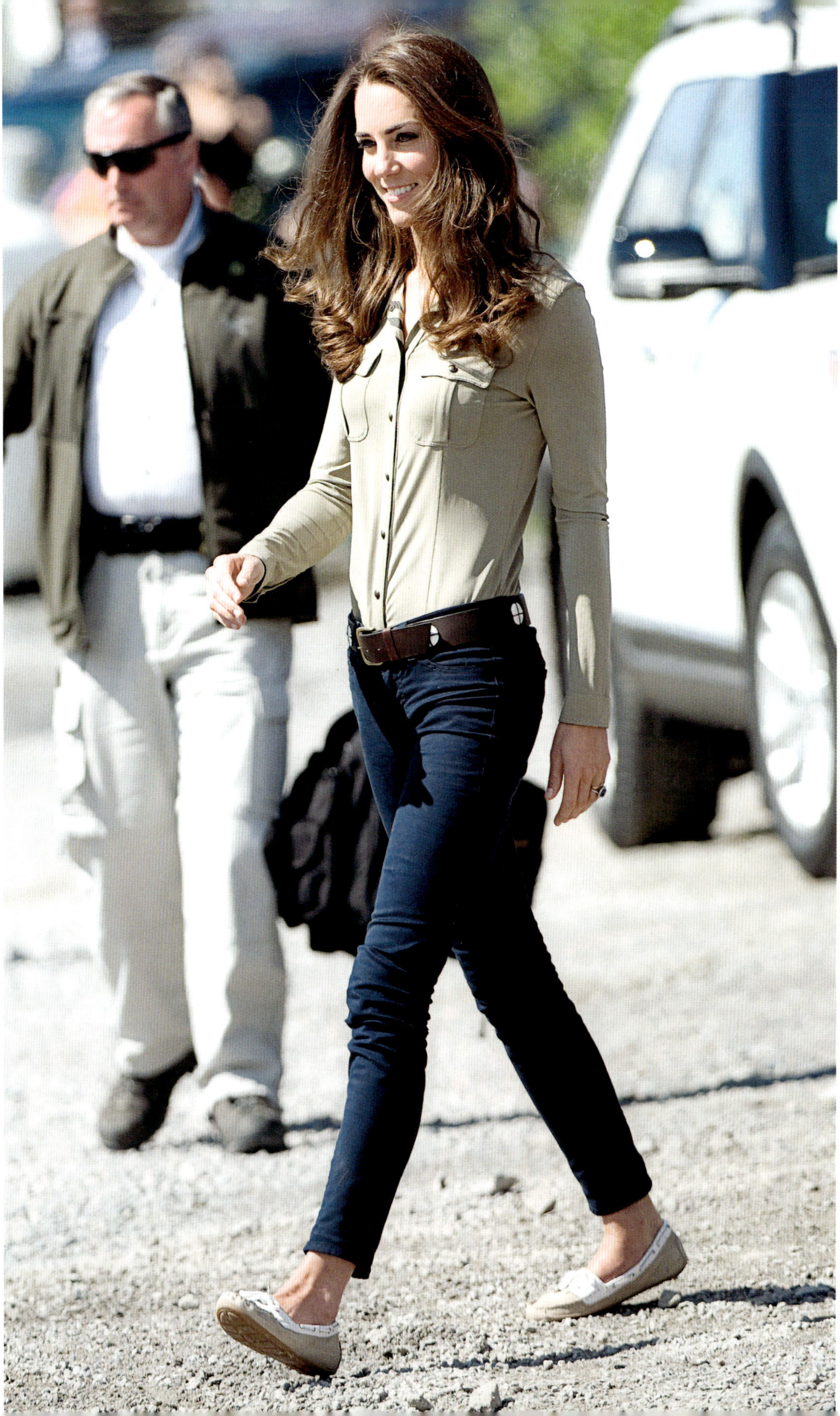

LOOK 8

Country Chique

A Camisa Quando Kate participou do Calgary Stampede, um festival anual canadense que celebra o estilo de vida do oeste, em 8 de julho de 2011, ela realmente entrou no clima ao escolher esta camisa apropriadamente chamada "Rodeo", da Temperley London. Confeccionada com gaze de seda e algodão, a camisa marfim com detalhes aplicados e rendas delicadas suaviza a silhueta masculina do visual do oeste. Simples, mas elegante, a camisa da coleção outono 2011 foi apenas uma das muitas peças da Temperley que Kate escolheu para acompanhar o príncipe William na viagem ao Canadá e América do Norte, em 2011. A marca da estilista britânica Alice Temperley é conhecida por misturar *designs* atemporais, tecidos suntuosos e detalhes minuciosos em peças femininas que encarnam o estilo "cool britannia" atual.

Os Acessórios O chapéu Stetson branco e o cinto adornado com uma ousada fivela deixaram a duquesa de Cambridge perfeitamente caracterizada como uma *cowgirl* canadense para assistir ao rodeio. William também usou um Stetson de feltro com forro de seda. Os chapéus foram confeccionados pela Smithbilt Hats – uma tradicional chapelaria de Calgary especializada no modelo Stetson, que se tornou um símbolo da cidade desde os anos 1940.

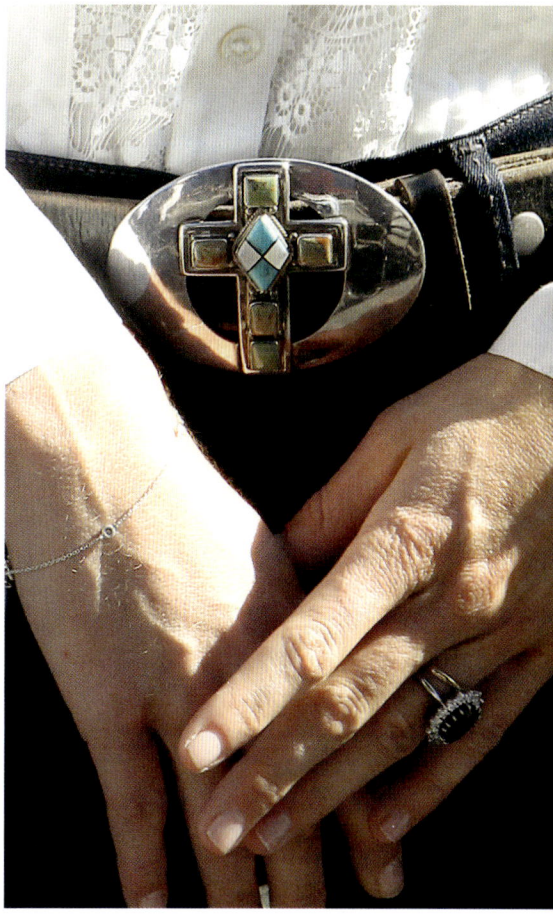

Os chapéus foram presenteados a Kate e William assim que o casal real desembarcou no Aeroporto Internacional de Calgary, oferecidos pelo prefeito, Naheed Nenshi.

Tempos atrás, outros membros da família real já haviam recebido o icônico chapéu branco, como os príncipes Philip, Andrew e Edward. Philip, que recebeu seu terceiro chapéu em 1969, desconcertou os anfitriões quando brincou sobre não saber o que fazer com mais um chapéu além de carregar água ou plantar flores nele. Isso levou a cidade a dar ao príncipe Charles um chapéu de cowboy preto quando ele chegou, oito anos depois.

As Botas Assim como a camisa, as botas de Kate, em estilo *cowboy* tradicional, também foram feitas em Londres. Ela escolheu a R. Soles, que vende botas de alta qualidade em sua loja na King's Road, em Chelsea, desde que foi criada por Douglas Berney, em 1975. Estas botas são chamadas de "Vegas Setter" e foram desenhadas por Judy Rothchild.

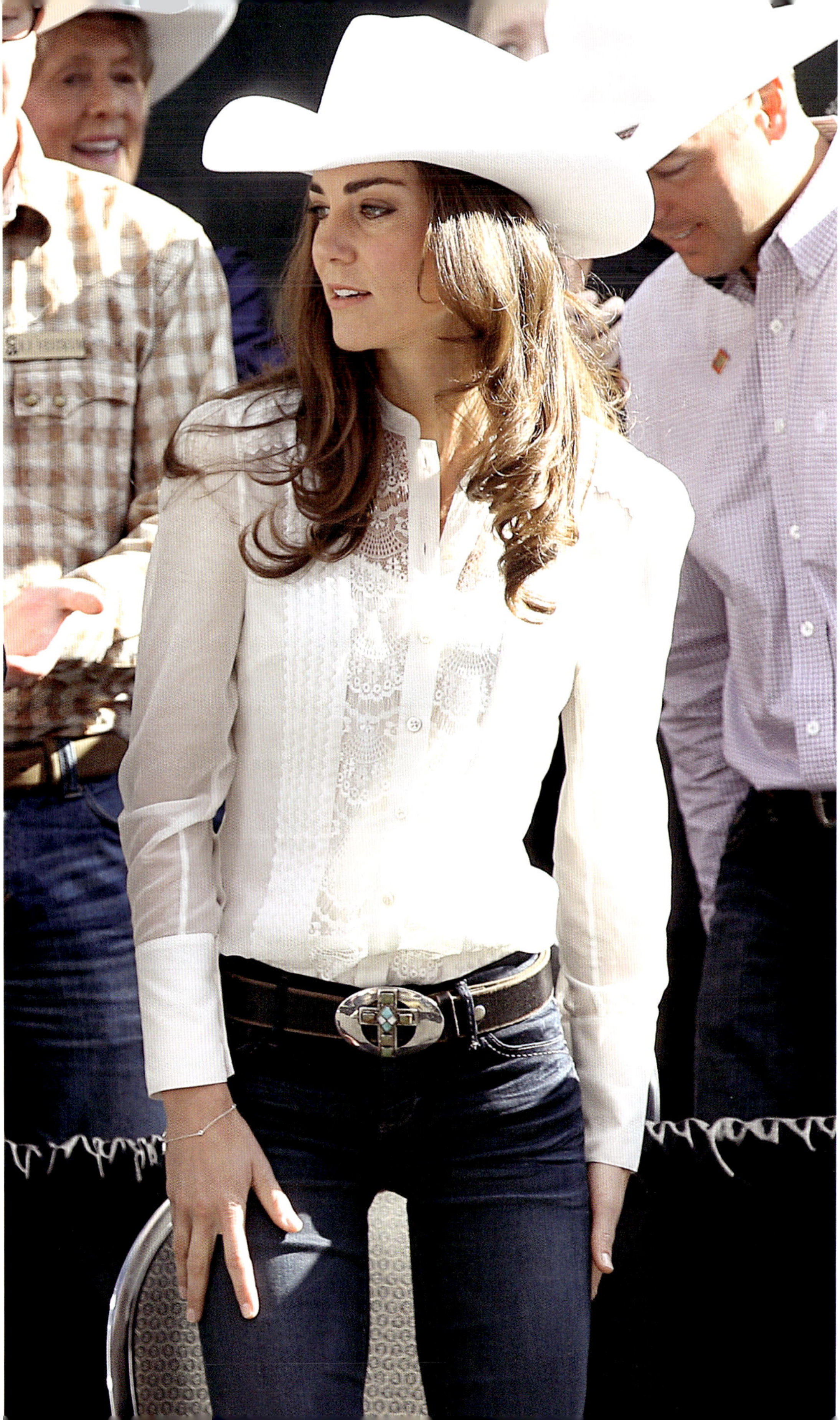

O Jeans Nenhuma roupa de *cowgirl* estaria completa sem um par de calças jeans em estilo *boot cut*, e o de Kate veio de uma de suas marcas de jeans favoritas: a Goldsign. O modelo é chamado "Passion", e a duquesa escolheu a lavagem Habit, da coleção outono-inverno 2011. Com um corte mais estreito no quadril e na coxa, a calça é confeccionada com o famoso denim da Goldsign – extra macio e com stretch –, o que a torna justa e confortável na medida certa. Em outras palavras, perfeita para passeios a cavalo! De acordo com um representante da Goldsign, as vendas de seus jeans triplicaram após Kate ter usado esse modelo e as vendas online aumentaram dez vezes.

Kate provavelmente tenha escolhido a Goldsign por sua linha cutomizada *premium denim* – criada por Adriano Goldschmied, anteriormente da AG e Diesel –, com sua tendência por marcas sutis sem nenhuma etiqueta aparente ou emblemas nos bolsos de fora. Kate disse ter comprado esses jeans na boutique Trilogy, em Chelsea, onde tem sido uma cliente regular nos últimos anos.

Adote o Estilo Local

Onde quer que esteja no mundo, Kate nunca perde a oportunidade de experimentar a moda local; além de ser divertido, é uma espécie de homenagem que ela faz ao lugar que a recebe. Ela sempre se veste de forma inteligente e adequada para cada ocasião, e acrescenta seu estilo inconfundível...

Procure peças autênticas
O chapéu de Kate é de uma renomada chapelaria em Calgary, e não de uma loja de *souvenirs*; assim, ela evita que o traje acabe se tornando alvo de piadas. Para um estilo típico original, é essencial pesquisar sobre os estilistas locais antes de viajar.

Mantenha a sua identidade
Kate misturou habilmente itens de Calgary com peças *country* de marcas londrinas, criando um visual mesclado que reúne naturalmente suas raízes britânicas e a cultura de Calgary.

Entenda a importância do momento
As pessoas ficaram surpresas quando William e Kate não colocaram os seus chapéus assim que foram presenteados no aeroporto, mas ao usarem o item durante o Calgary Stampede, Kate mostrou que ela realmente apreciou o valor do presente e que compreendia o significado da ocasião.

Valorize os detalhes
Kate pensou em todos os aspectos da sua roupa, do corte do jeans ao tamanho do seu cinto. Fazendo isso, em vez de apenas adicionar algum símbolo da cultura local àquilo que iria usar, ela valorizou o seu visual, para que não parecesse apenas uma caracterização.

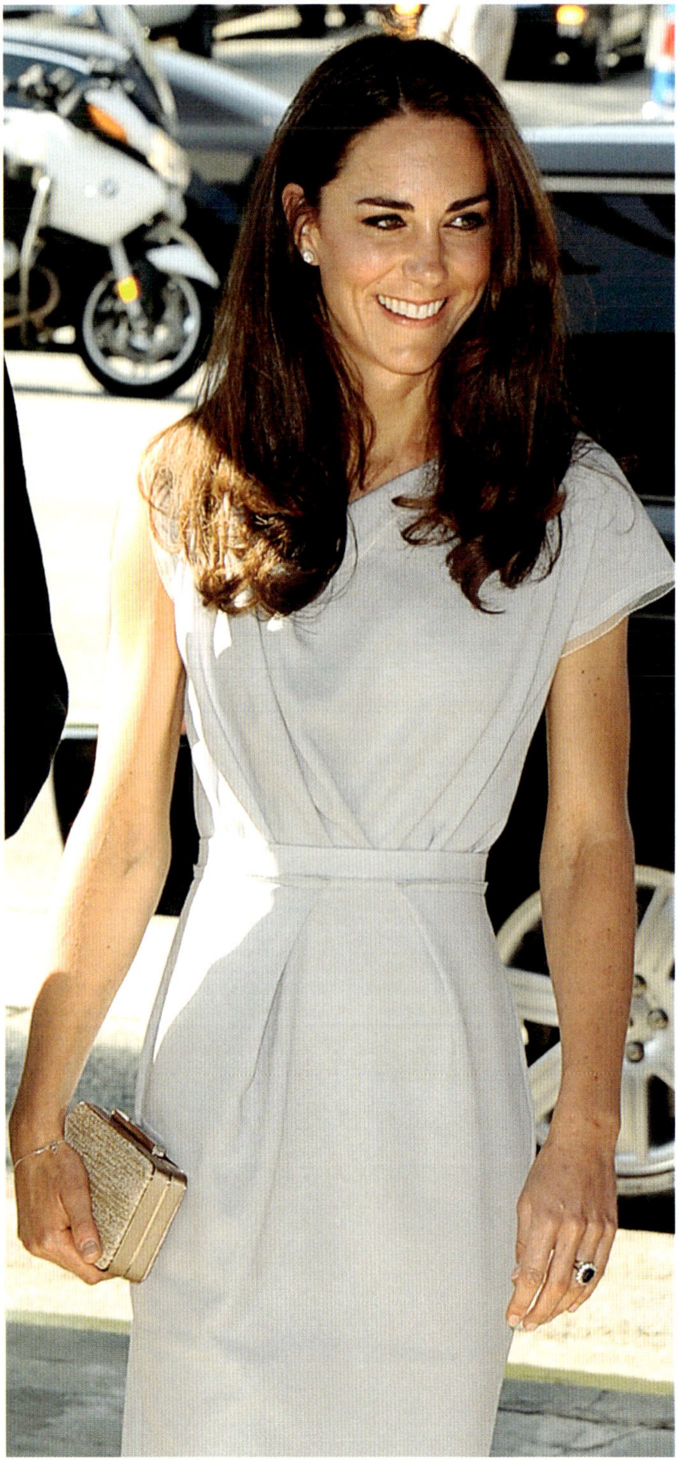

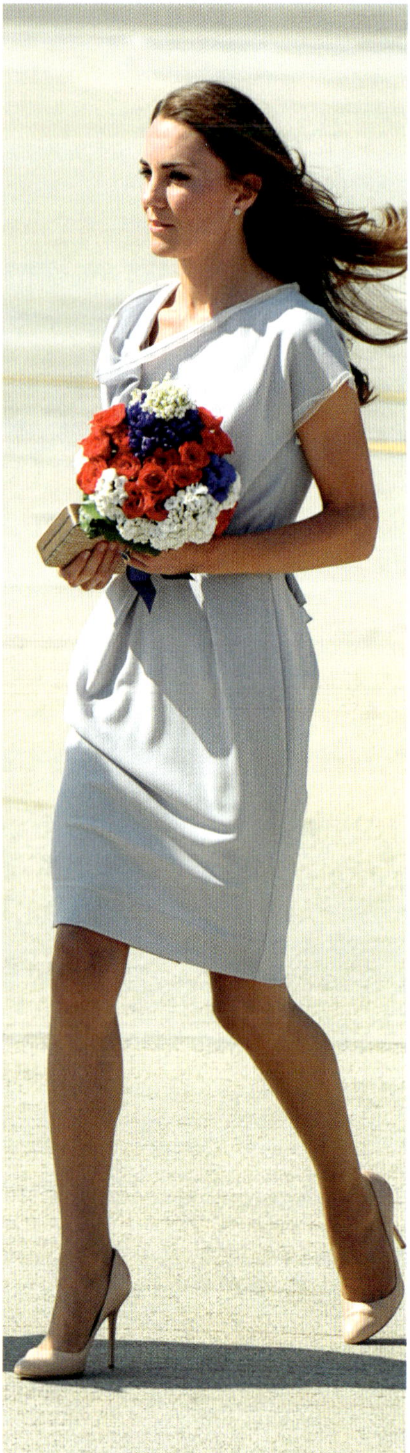

LOOK 9

O Pouso Perfeito de Kate

O Vestido Quando Kate desceu do avião no aeroporto de Los Angeles em 8 de julho de 2011, ela parecia uma brisa de ar fresco em seu vestido cinza-gelo Peridot, da estilista sérvia radicada em Londres, Roksanda Ilincic. Além da fluidez proporcionada pelo crepe de lã, o modelo traz os drapeados que fizeram de Ilincic uma das estilistas preferidas de mulheres poderosas como Michelle Obama e Gwyneth Paltrow. Com mangas cavadas e pregas que vão do pescoço à cintura, este vestido é tão feminino quanto arrebatador.

De acordo com a estilista, depois que Kate usou o vestido, dezenas de clientes procuraram seu *showroom* em Londres perguntando pela peça da coleção primavera 2011, que já havia se esgotado. Ilincic também ouviu de várias lojas que estavam interessadas na confecção de sua linha. "Esta é a prova de que ela é uma embaixatriz perfeita da moda britânica, e da moda em geral", declarou Roksanda.

A Bolsa A *clutch* "Natalie", da L.K. Bennett, é uma das bolsas favoritas de Kate, uma peça coringa que ela foi vista carregando em muitas ocasiões. O tamanho pequeno e a cor neutra a tornam um acessório perfeito, uma bolsa que combina com quase todo tipo de roupa, incluindo algo tão delicado como este vestido cinza.

Os Brincos Os brincos "Grace" são da *designer* Kiki McDonough, de Chelsea. Simples, porém marcantes, estes brincos de topázio branco emoldurado com diamantes custam pouco mais de mil dólares; são modestos, mas ainda assim diferenciados, que é exatamente como Kate gosta de suas joias.

McDonough também fez joias para Diana, a princesa de Gales. "Pude contar com a princesa Diana como uma cliente assídua e sempre tivemos *designs* interessantes para oferecer a ela", disse McDonough. "É um fato muito especial que, agora, Catherine também goste de usar minhas peças. Como uma 'real moderna', Catherine é chique tanto para vestir a moda mais descontraída quanto para os compromissos formais. Minhas joias são feitas para o dia a dia, e Catherine as usa maravilhosamente bem."

ABAIXO: Desde que Kate começou a usar seus sapatos e bolsas, a marca britânica L.K. Bennett tornou-se a mais famosa em todo o mundo por seus *designs* simples mas elegantes, como esta *clutch*, "Natalie". Originalmente fundada em Londres, em 1990, para oferecer sapatos e acessórios sofisticados, a loja agora tem pontos de venda no mundo todo e estendeu seus produtos criando uma gama de roupas elegantes para atender o estilo de vida e as necessidades das mulheres modernas, como sua mais famosa cliente: Catherine, a duquesa de Cambridge.

56 > O lookbook

Os Sapatos O "Lovely" – um sapato tipo *stiletto* rosa-claro, com bico levemente arredondado e salto de 10,9 cm – é da coleção primavera-verão 2011 de Jimmy Choo, e fez parte do catálogo 24:7, com os estilos mais vendidos e os clássicos que toda mulher deveria ter.

Kate encontrou o criador da marca, Jimmy Choo, durante uma viagem à Malásia. Ele não possui mais ligação com a empresa que criou depois de tê-la vendido; Choo trabalhou com a princesa Diana por sete anos e Kate o fez lembrar de sua antiga amiga. "Ela é uma pessoa absolutamente encantadora, por dentro e por fora", ele disse sobre a duquesa, "Muito parecida com a mãe do príncipe William. Ambas são elegantes e se vestem muito bem, porém, o mais importante é que são pessoas muito atenciosas em seu interior, por isso elas aparecem tão lindas em público".

Tenha um Visual Fabuloso Após um Longo Voo

Como parte de seus deveres reais, Kate já acumulou inúmeras milhas aéreas e é muito comum que ela seja recebida por personalidades importantes logo após um longo voo. É imprescindível que ela esteja com um visual impecável nessas ocasiões, mas Kate é hábil e conseguiu dominar a arte de manter um fabuloso ar de frescor, mesmo após um longo voo.

Troque de roupa antes de pousar
Sentar em uma poltrona de avião por horas transforma a maioria dos tecidos em um monte de rugas nada atraente. Mas, se você fizer como Kate e manter uma muda de roupa pendurada em sua bagagem de mão, pronta para trocar próximo ao horário de pouso, vai garantir um visual impecável ao desembarcar.

Prepare-se para mudanças de temperatura
Kate embarcou no Canadá com um casaco vermelho de lã acetinada, de Catherine Walker, perfeito para mantê-la aquecida, mas ela sabia que iria pousar na ensolarada Los Angeles, então, pensando nisso, ela escolheu um vestido leve para se trocar antes do pouso.

Hidrate a pele durante o voo
O ar condicionado nos aviões costuma ressecar a pele. Para manter o brilho e a sensação de frescor, Kate toma bastante água e aplica hidratante facial em pleno voo. Não há necessidade de usar fórmulas caras. Kate foi flagrada com tubos de creme hidratante Nivea Visage Pure & Natural Moisturising Day em uma loja de cosméticos da King's Road.

Prepare o cabelo
Kate embarcou com os cabelos levemente presos atrás, garantindo que os fios não ficassem marcados ao soltá-los, pouco antes de desembarcar no aeroporto de Los Angeles.

LOOK 10

Florais Femininos

O Vestido Em 9 de julho de 2011, o casal real esteve em uma partida de polo beneficente no exclusivo Santa Barbara Polo & Racquet Club, arrecadando fundos para os "Amigos Americanos da Fundação do Príncipe William e do Príncipe Harry". Para a ocasião, Kate escolheu uma das suas estilistas favoritas, à prova de falhas: Jenny Packham. A duquesa já usou muitas criações de Packham ao longo dos últimos anos, uma vez que o estilo romântico e feminino desenvolvido cuidadosamente pela estilista combina perfeitamente com o visual de Kate. Este vestido de seda em tom azul acinzentado, Chinoiserie, pintado à mão em tons de sálvia e pêssego, apresenta mangas tipo capa que se unem nos ombros e traz um franzido na cintura para valorizar a estrutura esbelta da duquesa.

O belo tecido foi feito por artistas do estúdio de *design* de interiores De Gournay, em Chelsea, especializado em pintura à mão para papéis de parede, tecidos e porcelanas chinesas do século XVIII, e *designs* franceses do século XIX. Packham é uma grande fã de estampas do estúdio, e sua boutique de Londres apresenta o papel de parede gráfico "Windswept Blossom", da deliciosa coleção Ecletic, da De Gournay.

Os Sapatos Kate estreou um novo par de sandálias L.K. Bennett, "Sandy", da coleção da Signature. Tiras lisas e largas envolvem suavemente os pés de uma forma muito natural, fazendo as pernas da duquesa parecerem ainda mais alongadas.

A Pulseira Em seu pulso direito, Kate exibia sua charmosa pulseira de ouro "C", um presente de casamento da madrastra de William, Camilla Parker Bowles, que possui uma peça similar. O pingente em forma de disco tem o monograma oficial de Catherine em um dos lados e o de Camilla no outro. As letras estão sob uma coroa, mas o C de Kate é mais rebuscado, enquanto o de Camilla é cercado por um círculo. Para Kate, a pulseira tem um grande valor sentimental, pois além de usá-la constantemente, ela tem uma versão de prata da mesma.

A Bolsa e os Brincos Kate levou sua *clutch* "Natalie", da L.K. Bennett, e usou brincos de Kiki McDonough – desta vez, um maravilhoso par de gotas de ouro com quartzo citrino.

Use Florais sem Parecer Desalinhada

Estampas florais fortes podem ser complicadas de se usar, mas Kate lida com a estampa floral sem parecer espalhafatosa ou desalinhada. Com algumas regras de estilo básicas, você pode fazer o mesmo...

Use acessórios simples
Todos os florais parecem deslumbrantes quando usados com acessórios elegantes e sandálias delicadas, como Kate tem feito. As linhas suaves e quadradas de seus sapatos e bolsas formam um contraste elegante com a estampa de seus vestidos – nada de muito extravagante disputando a atenção com a roupa.

Escolha uma cor
Escolha uma cor característica da estampa floral para ecoar em seus acessórios. Kate combinou os tons de pêssego do vestido com o tom neutro da bolsa e das sandálias, criando um look harmônico e requintado.

Considere o lugar das estampas
Tecidos estampados chamam a atenção, portanto, fique atenta e identifique qual parte do corpo será coberta pela estampa. O posicionamento das flores no vestido de Kate encaixa perfeitamente com a cintura fina, criando uma silhueta de ampulheta.

Jenny Packham

Conhecida principalmente por seus vestidos de noiva e coleções *prêt-à-porter* inspiradas em *lingeries*, Jenny Packham possui um jeito especial de expressar beleza e sedução através do uso de rendas francesas e tules bordados. Formou-se com louvor em moda e estilismo pela Faculdade de Artes Central Saint Martins, em Londres, e abriu o ateliê Jenny Packham London, desenhando roupas para a noite. Lançou sua primeira coleção no London Designer Show, em 1988, e recebeu, por suas criações, o Prêmio Designer de Estilo de Hollywood 2007, o Prêmio Internacional de Costura Nupcial 2007 e o Prêmio Britânico de Vestidos de Noiva 2008 e 2011. Suas clientes incluem Keira Knightley, Beyoncé, Cameron Diaz e Jennifer Aniston. Alguns de seus trabalhos fizeram parte do figurino de filmes candidatos ao Oscar e produções para a televisão, como *Sex and the City*, *O Diabo Veste Prada*, *007 – Um Novo Dia para Morrer* e *Casino Royale*.

À DIREITA: Para o baile de gala da Absolute Return for Kids, em 10 de junho de 2011, a duquesa de Cambridge vestiu um rosa perolado de lantejoulas, adornado com cristais Swarovski, da coleção primavera-verão 2011 de Jenny Packham. Kate combinou o vestido com os sapatos de L.K. Bennett, permanecendo fiel às boutiques britânicas.

PÁGINA SEGUINTE: O vestido prateado em estilo grego, de Jenny Packham, com drapeados sobre um dos ombros, levemente franzido e amarrado na cintura recebeu como adorno o broche de papoula vermelha – símbolo da Legião Real Britânica. Kate estava deslumbrante no jantar beneficente oferecido por ela e pelo príncipe William em nome do National Memorial Arboretum, na Picture Gallery do palácio St. James, em 10 de novembro de 2011.

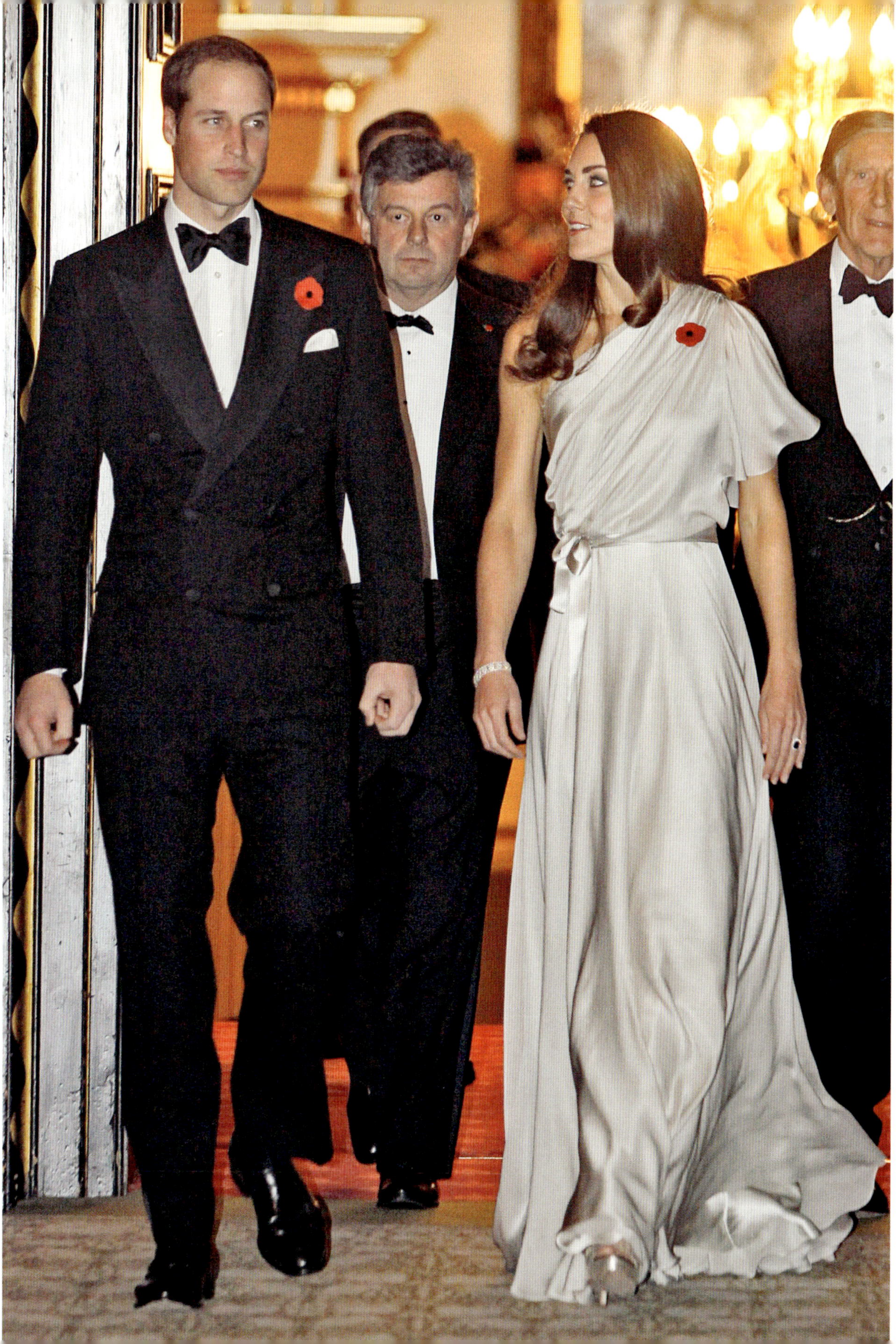

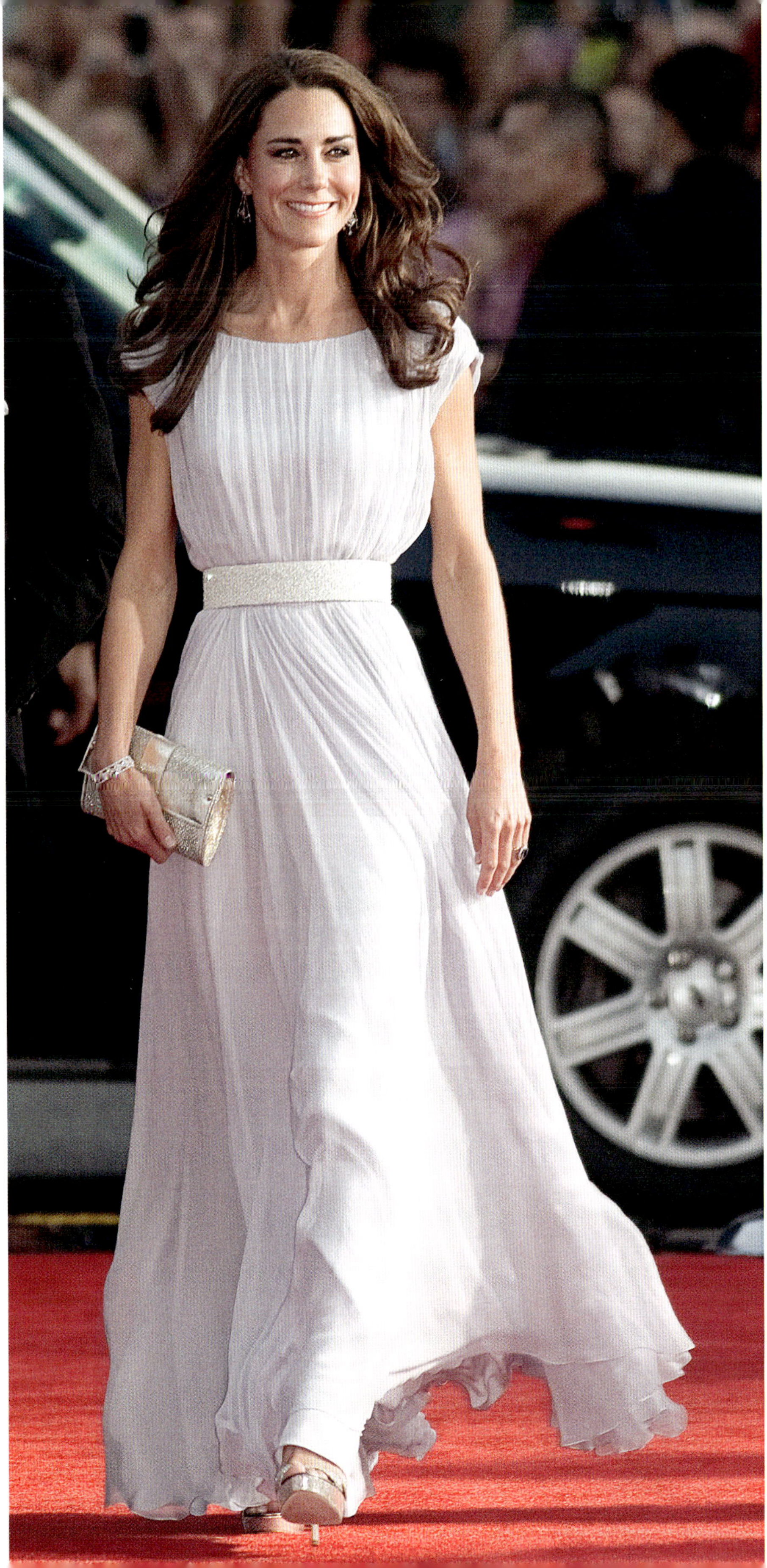

LOOK 11

O Glamour Clássico de Kate

O Vestido Mesmo quando cercada pela elite de Hollywood, as escolhas de Kate garantem que ela se destaque da multidão pelas razões certas. Em vez de optar por uma cor forte ou um decote ousado, ela roubou os holofotes no jantar da Academia Britânica de Artes do Cinema e Televisão, em julho de 2011, em Los Angeles, usando um vestido recatado, em tom pastel. Pequenos detalhes – como a saia longa e o brilho do cinto harmonizando com os acessórios –, deram ao traje, um tanto conservador, o charme e a elegância à altura da formalidade do evento.

O glamouroso traje em estilo grego criado por Sarah Burton, da grife Alexander McQueen, tem um decote suave e a frente plissada, com a cintura bem marcada por um cinto e uma saia longa e esvoaçante. Assim como o vestido de casamento de Kate, Sarah Burton parece ter feito o modelo sob medida para a duquesa. Este realmente foi um *look* icônico, digno de uma princesa.

A Bolsa Kate optou mais uma vez por uma bolsa *clutch* envelope, mas desta vez ela elevou o glamour escolhendo esta deslumbrante *clutch* "Ubai" da marca Jimmy Choo, em tom champanhe brilhante.

Os Sapatos Para os pés, Kate também foi além de suas habituais escolhas, optando por uma sandália da marca Jimmy Choo apropriadamente chamada "Vamp". A sandália prateada é aberta em volta dos dedos, com tiras cruzadas na frente e tiras em volta do tornozelo, presas com uma fivela. A plataforma, combinada com o salto agulha, torna esses sapatos muito mais chamativos do que os clássicos que Kate normalmente usa.

As Joias Kate exibia em seu pulso um bracelete com *design* floral formado por uma fila de diamantes grandes contornados por diamantes menores, intercalados por outros em forma de baguete. O bracelete combinou perfeitamente com os brincos tipo lustre, emprestados pela rainha especialmente para a ocasião.

Glamour Recatado

Como um membro da família real, Kate precisa cumprir certos padrões de conduta; assim, você nunca vai vê-la com nada vulgar ou impróprio. Mas ela sempre consegue manter um equilíbrio perfeito na linha tênue entre o visual recatado e o descontraído. Veja como ela consegue se vestir de forma conservadora e incrivelmente glamourosa...

Você pode ser sexy e sutil
Em vez de escolher um decote ou uma saia curta, Kate acentua sua feminilidade com o tecido que flui do vestido na cintura, criando uma silhueta com curvas nos lugares certos.

Eleve o nível
Para uma noite de gala, a duquesa usou sapatos com saltos mais altos do que os de costume. Usar algo diferenciado em ocasiões especiais vai garantir que você se destaque.

A cor é fundamental
Enquanto um traje preto cintilante inevitavelmente é notado, um tom suave e inesperado – como o lilás do vestido de Kate –, rouba a cena e é muito mais do que uma forma sutil de se destacar, uma vez que ele dá um ar etéreo ao visual, tornando-o, no mínimo, memorável.

Brilhe no momento apropriado
O brilho das sandálias e da *clutch* de Kate teria parecido um exagero se as peças acompanhassem um traje igualmente brilhante, mas um vestido discreto como este permite o glamour de seus acessórios.

LOOK 12

Tons Mais Claros

O Vestido Kate mostrou uma silhueta esbelta e perfeitamente delineada neste vestido cor de aveia, da estilista Amanda Wakeley, ao acompanhar o príncipe William na abertura da nova ala do hospital The Royal Marsden, em setembro de 2011. Para o casal, o evento tinha um significado especial: três décadas antes, em 1982, Diana percorreu o hospital na cidade de Sutton, condado de Surrey, em seu primeiro compromisso sozinha. Mais tarde, a princesa de Gales tornou-se a presidente do Hospital do Câncer – um posto que o príncipe William ocupa desde 2007.

A princesa Diana era uma grande admiradora das criações de Wakeley, o que fez da estilista britânica uma escolha muito apropriada para Kate – e também uma forma elegante de prestar uma homenagem respeitosa à sogra que não teve a chance de conhecer. O vestido na altura dos joelhos, com mangas três-quartos, detalhes de costura e decote canoa foi adquirido na loja da Amanda Wakeley, em Londres. Mais tarde, a estilista publicou em seu twitter que a duquesa também havia comprado o mesmo modelo em preto e bronze, algo que *fashionistas* costumam fazer quando encontram peças perfeitas para a sua forma –, um sinal de que, a essa altura, Kate tornou-se muito mais confiante sobre o que combina com o seu estilo.

Os Sapatos Aqui vemos Kate optar mais uma vez por seus sapatos favoritos – o escarpim nude "Sledge", com saltos meia-pata, da L.K. Bennett. A duquesa tem usado esses saltos em uma exaustiva lista de compromissos, incluindo a Epsom Derby, o aniversário de 90 anos do príncipe Philip, o casamento de Zara Phillips, na barca real durante as celebrações do Jubileu de Diamante da rainha, seis vezes durante a viagem ao Canadá, em 2011, e em várias ocasiões na turnê da Ásia, em 2012. O seu uso constante logo resultou no "Efeito Kate" e, sozinha, ela deu início à tendência do uso de sapatos nude com vestidos: em 2011 e 2012, nenhuma mulher elegante seria vista usando qualquer outro sapato.

A preferência de Kate fez os críticos de moda especularem se ela possuía uma dúzia de pares do mesmo modelo, já que eles nunca parecem desgastados! Talvez devêssemos dar o crédito à L.K. Bennett e ver isso como prova da ótima qualidade dos sapatos; o uso contínuo de Kate sugere que sejam confortáveis, apesar dos saltos de 10 cm. A *clutch* "Natalie" da L.K. Bennett, é feita de palha trançada com acabamento em metal dourado.

As Joias Na ocasião, a duquesa de Cambridge apresentou um enigma para a imprensa de olhos atentos: o curioso caso das joias desaparecidas. Ela chegou ao hospital usando seu anel de noivado de safira e diamantes, que parecia ter desaparecido no momento em que ela saiu, duas horas depois. A explicação era simples: a duquesa simplesmente guardou-o em sua *clutch* por razões de higiene, aconselhada por funcionários do hospital.

Kate também usava uma corrente de prata com seu adorado crucifixo cravejado de diamantes e seus brincos de diamantes "Grace", ambos da *designer* Kiki McDonough.

Usando Branco no Inverno

Kate declarou que sua cor favorita é o branco. Ao longo das estações, ela usa vários trajes em tons de branco, pérola ou off-white, como, por exemplo, o vestido de babados da Reiss, imortalizado em suas fotos de noivado, o modelo marinheiro da grife Alexander McQueen e as várias blusas Temperley usadas na turnê real, em 2011. Ela faz com que o branco e seus vários tons a favoreçam, mesmo nos meses mais frios...

Obtenha o tom certo
Kate sabe que é melhor evitar tons cintilantes e excessivamente brancos fora do verão, e escolhe cores ligeiramente mais quentes, como marfim, creme ou champanhe, que são mais elegantes.

Não tenha medo de mostrar as pernas
Se apesar do inverno o clima está quente o bastante – e você ainda possui um resquício de bronzeado de verão –, não há nada de errado em colocar as pernas de fora. Entretanto, ao vestir mangas longas, certifique-se de que o vestido esteja apropriado para a estação.

O segredo é o tipo de tecido
No inverno, esqueça as roupas de algodão e de linho – à medida que o tempo esfria, o branco deve ser usado em tecidos mais pesados e com mais textura. Para a visita ao hospital, Kate escolheu um vestido de malha encorpada, mas tecidos de lã mais fina, como a *cashmere* ou o *tweed* teriam funcionado igualmente bem.

O sucesso do nude
Kate sabe que sapatos em tons naturais combinam com a maioria das roupas, e fazem com que as pernas pareçam mais alongadas, simétricas e bem formadas. Isso os torna um perfeito acompanhamento para roupas claras no outono ou no inverno, ao contrário dos sapatos escuros que dão uma aparência dura ao conjunto. Os sapatos brancos, atualmente, são considerados de gosto duvidoso.

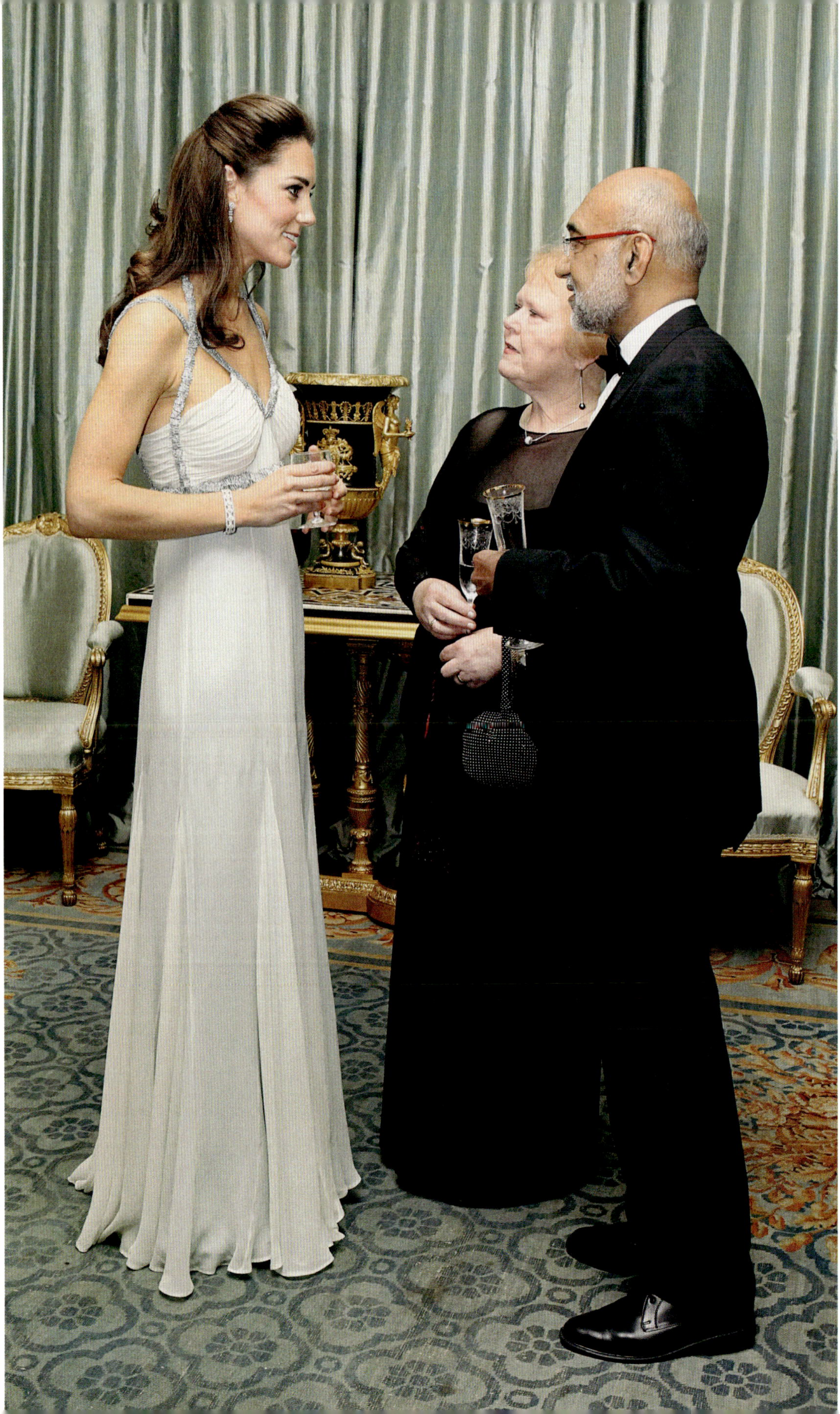

Amanda Wakeley

Estilista autodidata, nascida em Chester, Amanda Wakeley trabalhou para a Go Silk, em Nova York, antes de lançar sua própria marca em 1990, e conquistou uma reputação internacional de *design* luxuoso de acessórios e moda feminina. Conhecida principalmente por seus deslumbrantes vestidos de noite e seus conjuntos clássicos para o dia – definidos por ela como "ideias simples que se expressam com mais força" –, Amanda também faz sucesso com seus sapatos e sua coleção de joias finas. Suas roupas para pronta entrega e as criações sob medida são vendidas no Reino Unido, EUA, Europa e Oriente Médio. Ela já vestiu estrelas como Scarlett Johansson, Demi Moore, Kate Beckinsale, Charlize Theron, Jada Pinkett Smith, Helen Mirren e Kate Winslet, e criou figurinos para o longa *Skyfall* – filme de James Bond lançado em 2012. Ela também vestiu outras personalidades da família real, como Diana, a princesa de Gales, que estava usando um de seus *tailleurs* quando renunciou ao seu título de nobreza, em 1993.

À ESQUERDA: Kate usou este longo esvoaçante em estilo grego de Amanda Wakeley, feito em chiffon plissado acqua, para o seu primeiro compromisso social solo na recepção beneficente do Kind Direct, em outubro de 2011.

À DIREITA: Kate escolheu Wakeley outra vez, com este vestido grafite na altura do joelho, complementado com um cinto Alexander McQueen, para uma recepção no Imperial War Museum, em abril de 2012.

LOOK 13

Cintura fina

O Vestido Quando Kate e William visitaram o abrigo Centrepoint Camberwell Foyer, em um frio 21 de dezembro de 2011, a duquesa mais uma vez mostrou que entende o espírito da ocasião ao escolher sua roupa. A elegância casual do vestido suéter verde-oliva era perfeita para participar de um evento que incluía uma aula de culinária saudável com jovens moradores de rua que recebem auxílio da organização Centrepoint. O vestido da Ralph Lauren Blue pertence à coleção mais acessível da marca americana e representa, mais uma vez, o perfeito equilíbrio entre aspiração e acessibilidade. Kate estava coberta com mangas longas e gola alta, mas o perfeito caimento do vestido de *cashmere* assegurou um impecável glamour clássico de inverno.

O Cinto O cinto apertado chamou a atenção para a cintura fina de Kate e, provavelmente, era isso que a duquesa pretendia. Após o evento, seus fãs comentaram que achavam que ela havia escolhido um modelo tão justo para colocar um fim às especulações sobre uma possível gravidez, que surgiram nos meses seguintes ao casamento.

As botas Kate combinou o belo vestido suéter com meias grossas e suas fieis botas "Hi e Dry" da Aquatalia, criadas por Marvin K. Ela já foi vista com elas em várias ocasiões – as clássicas botas de cano médio-longo não são apenas elegantes, mas também muito práticas. Feitas de camurça com tratamento à prova d'água, com solado antiderrapante e resistente, são um equipamento básico para quem precisa andar no instável clima britânico. A canadense Aquatalia foi criada por Marvin Krasnow, mais conhecido como "Marvin K". Estudando os efeitos causados pelo clima no calçado feminino, Krasnow se estabeleceu em Montreal para oferecer o luxo de se vestir bem a quem tem compromissos ao ar livre. Os fãs britânicos de Kate podem encontrar as criações de Marvin na loja Russell & Bromley, no Reino Unido, onde são vendidas com exclusividade.

Os brincos Kate mantém a simplicidade sem abrir mão da beleza ao usar os brincos de topázio branco e diamantes criados por Kiki McDonough.

ACIMA: Quando visitou o Civic Centre de Newcastle, em outubro de 2012, Kate demonstrou sua criatividade ao usar um elegante cinto de nobuk com um casaco de lã ameixa, dando-lhe uma forma mais charmosa.

À DIREITA: A versão marrom das botas "Hi e Dry", da Aquatalia – além de bonitas e elegantes são muito práticas e versáteis.

Um Vestido Suéter Cheio de Charme

A lã pode não ser uma escolha óbvia para uma roupa elegante, mas Kate tem dominado a arte de transformar uma peça básica e confortável – o vestido suéter – em um clássico sazonal. Você também pode parecer chique sem esforço, e ainda assim, se manter aquecida no inverno...

Equilíbrio é a chave
Kate costuma usar meias grossas ou *legs* que geralmente provocam desequilíbrio quando combinadas com botas pretas, mangas longas e gola alta. Ao optar por um tom opaco, ela garante que sua roupa se componha, naturalmente.

Evite o excesso de volume
Usar lã do pescoço aos pés pode lhe adicionar alguns quilos que não condizem com a realidade. Uma malha justa cria uma silhueta atraente.

Melhore o visual com o sapato
Para transformar instantaneamente um vestido suéter de dia para um vestido de noite, basta calçar um salto alto elegante.

Use cinto
Se você, como Kate, deseja mostrar sua silhueta magra, destaque a sua cintura usando um cinto largo. Se, no entanto, você não está tão segura com o seu corpo, modele uma falsa ampulheta usando o cinto ligeiramente abaixo, na parte superior dos quadris, criando uma linha suave e cobrindo todas as indesejáveis saliências.

LOOK 14

Kate Sabe Ganhar com Categoria

A jaqueta Mesmo no inverno, Kate não é do tipo que fica em casa, na frente da lareira. Sendo assim, ela se agasalhou com esta quente e luxuosa jaqueta cor de chocolate com pelo de carneiro para enfrentar o frio e assistir à partida de futebol em que participaram os príncipes William e Harry, às vésperas do Natal de 2011. Da coleção Signature de L.K. Bennett, a jaqueta "Darwin" é uma peça atemporal e com certeza Kate fará bom proveito dela por muitos invernos ainda. Acinturada e forrada, seu corte impecável a torna um clássico da moda feminina de inverno.

O Suéter Sob a jaqueta, para ajudar a aquecê-la, Kate usou o suéter creme de gola alta "Honeycomb Tunic" da estilista Alice Temperley. A peça clássica de lã é uma das primeiras criações de Temperley – o acabamento em ponto "casa de abelha" na gola e nos punhos fez tanto sucesso que se tornou marca registrada das principais coleções de Temperley, com o padrão aplicado em quase tudo, de capas a vestidos.

A moda de inverno é basicamente composta de tecidos luxuosos com texturas irresistíveis ao toque, e não há nada mais tátil do que a combinação de suéter de lã com jaqueta forrada de pelo de carneiro. A gola alta emoldura o rosto de Kate perfeitamente, realçando o tom de sua pele sedosa.

O Jeans Kate usa o *straight* jeans da Twenty8Twelve, a marca criada pelas irmãs Sienna e Savannah Miller. Ambas são tão esbeltas quanto a duquesa, o que pode explicar por que seus *designs* funcionam tão bem nela. Este jeans de corte reto em índigo escuro contém *stretch*, tornando-o ideal para um passeio chique ao ar livre.

As Botas Nada de colocar o pé em algo fora de moda. Para ir ao jogo, Kate usou um par de galochas verdes Vierzon da Le Chameau. A Le Chameau é uma marca francesa, fundada em 1927 na chuvosa Normandia, que tem se especializado em trajes de luxo, desde então. Suas botas são feitas artesanalmente, a partir de borracha natural, com um forro de altíssima qualidade para manter os pés secos e quentes nos dias úmidos. Kate conta com suas confiáveis Vierzons para qualquer ocasião que envolva atividades ao ar livre, e o "Efeito Kate" não passou despercebido pela marca:

"Ter a princesa regularmente fotografada usando a marca Le Chameau é uma grande notícia para nós", confirma Karl Waktare, diretor da LLC Ltd, que importa os produtos Le Chameau no Reino Unido. "Nós somos a marca escolhida pelas pessoas do campo, como Kate."

O Chapéu Kate completa seu visual com um chapéu australiano marrom, estilo safari, que ela possui há anos e sempre usa em passeios ao ar livre, para proteger seus cabelos brilhantes contra os efeitos do clima, e também para ficar ainda mais charmosa.

O Look de uma Boa Esportista

Kate tem participado dos eventos esportivos do príncipe William desde que começaram a namorar, nos tempos da Universidade St Andrews. Mas, nada de se vestir como uma líder de torcida brega; ao longo dos anos ela desenvolveu um estilo próprio de torcedora clássica elegante. E você pode fazer o mesmo...

Versátil e linda
Troque os saltos altos por algo mais leve. Galochas, tênis e calças são muito mais apropriados para ficar à beira do campo sem perder o estilo.

Mantenha-se aquecida
Não há nada menos atraente do que ficar trêmula, coberta por arrepios e calafrios. Opte por grossas camadas quentes que lhe darão resistência para ficar até o final do jogo, não importa quão frio esteja.

Conforto é fundamental
O tecido macio do jeans e da jaqueta de Kate não é à toa. Quando você sabe que vai ficar em pé por um tempo, a escolha certa do tecido faz toda a diferença entre *parecer* à vontade e *estar* à vontade.

Mantenha a feminilidade
A jaqueta de Kate acinturada permite que, apesar das camadas grossas, ela ainda mostre sua fabulosa figura.

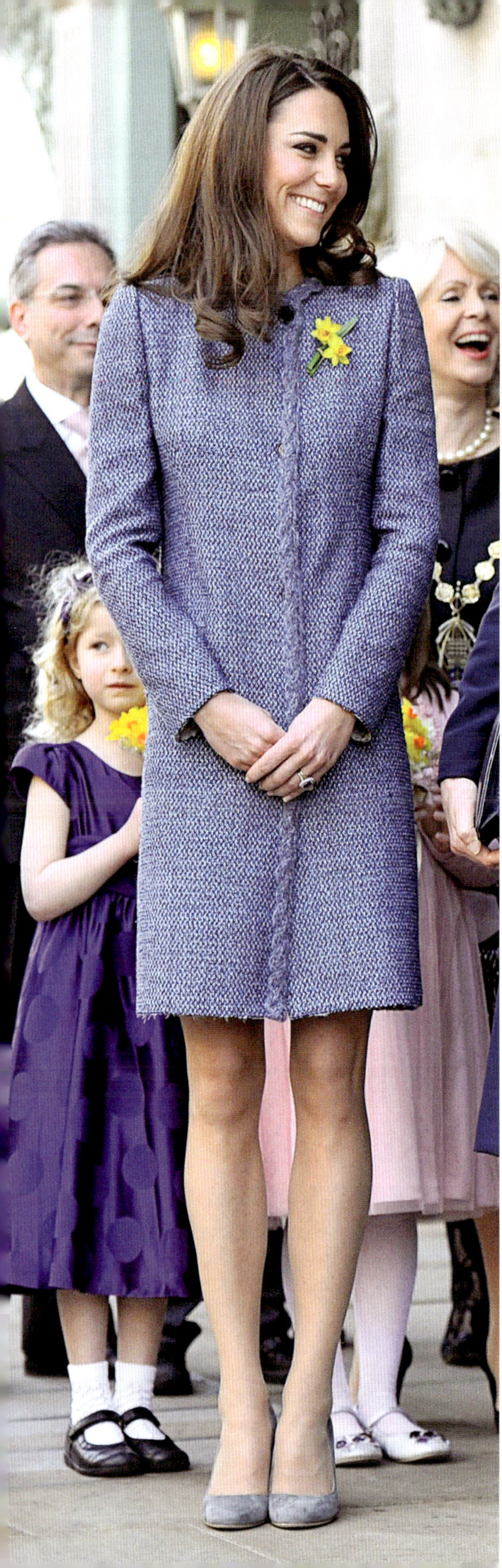
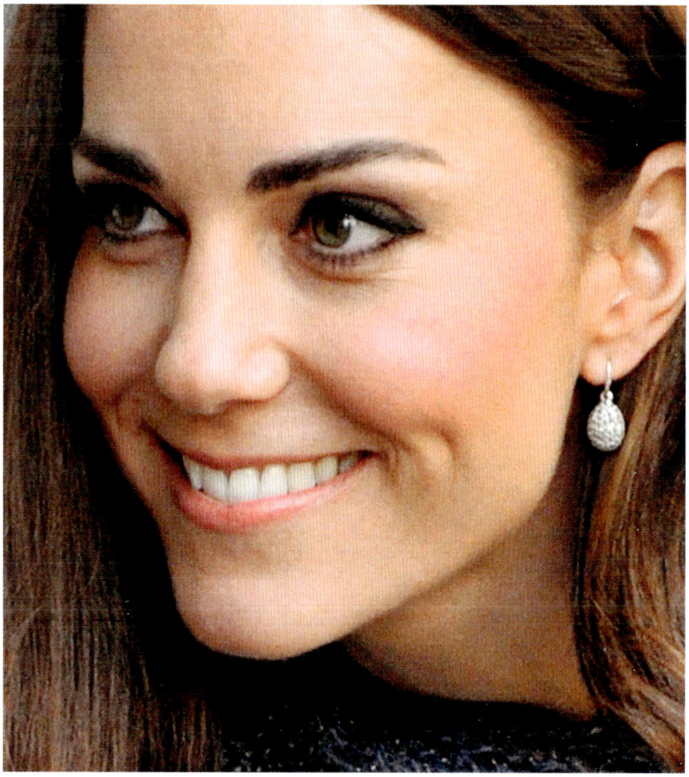
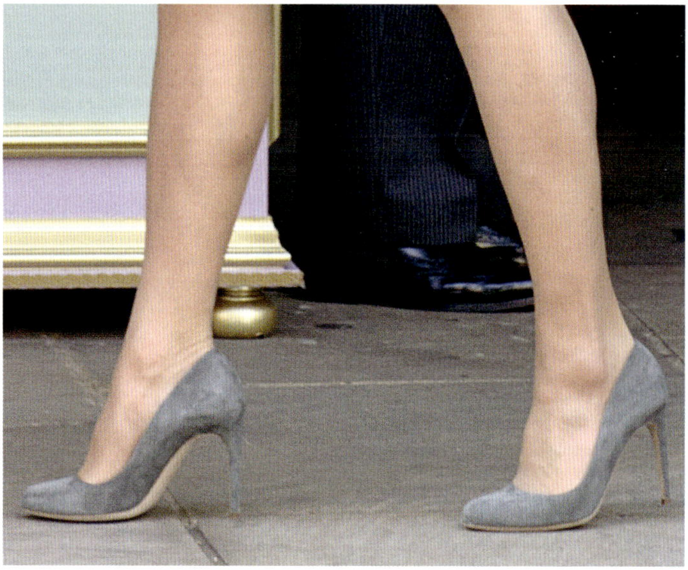

LOOK 15

A Beleza do Look Clean

O Casaco Enquanto muitos negligenciam a importância do casaco certo para um evento ao ar livre, Kate os escolhe cuidadosamente. Para o evento de reabertura da mais antiga e luxuosa loja de departamentos de Londres, a Fortnum & Mason, que incluía uma homenagem à rainha, Kate escolheu um casaco reto sem gola. Os narcisos na lapela eram para homenagear o dia 1º de março de 2012, dia de St David, patrono do País de Gales.

O modelo da coleção outono-inverno 2010 da M *by* Missoni – linha casual da marca italiana – possui uma borda interessante e padronagem de lã bouclé azul, um tipo de fio com textura áspera. Famosa por suas malhas coloridas, a marca foi criada em 1953, quando Tai e Rosita Missoni começaram a produzir sua linha de malhas em Varese. Agora, sob o comando da filha Angela, a Missoni continua a oferecer coleções requintadas com o inigualável charme italiano.

A escolha deste casaco provou mais uma vez mais que Kate tem um olho clínico para adquirir peças estilosas com baixo custo – ela realmente o comprou por um preço promocional em uma loja *outlet*. "Nós todos ficamos surpresos ao vê-la comprar o casaco e foi ótimo vê-la usando-o ao lado da rainha", declarou a vendedora da loja localizada no shopping de Bicester Village.

Os Sapatos Kate arrematou *o look* com classe e criatividade ao escolher este escarpim cinza em camurça, de Rupert Sanderson. Como todos os sapatos da marca, o "Malone" recebeu o nome de um narciso, o que os transforma num jeito apropriado de lembrar o dia de St David, destacando o incrível dom da duquesa para detalhes.

Em vez de se utilizar de adornos elaborados, o *design* de Rupert Sanderson segue o estilo de "menos é mais", mantendo o foco no aperfeiçoamento da linha, na simetria e no equilíbrio para embelezar e alongar a pernas. Com a frente levemente arredondada e saltos finos, este escarpim é uma escolha discreta e chique, típico de Kate.

Os Brincos Mais uma vez, a duquesa surgiu com os lindos brincos de topázio branco "Hope Egg" da Links of London, os mesmos usados na foto oficial de noivado, tirada por Mario Testino. Os *hope eggs* são um símbolo importante na cultura russa, e representam a esperança de uma vida nova. O "Efeito Kate" veio com força total após a duquesa usá-los pela primeira vez – a busca desenfreada provocou uma verdadeira guerra na loja Links of London de Nova York, na disputa pelo último par de brincos!

Fashion sem Gastar Muito

Não é à toa que Kate adquiriu a fama de ser econômica. A duquesa tem um olho clínico para boas pechinchas e é experiente o bastante para saber onde encontrá-las...

Vá aos outlets
A duquesa comprou seu casaco Missoni com desconto no Bicester Village, um shopping aberto, com 130 boutiques outlet, incluindo grifes famosas como Gucci, Dior, Alexander McQueen, Prada e Mulberry, que oferecem modelos da última temporada e peças de fim de estoque com ótimos descontos. Kate disse que adorou fazer compras em Oxfordshire, onde "tudo é tão mais barato!".

Busque peças seminovas
Dizem também que Kate às vezes adquire peças de grife em um brechó chamado The Stock Exchange, perto da casa de seus pais, em Berkshire. A loja oferece roupas de grife seminovas como Miu Miu, Issa e Gucci, e é muito popular entre os moradores locais.

Mantenha-se informada
Sorte de Kate por ser cortejada pela indústria da moda, pois ela sempre vai saber quando há uma boa liquidação acontecendo. Mas você pode também receber informações privilegiadas cadastrando-se no *mailing* de sua marca preferida para receber notícias de primeira mão sobre todas as boas ofertas.

LOOK 16

A Moda Olímpica

O Blazer Kate usou uma combinação confortável para conhecer o time feminino de hóquei no Parque Olímpico de Londres, em 15 de março de 2012. Ela aliou seu clássico blazer *sloane* com uma *skinny color* coral compondo um visual descontraído. Aqui, a duquesa de Cambridge, atuando como embaixatriz olímpica, novamente misturou a alta moda com peças comuns para criar um *look* casual. A jaqueta trespassada Punto Milano traz o design italiano da Pucci.

Adoradas por ícones como Jackie Onassis, as estampas caleidoscópicas do fundador da marca, Emilio Pucci, conquistaram sucesso imediato nos anos 1950. Agora, sob o comando do estilista norueguês Peter Dundas, as roupas ousadas da marca icônica continuam a impressionar. Este blazer, no entanto, é uma bela peça clássica de alfaiataria, com botões dourados, ombreiras e um corte perfeito que faz com que um look simples e casual se torne fino e elegante.

O Lenço Em vez de usar um colar, como de costume, Kate estava com o lenço oficial da torcida britânica. O lenço vermelho, branco e azul foi vendido na Next.com, e os lucros obtidos com sua venda foram canalizados de volta às associações olímpicas e paraolímpicas britânicas. Era esperado que Kate usasse o lenço oficial várias vezes durante os Jogos; observe como ela harmoniza o esquema de cores da Union Jack com a jaqueta marinho, a camiseta branca e o jeans coral, dando um show de simpatia com as atletas britânicas que acabara de conhecer.

O Jeans Kate causou um alvoroço ao surgir com o jeans coral, e não apenas por causa de sua cor vibrante. As línguas observadoras da moda reclamaram porque não ficou claro se o jeans pertencia à uma das suas marcas favoritas, a J Brand, ou se era um *pop slim fit* da Zara. Na mesma época, a duquesa também foi vista em compromissos olímpicos com um jeans azul-cobalto e um *blazer* vermelho vivo, ambos da Zara, dando mais peso à teoria de que ela havia comprado seus jeans em uma loja comum.

O "Efeito Kate" foi imediato. Depois de apenas 24 horas, a marca George, da Asda, testemunhou um aumento de 88% nas vendas de seus similares, logo apelidados de "tanger-jeans". Fiona Lambert, diretora da George, disse: "Cores brilhantes alegram a todos, e agora nós temos o selo real de aprovação para o uso do jeans colorido; partindo de Kate Middleton, sabemos que essa vai ser a tendência quente neste verão. Kate está fabulosa em seu jeans *skinny* coral, e meninas em todo o país imitarão o seu estilo, então, esperamos que as vendas continuem a subir rapidamente".

Além de antecipar a tendência do jeans colorido, Kate também exibiu um outro *hit* da estação, ao usar a barra de seu jeans em um comprimento três-quartos. São exatamente esses pequenos toques personalizados que fazem de Kate uma lançadora de moda.

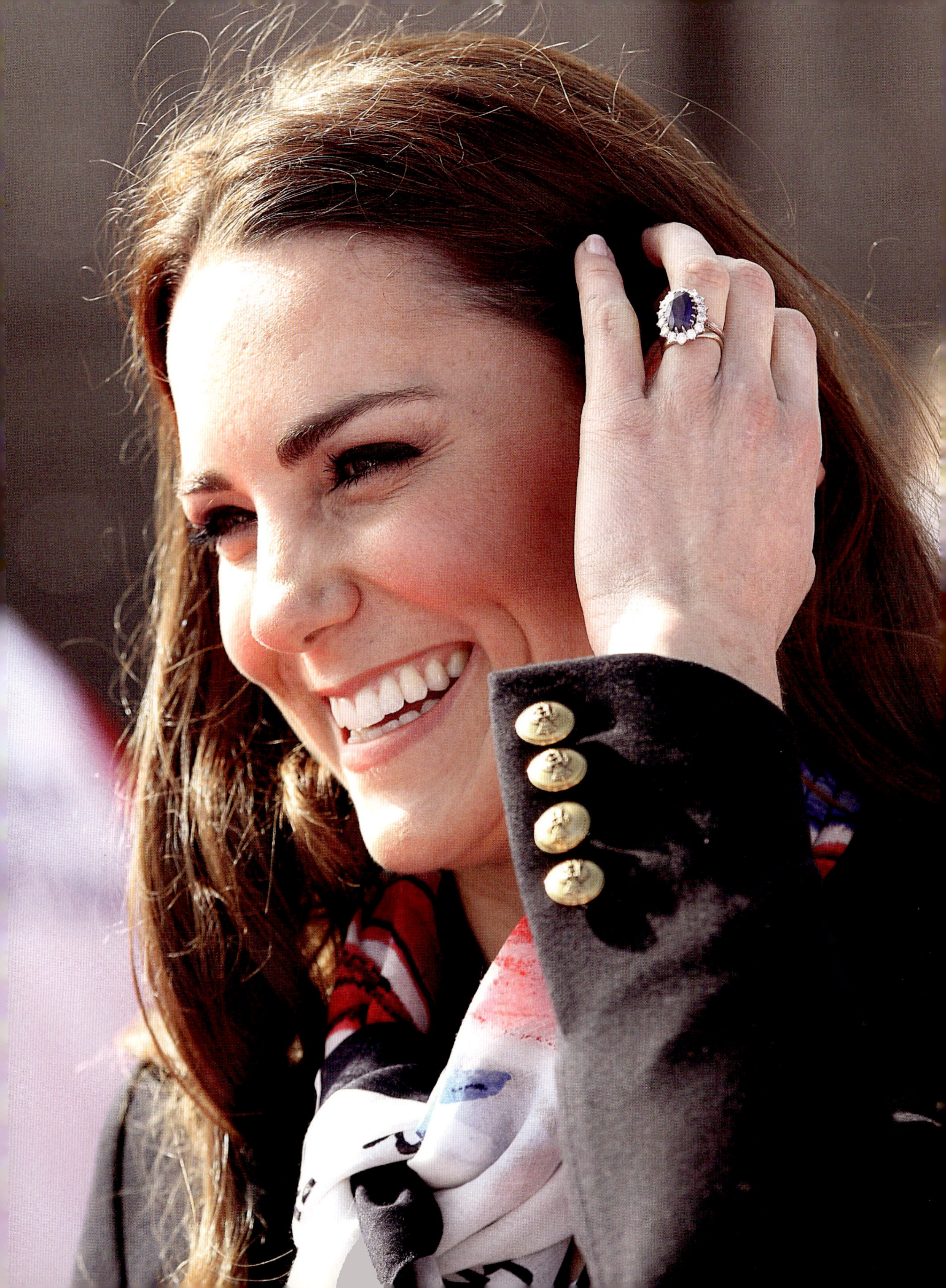

Encontre o Blazer Perfeito

Blazers são tão essenciais que toda mulher deveria ter pelo menos um. Eles podem ser usados de maneira formal ou causal, como Kate fez ao repetir o mesmo *blazer* Emilio Pucci, dias depois, com uma saia lápis durante uma cerimônia de entrega de medalhas nas Paraolimpíadas. Com um pouco de criatividade, é possível transformar um blazer clássico em uma peça que pode ser usada em qualquer ocasião...

O ajuste perfeito
A razão de Kate sempre parecer tão chique em um *blazer* é porque ela escolhe modelos que lhe caem como uma luva. Para garantir um caimento perfeito, faça o teste: você deve ser capaz de levantar os braços sem que a peça restrinja seus movimentos, mesmo estando abotoada. Além disso, a costura dos ombros deve estar no lugar; se estiver fora, é sinal de que o *blazer* está muito grande e ficará desalinhado.

Simples ou trespassado?
O *blazer* trespassado, como o de Kate, fica ótimo em pessoas esguias. Se você for mais curvilínea, a fileira de botões adicional pode fazer com que você pareça maior, então, prefira o modelo simples.

Coordene as cores
Para aproveitar o seu *blazer* ao máximo, escolha um tom neutro, como preto ou marinho, que combina com a maioria das cores. Isso lhe dará a opção de usar o mesmo *blazer* em ocasiões diferentes, mas com a possibilidade de um visual novo a cada vez. O clássico tom marinho do *blazer* de Kate permite que ela o use tanto com um jeans de cor vibrante como com uma saia estampada.

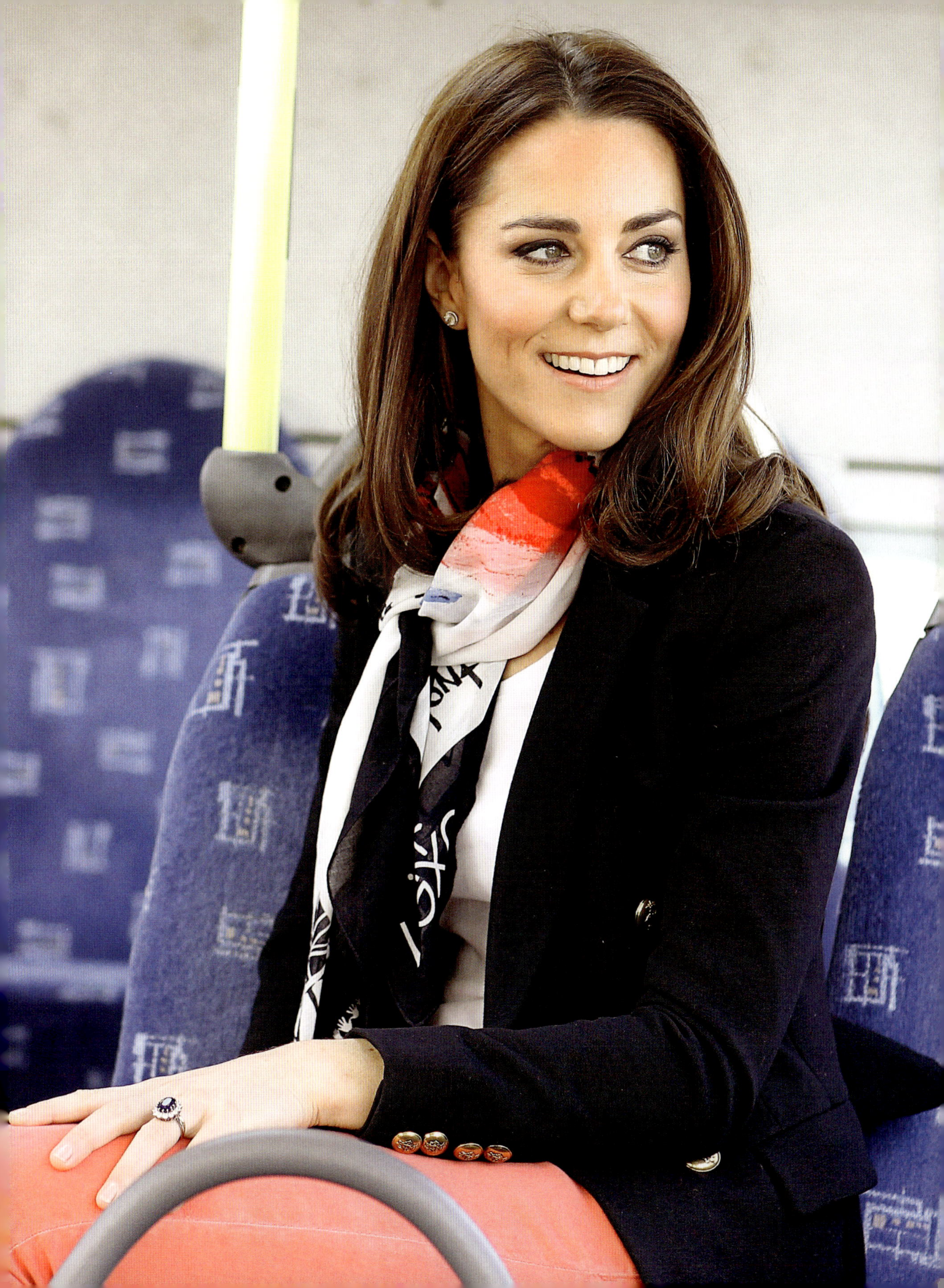

LOOK 17

Mantendo o Estilo em Família

O Vestido Kate fez seu primeiro discurso público como membro da família real no hospital infantil The Treehouse em Ipswich, no dia 19 de março de 2012. Para se sentir mais confiante, ela usou algo familiar, literalmente. O vestido azul royal "Trina", da Reiss, uma das marcas favoritas de Kate, já tinha sido usado por Carole Middleton em Ascot, no ano de 2010. Kate o vestiu da mesma maneira que a mãe – com o cinto preto que acompanha o vestido, combinado com um escarpim da mesma cor. A escolha pode ter sido reconfortante, entretanto, o traje atraiu alguns comentários negativos da imprensa, dizendo que o vestido estava grande demais para Kate, ficando deselegante no seu corpo esguio.

Mas, mesmo o vestido trespassado sendo indiscutivelmente carregado, com uma gola grande e bolsos chamativos em forma de conchas, Kate conseguiu tornar o *look* um sucesso, mantendo acessórios mínimos para criar um visual impecável.

Foi bom ver a duquesa escolher uma das marcas britânicas de sua preferência mais uma vez, o que significou um impulso para a economia do Reino Unido, ao mesmo tempo em que nos dá um ótimo exemplo de reaproveitamento em família. O seu discurso, diga-se de passagem, foi descrito como "perfeito".

A Pulseira Em seu pulso esquerdo Kate traz um surpreendente acessório: a pulseira de pastilhas coloridas usada para angariar fundos para a EACH – East Anglia's Childrens Hospices. A duquesa é "madrinha" da instituição de caridade que dá suporte às famílias e às crianças que precisam de atendimento. A pulseira foi criada exclusivamente para a EACH por Imogen Sheeran, mãe do famoso *popstar* britânico Ed Sheeran.

A joia No pulso direito, Kate usa a "Diamonds by the Yard" – uma pulseira de prata esterlina adornada com diamantes redondos lapidados especialmente para captar a luz, criada para a Tiffany por Elsa Peretti. A *designer* de joias italiana é famosa por criar peças discretas e clássicas – ela também desenhou o colar usado por Kate quando o noivado real foi anunciado.

Os Sapatos Os escarpins de Kate, em verniz preto, são chamados "Angel", da marca Episode, conhecida por seus elegantes acessórios e roupas bem cortadas, exclusiva das lojas de departamento House of Fraser. A sola meia pata os torna uma escolha perfeita para quando a duquesa precisa de conforto para se concentrar em tarefas manuais.

À ESQUERDA E ACIMA: Fã de acessórios discretos, Kate chamou a atenção quando surgiu com esta pulseira inspirada em balas, mas logo se percebeu que sua intenção era apoiar uma instituição de caridade. A pulseira em roxo e laranja com a sigla EACH foi especialmente criada para o hospital East Anglia Children. A criadora, Imogen Sheeran, é mãe do cantor e compositor Ed Sheeran, e muitas das suas peças, incluindo esta, são inspiradas nos doces favoritos de Ed.

PÁGINA SEGUINTE: Kate mostra seu lado arrojado ao usar cores fortes, presentes nestes dois trajes surpreendentemente elegantes. O vestido de noite em seda vermelha "Sarai", à esquerda, com mangas levemente bufantes, decote em V e amarrado na cintura, é da Beulah London, usado quando ela e o príncipe William participaram de um jantar de gala beneficente em apoio ao Child Bereavement Charity, em outubro de 2011. O vestido-camisa Jaegar, amarelo-canário, à direita, possui saia pregueada e cintura justa e foi usado na visita às Ilhas Salomão, em setembro de 2012.

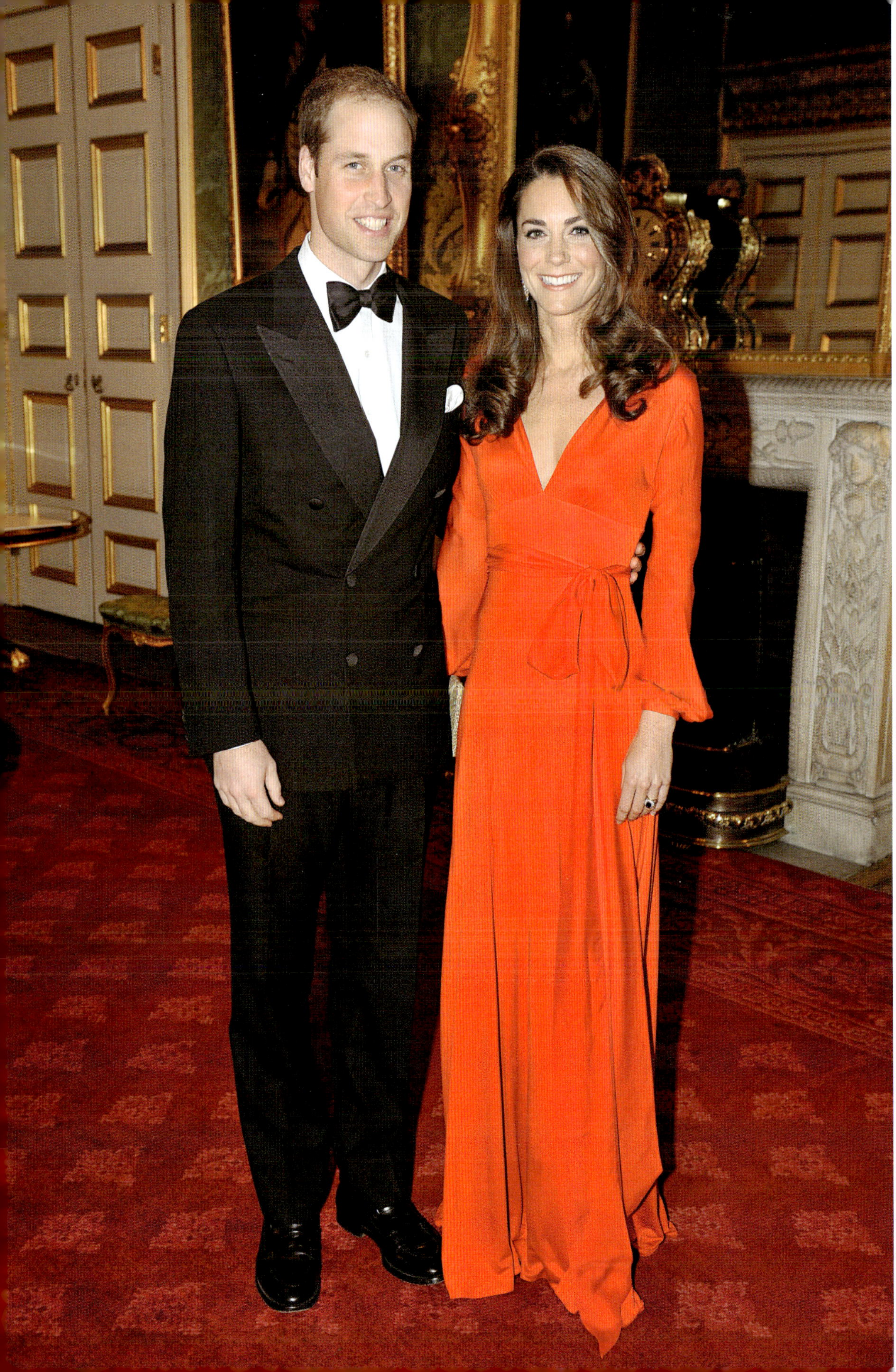

Impressione com as Cores Primárias

Cores primárias causam um grande impacto e chamam a atenção. Você tem que estar confiante em sua escolha para optar pela variedade de cores fortes e ousadas, a exemplo das que Kate usou nos eventos do Jubileu de Diamante, em 2012. Ao fazer escolhas corajosas para o seu figurino, ela realçou a importância dos eventos ocorridos durante um ano tão especial para a família real. Veja como criar o impacto certo com a cor certa...

Vermelho – Considere a estação
Há uma importante distinção a ser feita entre os vários tons de vermelho. Tons mais brilhantes, como o vestido escarlate da grife Alexander McQueen usado por Kate a bordo da barca real durante o passeio pelo Tâmisa em comemoração ao Jubileu de Diamante evoca o clima do verão, diferentemente do peso dos tons mais profundos de inverno, como o vinho.

Amarelo – Atreva-se a virar as cabeças
Um vestido amarelo vivo é definitivamente uma escolha *fashion* desafiadora – é um tom que simplesmente chama a atenção, embora você possa suavizar o efeito usando-o com outras cores. Kate foi ousada ao combinar seu vestido-camisa amarelo-canário com escarpins nude em sua visita às Ilhas de Salomão durante a turnê real, em setembro de 2012.

Azul – Seja brilhante
O azul é, muitas vezes, visto como uma cor neutra, especialmente em tons mais escuros, como o marinho. Mas o azul também pode ser tão chamativo quanto as demais cores primárias, se você optar por tons vibrantes, como o azul royal do vestido da Reiss, visto na página 78.

LOOK 18

Atração Selvagem

O Vestido Para a première do documentário *African Cats* (no Brasil, *Reino dos Felinos*), no British Film Institute de Londres, em 25 de abril de 2012, Kate usou, pela primeira vez, um modelo do célebre estilista britânico Matthew Williamson. O casal real estava presente para assistir ao documentário da Disney, feito em conjunto com o Tusk Trust – a organização de caridade da qual o príncipe William é patrono desde 2005. O filme conta a história de uma família de guepardos e um bando de leões, e tem como objetivo arrecadar fundos para organizações de proteção aos animais.

Kate nunca tinha usado uma criação de Williamson para uma ocasião oficial, mas o traje de corte impecável com um bordado atraente e diferenciado se encaixou perfeitamente no repertório *fashion* da duquesa. Este elegante vestido cinza é da coleção pré-outono 2012 do renomado estilista britânico e apresenta, além dos detalhes, um zíper exposto na parte de trás e o *peplum* – um leve babado aplicado à cintura antes do quadril –, uma tendência que encantou a duquesa em 2012.

O vestido tem mangas três-quartos e aplicações de pedraria em turquesa e dourado em volta do decote redondo e na borda das mangas. Especialmente para o modelo de Kate, Williamson adicionou mais enfeites ao bordado, que não estão presentes na versão da passarela. O *design* étnico das aplicações harmonizou com a tônica do filme africano.

A marca de Matthew Williamson existe há 15 anos e, durante esse tempo, ele tornou-se famoso por criar modelos com pinturas de borboleta, vestidos de noiva e acessórios adorados por celebridades. Em 2011, o designer também lançou uma coleção mais acessível – a MW Matthew Williamson –, e desde 2009 ele oferece a Butterfly, na boutique Debenhams. As linhas mais acessíveis trouxeram seus *designs* luxuosos e casuais para as massas sem comprometer a integridade de sua essência – uma façanha e tanto, para um designer de alto nível!

Os Brincos Uma vez mais, Kate procurou sua *designer* de joias favorita, Kiki McDonough. Seus deslumbrantes brincos de topázio azul e diamantes combinam perfeitamente com os detalhes do vestido. Os brincos "Kiki Classic" logo se tornaram os mais vendidos, apesar do preço, uma bolada de quase 2 mil dólares.

Os Sapatos e a Bolsa Kate deixou o vestido se destacar ao combiná-lo com o simples escarpim cinza carbono de camurça "Valerie" e a bolsa *clutch*, ambos da estilista britânica Emmy Scarterfield, uma das favoritas da duquesa, que também possui a mesma combinação de sapato e bolsa na cor marrom. Scarterfield é proprietária da marca responsável por luxuosos vestidos de noiva exclusivos e também por elegantes sapatos. Ela trabalhou em Milão desenhando sapatos por cinco anos, e criou a sua própria marca depois de encontrar dificuldades para achar sapatos confortáveis e sofisticados.

Maquiagem Sempre Perfeita

Kate sempre está maquiada de acordo com a ocasião. Sua pele é impecável, a face corada e os olhos habilmente definidos – é difícil acreditar que a maior parte do tempo ela insiste em fazer a própria maquiagem! Aqui estão alguns de seus truques, fáceis de seguir...

Cuide de sua pele
É só observar a sua mãe, Carole, para ver que Kate deve a sua incrível compleição, em parte, a bons genes. Mas ela declarou que é preciso manter uma rotina de cuidados, como limpeza, hidratação e tonificação, onde quer que esteja no mundo. Por isso ela normalmente necessita apenas de uma base leve ou um hidratante com base.

Mantenha cores neutras
Kate não é uma pessoa que foge das cores, mas ela as economiza para usar em seu guarda-roupa vibrante, cheio de cores resplandescentes. Quando se trata de maquiagem, porém, ela tende a um blush rosa sutil, enquanto em seus lábios Kate geralmente usa um batom, com um ou dois tons mais escuros do que a sua cor natural dos seus lábios.

Escolha um recurso para destacar
Regra de beleza: olhos ou lábios, mas nunca os dois. Kate segue isso religiosamente e quase sempre opta pelos olhos. Ela passa um delineador preto nos cílios superiores e inferiores e uma generosa camada de rímel. Isto cria um visual que sempre surpreendente, mas nunca exagerado.

Unhas claras, mas perfeitas
Se você usa um anel deslumbrante, não vai querer ofuscá-lo com unhas pintadas de cores fortes. Seguindo o protocolo real, Kate mantém as unhas sempre bem aparadas e lixadas, cobertas por um esmalte rosa-claro simples.

LOOK 19

Marcante e Encantadora

O Vestido Em 11 de maio de 2012, Kate e William foram os convidados de honra em um jantar de gala, no Royal Albert Hall, para a apresentação oficial das equipes olímpica e paraolímpica britânicas, marcando o início da contagem regressiva para os Jogos Olímpicos de Londres 2012. Para a ocasião especial, Kate fascinou a todos com uma de suas escolhas mais ousadas até então: este deslumbrante vestido de noite turquesa, de Jenny Packham, marcando o retorno a uma de suas estilistas favoritas. Ela escolheu uma versão sob medida do vestido "Aspen", de Packham, que surgiu originalmente em um tom claro, como parte da coleção primavera-verão 2012.

O decote também foi mais recatado do que o modelo original, com mais tecido plissado no corpete e um pouco mais de renda no decote e nos ombros. Mas o marcante tom de azul chamou a atenção para o *design* confeccionado em um maravilhoso chiffon de seda, com mangas rendadas, corpete bordado, aplicações de pedraria no cinto e saia longa, plissada e esvoaçante. O detalhe maior ficou por conta da parte de trás do corpete, abotoada até a cintura, inteiramente em renda e salpicada de cristais Swarovski – maravilhosamente delicado, porém, sutilmente sexy.

Esta não foi a primeira vez que Kate escolheu Jenny Packham para um *look* de tapete vermelho. A duquesa usou as criações da designer britânica em muitas ocasiões, como o vestido prata de um ombro só que ela usou como anfitriã de um jantar beneficente no Palácio St James em novembro de 2011, e o vestido rosa perolado deslumbrante, cheio de lantejoulas, com cristais Swarovski, usado no jantar de gala em prol das crianças da ARK, em junho de 2011 – o primeiro evento de Kate e William depois do casamento.

O Cabelo Este vestido exigiu um penteado mais sofisticado do que os simples, mas adorados, cabelos ondulados soltos e esvoaçantes de Kate. Sendo assim, a duquesa elegeu um estilo elaborado com várias camadas trançadas formando um coque preso elegantemente. O penteado foi executado no salão Richard Ward, em Chelsea, frequentado pelas Middleton há muito tempo. O cabelo preso deixou à mostra o corpete elaborado nas costas, completando o efeito do vestido. O cabelo repartido para o lado imprimiu um novo *look* para Kate – e deu o impacto esperado, complementando perfeitamente o traje.

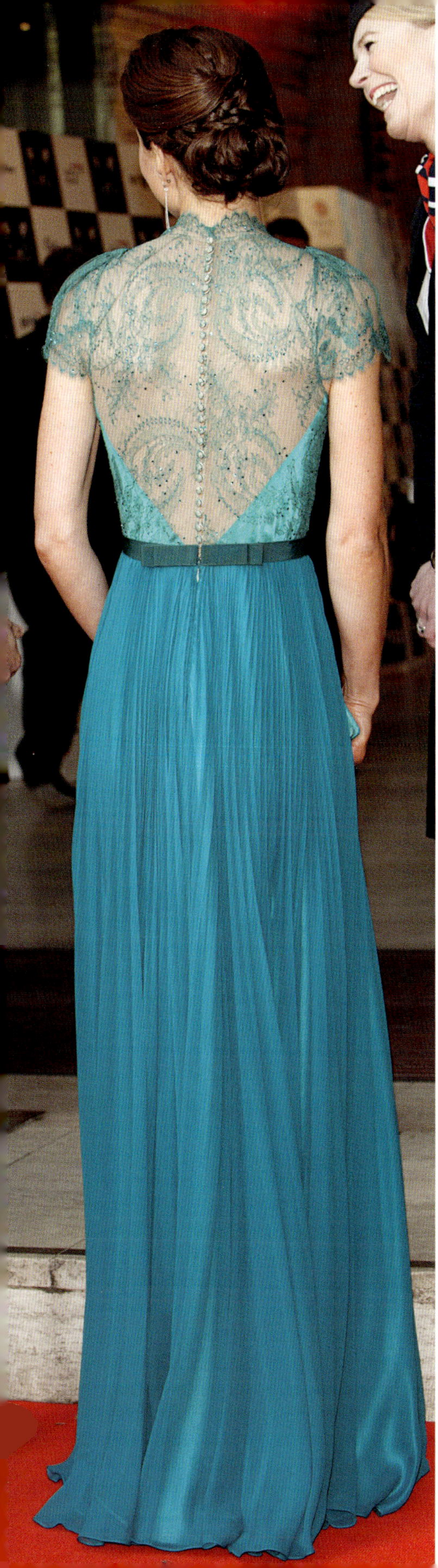
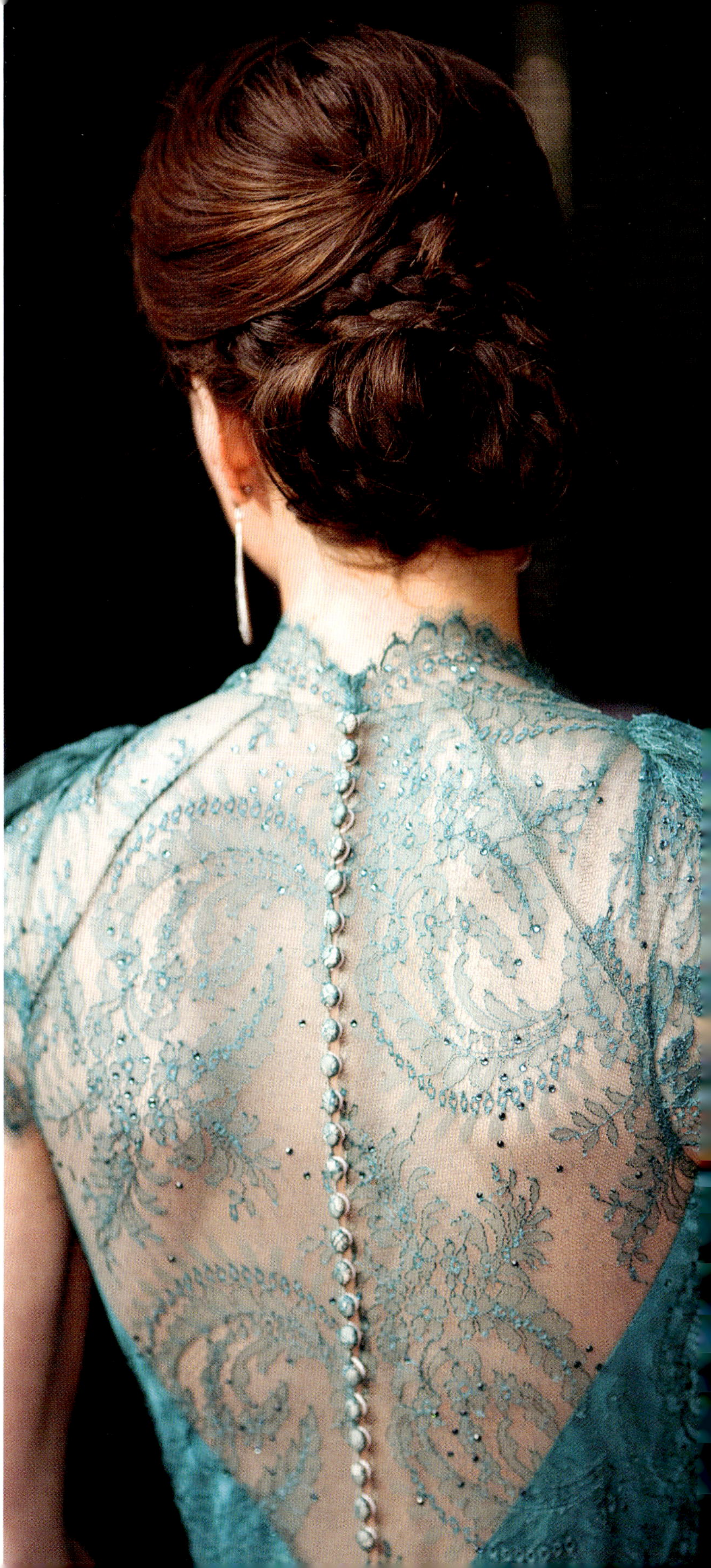

Os Sapatos e a Bolsa Kate usou uma *clutch* feita sob encomenda, também por Jenny Packham, a partir da mesma seda do vestido e uma camada do brocado em suas laterais. O visual foi complementado pelas sandálias prateadas "Vamp", de Jimmy Choo – de salto meia pata, em tiras de couro –, já usadas em outras ocasiões.

Os brincos e a maquiagem A duquesa completou seu glamouroso *look* com brincos de diamantes em forma de lágrima. A maquiagem, por sua vez, apresentou uma sombra cintilante nova e, para complementar, o preto esfumaçado com delineador e rímel, além de um *gloss* rosa-claro brilhante para os lábios.

Channel dos Anos 1950, Glamouroso como Kate

Para eventos de gala, Kate sempre escolhe um estilo clássico anos 1950, com rendas e seda. Constatamos isso pela primeira vez em seu vestido de noiva *vintage*, criado por Sarah Burton, da grife Alexander McQueen, mas podemos notar o mesmo estilo neste traje turquesa de Jenny Packham. É um visual que faz referência aos ícones dos antigos filmes de Hollywood, caraterizados pelo glamour natural de outro ícone de estilo real: a estrela de cinema e princesa de Mônaco, Grace Kelly. Portanto, não é surpresa que haja semelhança entre o estilo do vestido de casamento de Kate e o corpete de renda usado por Kelly em seu casamento com o príncipe Rainier em 1956. Veja como emprestar um pouco deste visual retrô...

Chame a atenção para a sua cintura
A cintura marcada é obrigatória para quaisquer modelos arrasadores dos anos 1950, e Kate chamou a atenção para sua figura de ampulheta, escolhendo vestidos que se ajustam perfeitamente na cintura.

Encontre um corpete justo
Para este *look*, é preferível que o vestido seja justo acima da cintura e tenha um decote em formato de coração. Se o decote for tomara que caia, é comum aplicar um fino véu de rendas ou chiffon ao longo da área do braço e do decote para um acabamento mais recatado.

Longo esvoaçante
Embora o longo de baile tenha sido muito popular nos anos 1950, nem todos os *designs* de vestido de noite foram incorporados por esse visual. Os longos com linhas delgadas também estão em moda, como vimos neste vestido, e o estilo era, algumas vezes, uma reminiscência dos vestidos de casamento ou de noite. Para este visual, o tecido deve ser de seda ou cetim, longo e acinturado: uma mistura de classe e sensualidade à moda antiga.

Não se esqueça de brilhar
Os toques finais são imprescindíveis para mostrar o verdadeiro glamour de Hollywood. Kate apresentou cristais aplicados no vestido e na *clutch*, e diamantes nos brincos, garantindo que o máximo de brilho seja refletido quando os flashes inevitáveis surgirem!

LOOK 20
Polo Discreto e Sofisticado

O Vestido Não é uma boa ideia chamar a atenção para si mesmo quando se é um espectador. Então, quanto Kate foi assistir aos príncipes William e Harry jogarem polo no Audi Polo Challenge em Coworth Park, Berkshire, em maio de 2012, ela escolheu um vestido verde, bonito mas discreto.

O vestido "Rebecca", da Libélula – outra marca que Kate aprecia – é da coleção outono-inverno 2011, 100% seda, na altura do joelho, com bolsos laterais e um debrum na gola, nos punhos e na cintura.

Kate escolheu o modelo *shift* abotoado na cor azul sereia estampado com pétalas marrons, mas as versões variavam em verde esmeralda com pétalas em creme, verde-claro liso (veja à direita, no centro), em poá preto e branco, e numa versão bem mais formal, em veludo preto.

Talvez não seja coincidência que a linha Libélula seja desenhada por Sophie Cranston, uma estilista britânica baseada na região de Hampshire que no início da carreira trabalhou com duas outras marcas adoradas por Kate: Alexander McQueen e Temperley. Na verdade, a duquesa é tão fã da Libélula que, antes do casamento, Cranston chegou a ser cogitada para o *design* do vestido de noiva de Kate, embora Sarah Burton, da Alexander McQueen, tenha sido a eleita para a criação.

No entanto, as estampas vibrantes e formas atemporais de Cranston, criadas a partir de tecidos luxuosos, provaram ser populares com inúmeras celebridades, incluindo Emma Watson e Jerry Hall. Uma das peças mais notáveis da marca Libélula que Kate também usou foi o casaco "Dulwich", em veludo preto, que esgotou horas depois que ela foi fotografada no casamento de um amigo, em janeiro de 2011.

As Sandálias Kate usou as sandálias "Minx", de Stuart Weitzman, na cor camelo, com saltos anabela tão altos que fizeram suas pernas parecerem ainda mais longas e mais definidas do que o habitual. A base, trabalhada em cortiça, tem altura de 11 cm: não serve para corações fracos! No entanto, apesar da forma vertiginosa, as sandálias realmente demonstram o lado prático de Kate. Acompanhando William em seus jogos há mais de 10 anos, ela está bem ciente de que o modelo anabela é realmente a escolha perfeita, pois não afundam na grama. Além disso, estas sandálias são especialmente úteis para o ritual popular em que os espectadores são convocados para "pisar nos torrões" que se soltam do gramado durante a partida – uma parte divertida, porém crucial do polo, porque ajuda a garantir que o solo fique o mais plano possível antes do reinício do jogo.

Country Chique com um Toque Moderno

Capaz de manter a elegância em um simples vestido ou com jeans e botas, Kate sabe usar o estilo *country* como uma verdadeira nativa do campo. O visual tem suas raízes nas calças e botas de montaria, e nos vestidos florais de Laura Ashley, mas foi atualizado pela duquesa, que incluiu no *look* o jeans *skinny*, as botas de cano longo e os vestidos de grife. Isso assegura que ela se encaixe perfeitamente no círculo *country* em que vive, enquanto mantém seu estilo personalizado. Aqui estão algumas de suas dicas para se encaixar no visual...

Experimente um *tweed*

Não precisa ser fechado ou entediante – na verdade, este tecido mesclado de lã voltou à moda recentemente. Kate sabe que, quando usado com moderação, o *tweed* pode ficar fabuloso em um casaco justo (como este, à esquerda) ou num simples acessório, como uma bolsa.

Use sapatos com os quais você possa andar

Kate sabe que nenhum evento ao ar livre é divertido a menos que você possa se movimentar confortavelmente durante todo o dia. E, para ela, a capacidade de mover-se rapidamente é vital, já que muitas vezes eles trazem Lupo, o cão do casal, para acompanhá-los nesse tipo de evento. Nesta ocasião, Kate usou sandálias anabela, mas ela é frequentemente vista com botas de montaria.

Use galochas

Com tantas chuvas no Reino Unido, um bom par de galochas é uma necessidade no campo – e graças à popularidade do festival de música regional ao longo dos últimos 10 anos, as botas Wellington – também chamadas de *wellie*, e, para nós, conhecidas como galochas – foram trazidas para a vanguarda da moda. As galochas agora estão disponíveis em uma extensa paleta de cores, com *designers* como Marc Jacobs e Patrick Cox lançando suas versões exclusivas em edições limitadas, com detalhes ousados, fivelas chamativas, saltos e texturas. Kate costumava ser vista com as famosas Hunters, mas em 2012 ela mudou para um par de botas verdes Vierzon, da marca francesa Le Chameau, provocando a especulação da imprensa sobre uma possível "guerra de *wellies*" entre as concorrentes!

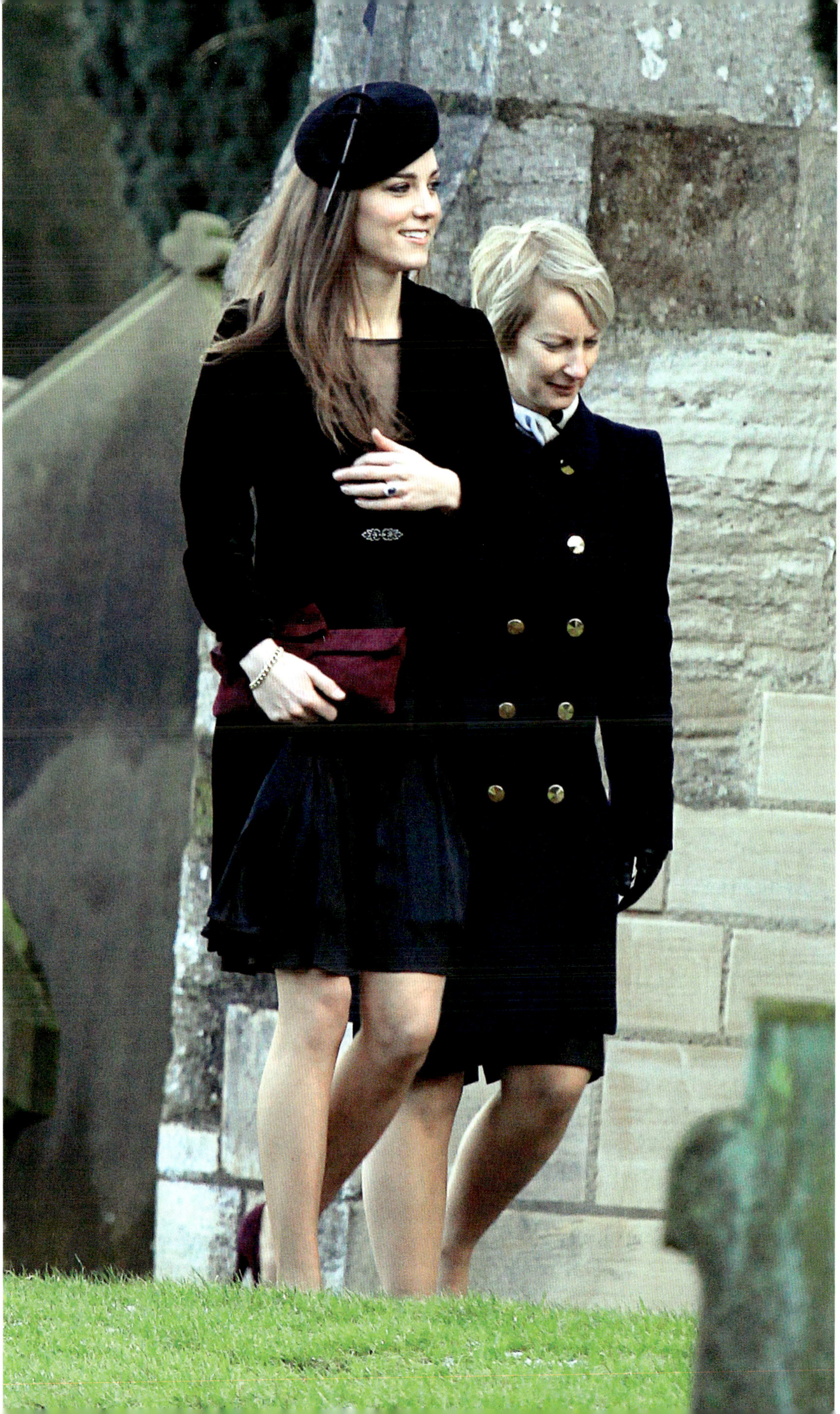

Libélula

Comandada por Sophie Cranston, a Libélula é uma inovadora e talentosa marca britânica, situada em Hampshire.

Depois de iniciar sua carreira na moda nos bastidores de Savile Row e Bellville Sassoon, Cranston passou a trabalhar para Alexander McQueen e, em 2000, ajudou a criar a Temperley com Alice Temperley. Depois de mudar para o sul da Espanha, Cranston fundou a Libélula. Ao retornar para o Reino Unido, sua marca passou a ser vendida em várias boutiques do país e também internacionalmente.

Conhecida por suas estampas vibrantes e charmosas formas atemporais, bem como um ótimo senso de cor e o uso de tecidos luxuosos, a marca cria clássicos com um toque especial, como o elegante vestido de veludo preto com fecho de diamantes "Dulwich", visto aqui. A Libélula também tem uma linha de vestidos para noivas e madrinhas com modelagem e tecidos exclusivos.

O "Efeito Kate" tem beneficiado muito a marca. "Kate ajudou o negócio enormemente", declarou Cranston à *Vogue*. "Ela surtiu um efeito surpreendente sobre a marca". Ao descrever o que a inspira, a estilista diz: "Eu tento fazer vestidos que possam ser usados todos os dias e alguns vestidos de noite... Eu misturo tecidos e texturas: renda com veludo ou com lã, bem como diferentes tipos de seda".

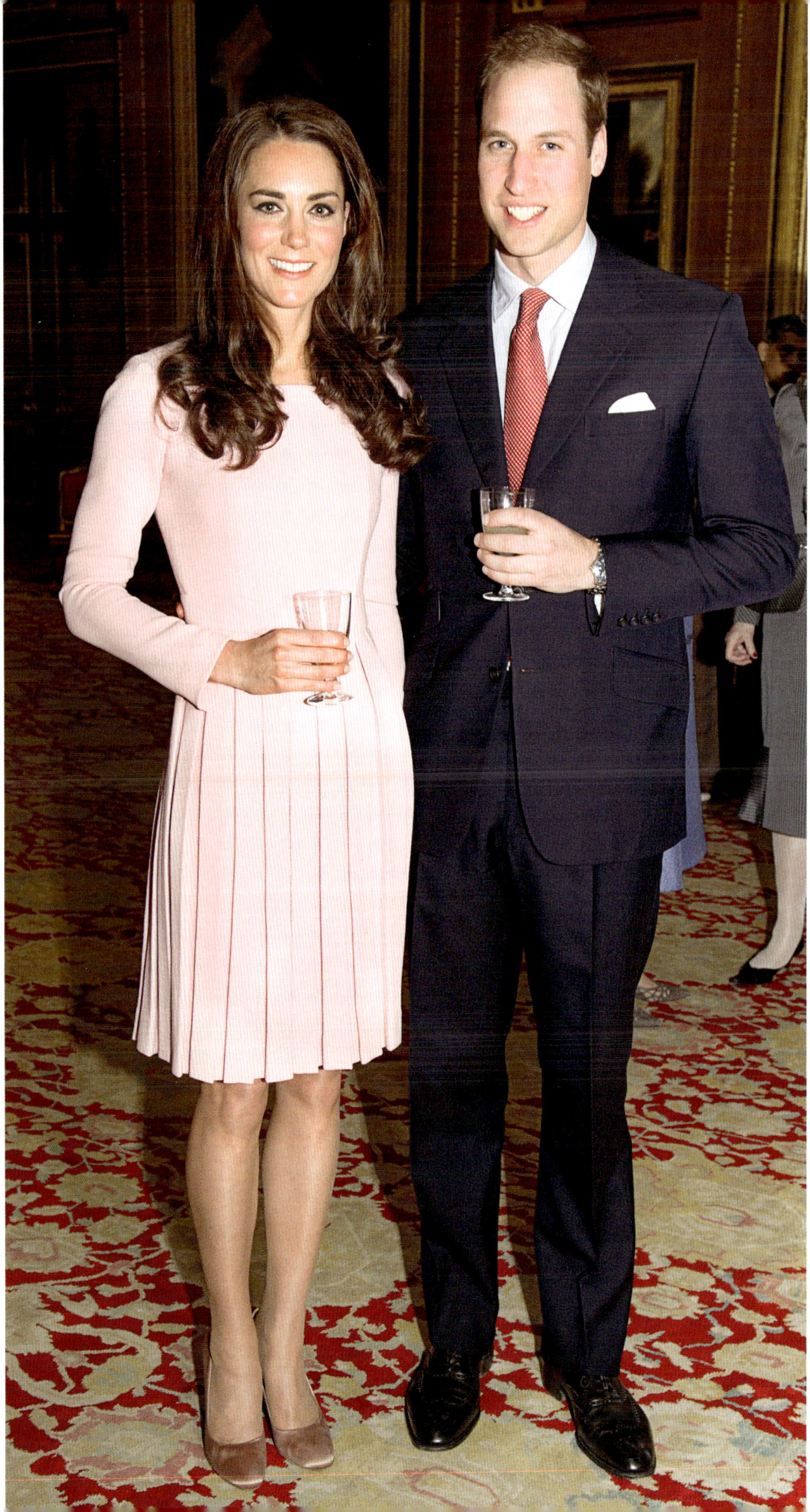

LOOK 21

Linda em Rosa

O Vestido Kate escolheu usar este sóbrio vestido-casaco em rosa-claro, de Emilia Wickstead, para o almoço de celebração do Jubileu de Diamante da rainha, no castelo Windsor, em 18 de maio de 2012. O traje precisava ser adequadamente real, uma vez que no evento estava o alto escalão da realeza atual, com mais de 60 convidados de todo o mundo, incluindo 24 reis e rainhas!

Confeccionado em crepe de lã rosa-claro, com uma saia impecavelmente preguada, o vestido tem um corpete justo, com fecho lateral e cós em baixo relevo. A abordagem minimalista, com mangas compridas e bainha embutida, é ideal para um efeito apropriadamente recatado.

O modelo da coleção primavera-verão de Emilia Wickstead, disponível em várias cores, foi descrito pela estilista como sendo uma "mistura de sofisticação e jovialidade, para mulheres elegantes e descontraídas".

A duquesa de Cambridge é uma das clientes mais famosas de Wickstead, optando por suas roupas em muitos compromissos públicos – quando está sob os olhares do mundo todo. Kate também foi vista várias vezes visitando o ateliê da estilista em Belgravia, Londres.

Kate adora os vestidos-casacos simples e exclusivos da marca Wickstead, optando também por um outro modelo em março de 2012, no desfile de St Patrick, quando vestiu-se apropriadamente de verde – a cor tradicional usada nas comemorações da data. Mais tarde, em julho de 2012, ela escolheu um modelo em prímula pálido, quando o príncipe William foi condecorado com a Ordem do Cardo-Selvagem, a mais nobre e antiga honraria escocesa.

Nascida na Nova Zelândia, radicada na Inglaterra, Emilia Wickstead logo tornou-se uma das estilistas mais queridas da alta sociedade de Londres. Apesar da criação de sua marca só ter acontecido em 2009, ela já havia vestido um número notável de clientes importantes, incluindo Lucy – a prima de Kate –, Anya Hindmarch, lady Kitty Spencer, Emma Parker Bowles e India Hicks. Mas a base de clientes de Wickstead não é restrita à aristocracia; ela também conta com clientes como a *popstar* Dannii Minogue e a esposa do primeiro-ministro, Samantha Cameron.

Os Sapatos Para acompanhar o vestido, Kate optou por um par de escarpins Prada de cetim champagne, já usado por ela em diversas ocasiões. Estes sapatos elegantes e versáteis complementam perfeitamente o vestido de tonalidade rosa.

Use Rosa-Claro sem Ficar Abatida

O rosa-claro não é uma cor muito fácil, mas Kate consegue usá-lo com estilo e classe. Veja como usar esse tom de rosa com perfeição...

Mantenha tons quentes na pele
A cor pastel e o rosa mais sombrio podem ser difíceis de usar, uma vez que seus tons frios podem absorver facilmente a cor de sua pele. Mas Kate escolheu vestir esta cor suave no início do verão, quando tinha um leve bronzeado, e aplicou o seu costumeiro blush rosa abundantemente para que a pele se mantivesse corada.

Misture tons
Assim como Kate, tente compensar a palidez do vestido usando um tom de rosa profundo na bolsa e nos sapatos.

Escolha tecidos suntuosos
Assim como o branco, tonalidades claras como este rosa clássico adquirem mais densidade em tecidos luxuosos e encorpados, evitando que as roupas fiquem transparentes e pareçam desvalorizadas. Kate escolheu este modelo em crepe de lã, mas *cashmere* e seda pura também funcionariam perfeitamente.

Mantenha um visual sóbrio
As roupas em tons de rosa com babados ou detalhes espalhafatosos exigem bom senso para não se correr o risco de ficar com um visual afetado demais ou até infantil. Kate evita isso optando sempre por um estilo elegante e sóbrio, que exala um discreto glamour.

Soberana econômica Kate voltou a dar mostras de seu lado econômico ao usar pela segunda vez, apenas duas semanas depois, o vestido rosa-claro em sua primeira festa no Jardim Real do Palácio de Buckingham, dando início às celebrações do Jubileu de Diamante. A festa no Jardim Real é uma tradição de longa data que acontece anualmente, oferecida pela família real em homenagem àqueles que deram alguma contribuição valiosa para a vida pública – convidados para degustar bolos e chás nos jardins do palácio. É sempre um dia especial, mas o evento neste ano estava imbuído de sentimento extra, pois marcou os 60 anos da rainha no trono britânico. No mesmo mês, o historiador real Sir Roy Strong afirmou que a rainha aprovou o fato de a duquesa usar o mesmo vestido duas vezes, em vez de sempre ostentar algo novo. Certamente é uma tradição real, já que a própria rainha já foi vista usando as mesmas roupas várias vezes durante seu longo reinado.

O Chapéu Ao repetir o vestido, Kate renovou o *look* com um chapéu rosa, de Jane Corbett. A *designer* compartilhou a satisfação em seu blog, quando soube: "Absolutamente emocionada ao ver que a duquesa de Cambridge escolheu um dos meus chapéus para sua primeira festa no Jardim Real do Palácio de Buckingham esta tarde. Que maravilha!".

Emilia Wickstead

Nascida na Nova Zelândia, a estilista estudou em Milão antes de se graduar na escola londrina de arte e design do Central Saint Martins College, em 2007. Enquanto vivia em Nova York, Milão e Londres, Emilia trabalhou nos ateliês de Giorgio Armani, Narciso Rodriguez, Proenza Schouler e na *Vogue*.

Emilia Wickstead criou sua marca em 2008, com *showrooms* em Chelsea e Knightsbridge, e abriu sua loja principal em 2009, no bairro de Belgravia, em Londres, onde a coleção *prêt-à-porter* é exibida juntamente com as roupas feitas sob medida. Conhecida por confeccionar roupas em belíssimas cores, com estilo discreto, acinturadas e saias com pregas ou evasê, que dão ao corpo a forma feminina de ampulheta, seus modelos são, sem dúvida, "perfeitos para uma princesa". A estilista desenvolve principalmente peças com um visual bem simples e feminino, mas também procura reinterpretar, de forma moderna, os clássicos ingleses. Os *designs* são perfeitos para Kate, como mostra o vestido-casaco amarelo visto na página seguinte, à esquerda, usado em Edimburgo, na cerimônia da Ordem do Cardo-Selvagem na Catedral St Giles, em 5 de julho de 2012, e o vestido esmeralda com cinto, à direita, complementado por um belo chapéu da Lock & Co., que a duquesa usou para oferecer trevos aos guardas irlandeses no dia de St Patrick, em Aldershot, Hampshire, em março de 2012.

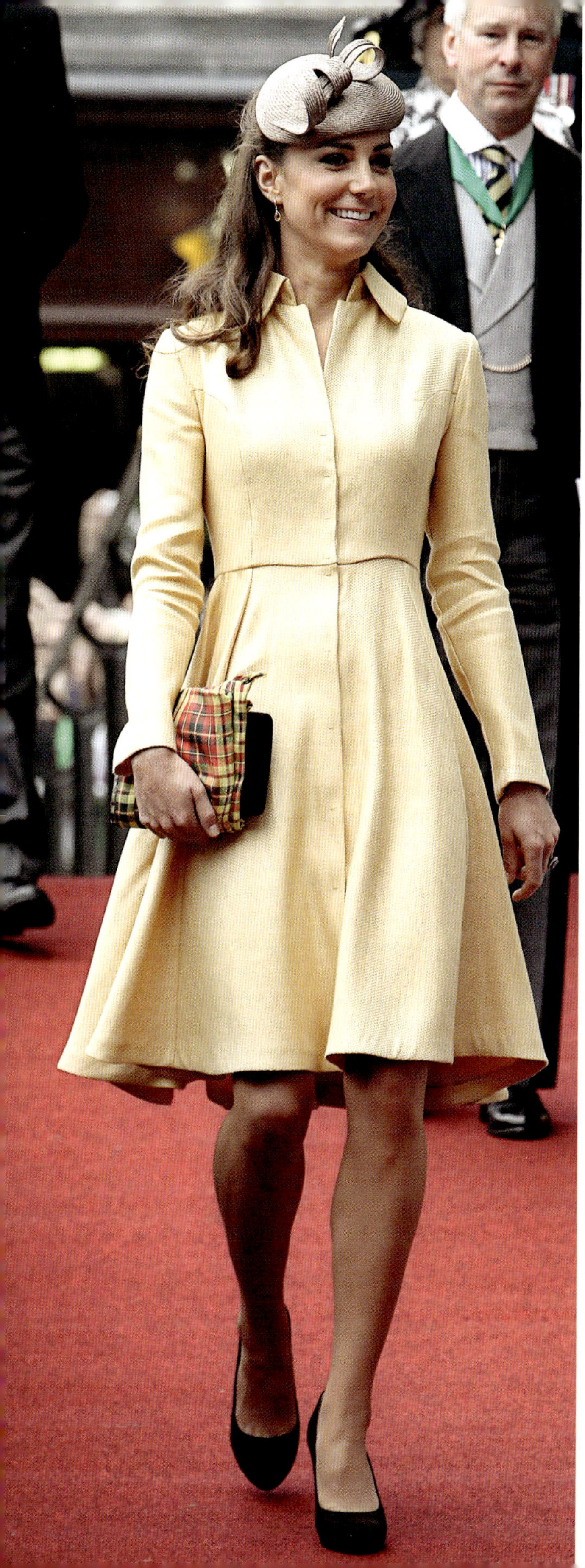
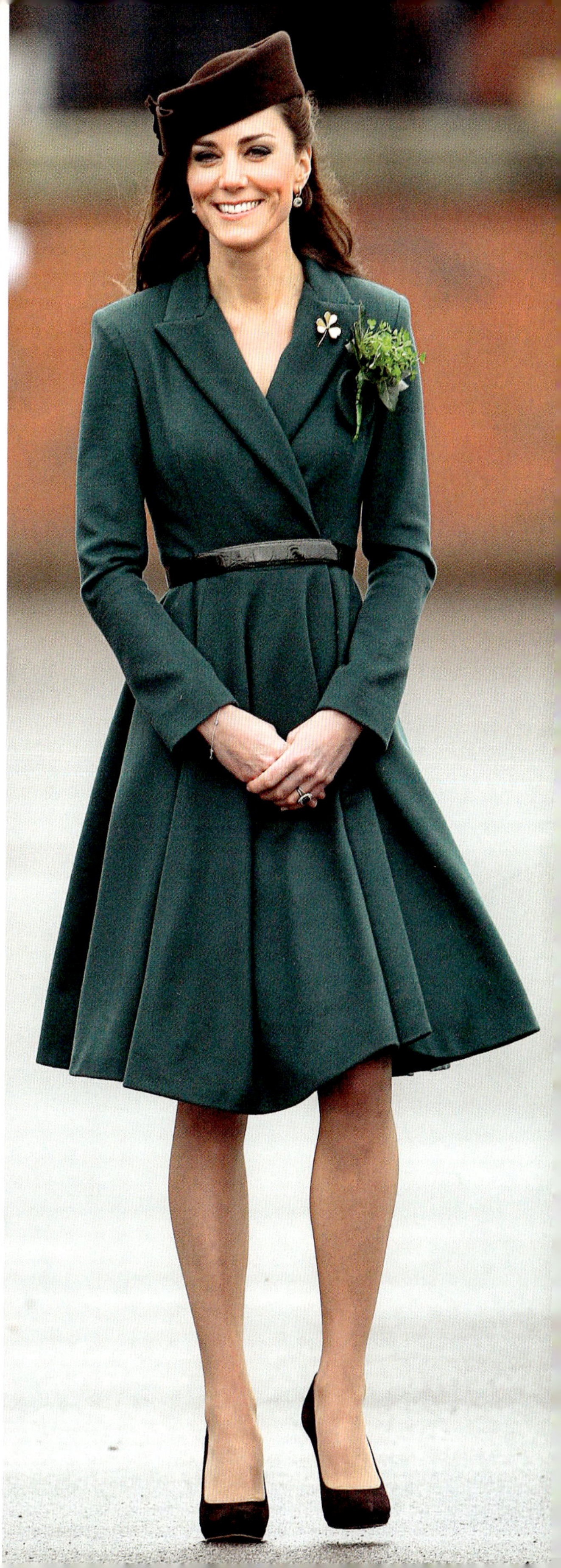

LOOK 22

A Dama de Vermelho

O Vestido Kate brilhou neste vestido vermelho da grife Alexander McQueen em um dos eventos mais espetaculares da celebração do Jubileu de Diamante da rainha: a procissão de barcos pelo rio Tâmisa, em 3 de junho de 2012. O passeio reuniu o maior número de barcos à vela já visto no Tâmisa, navegando rio abaixo, incluindo a barca real – *Spirit of Chartwell* – que foi decorada com mais de 10.000 flores, e transportou a rainha, a duquesa, o duque de Edimburgo, o príncipe de Gales, a duquesa da Cornualha, o duque e a duquesa de Cambridge e o príncipe Harry.

Para se encaixar perfeitamente entre os membros mais antigos da família real, Kate sabia que nada poderia dar errado usando um vestido de sua estilista preferida para eventos de grande porte: Sarah Burton, da grife Alexander McQueen. O vestido sob medida incorpora múltiplos elementos da marca McQueen, incluindo um caimento mais justo e saia plissada, muito parecido com um vestido de crepe de lã da coleção pré-outono 2011 da etiqueta. Mangas compridas foram adicionadas e a bainha estendida para marcar a formalidade da ocasião, enquanto o decote canoa padrão foi mantido, talvez, em reconhecimento ao estilo náutico do evento.

Kate já havia usado este tom de vermelho no vestido-casaco "Marianne", de Catherine Walker, no último dia da turnê ao Canadá, em 2011. Curiosamente incomum é o fato de que versões deste vestido McQueen também tenham sido usadas por duas celebridades antes de Kate: a socialite Kim Kardashian e a *popstar* do Reino Unido, Tulisa Contostavlos. Mas foi Kate, claro, a responsável por ajudar a marca britânica McQueen a aumentar suas vendas no Reino Unido e no mundo todo em quase 30% entre 2011 e 2012 – um aumento significativo nos lucros da empresa, ultrapassando as vendas da marca britânica até então mais lucrativa, a Stella McCartney.

O Broche e o Cachecol Kate também usou um broche novo, na forma de dois golfinhos de prata, oferecido como presente de casamento pelo Serviço de Submarino da Marinha Britânica, do qual o príncipe William é Comodoro-chefe. Sendo assim, o broche estava em perfeita sintonia com o tema náutico do evento. Enquanto isso, o cachecol de *cashmere* com a estampa de Strathearn tartan foi claramente um reconhecimento respeitoso ao título escocês que ela herdou através do seu casamento: condessa de Strathearn.

A Bolsa e os Sapatos Combinando perfeitamente com o vestido, Kate usava uma versão modificada da clássica *clutch* caveira com laço de seda da Alexander McQueen – na qual uma joia em forma de caveira, originalmente incrustada na bolsa (talvez a caveira tenha sido encarada como inadequada para um dia de celebração!) foi substituída por três grandes pedras brilhantes, sob medida. Evitando a escolha óbvia de sapatos vermelhos, Kate usou seus favoritos escarpins nude "Sledge" da L.K. Bennett, uma decisão que causou polêmica entre os críticos de moda, mas que tinha a vantagem de alongar suas pernas e dar ao vestido um ar de verão.

O Chapéu A casquete vermelha cintilante criada por Sylvia Fletcher, da chapelaria real James Lock & Co., combina perfeitamente com o espírito da ocasião. Fletcher também desenhou a casquete escarlate com arranjo de folhas de bordo usada por Kate durante a turnê do Canadá, em 2011.

Um Toque Moderno às Ocasiões Formais

Pelo fato de estar representando uma geração mais jovem e acessível da realeza, Kate tem ajudado a mudar o protocolo formal no modo se vestir. Com a escolha de estilistas ousados e acessórios modernos, ela adicionou um certo frescor às peças clássicas. Felizmente, seu estilo elegante é fácil de copiar sem gastar uma fortuna...

Escolha o formato das saias com cuidado
Kate raramente usa saias ou vestidos acima da altura dos joelhos quando se trata de ocasiões formais, porém, ao optar por uma forma clássica evasê ou plissada, como a usada no Tâmisa, ela cria um visual feminino e charmoso sem ser deselegante.

Use cinto
A duquesa adora usar cintos para modelar a cintura com jaquetas e vestidos de lã. Isso dá um toque sensual às roupas que não têm uma forma definida.

Ouse desafiar
Quando Kate usa um conjunto de saia e blusa ou um vestido na altura dos joelhos, ela normalmente os combina com um *blazer* curto ou com algum leve detalhe, deixando o estilo totalmente na moda.

Procure pelos sapatos perfeitos
Ao combinar roupas elegantes com saltos altos e atuais, como anabela ou meia pata, Kate se destaca das demais, com seus escarpins simples, e ajuda a criar uma identificação das mulheres mais jovens com o seu estilo.

Aprenda a usar a cabeça
Vermelho, azul, branco ou preto; com laço, penas ou flores... As escolhas dos adereços de cabeça de Kate são abrangentes, e os críticos de moda já notaram que ninguém usa um chapéu tão bem como a duquesa. Seu truque é sempre analisar corretamente a ocasião, como fez com esta casquete vermelha de Sylvia Fletcher, usada no evento do Tâmisa. Favoreça os chapéus e as casquetes com ornamentos menores ou enfeites que não lancem sombra em seu rosto, e seja ousada com opções de cores marcantes – desde que combinem perfeitamente com a cor fundamental do seu vestido.

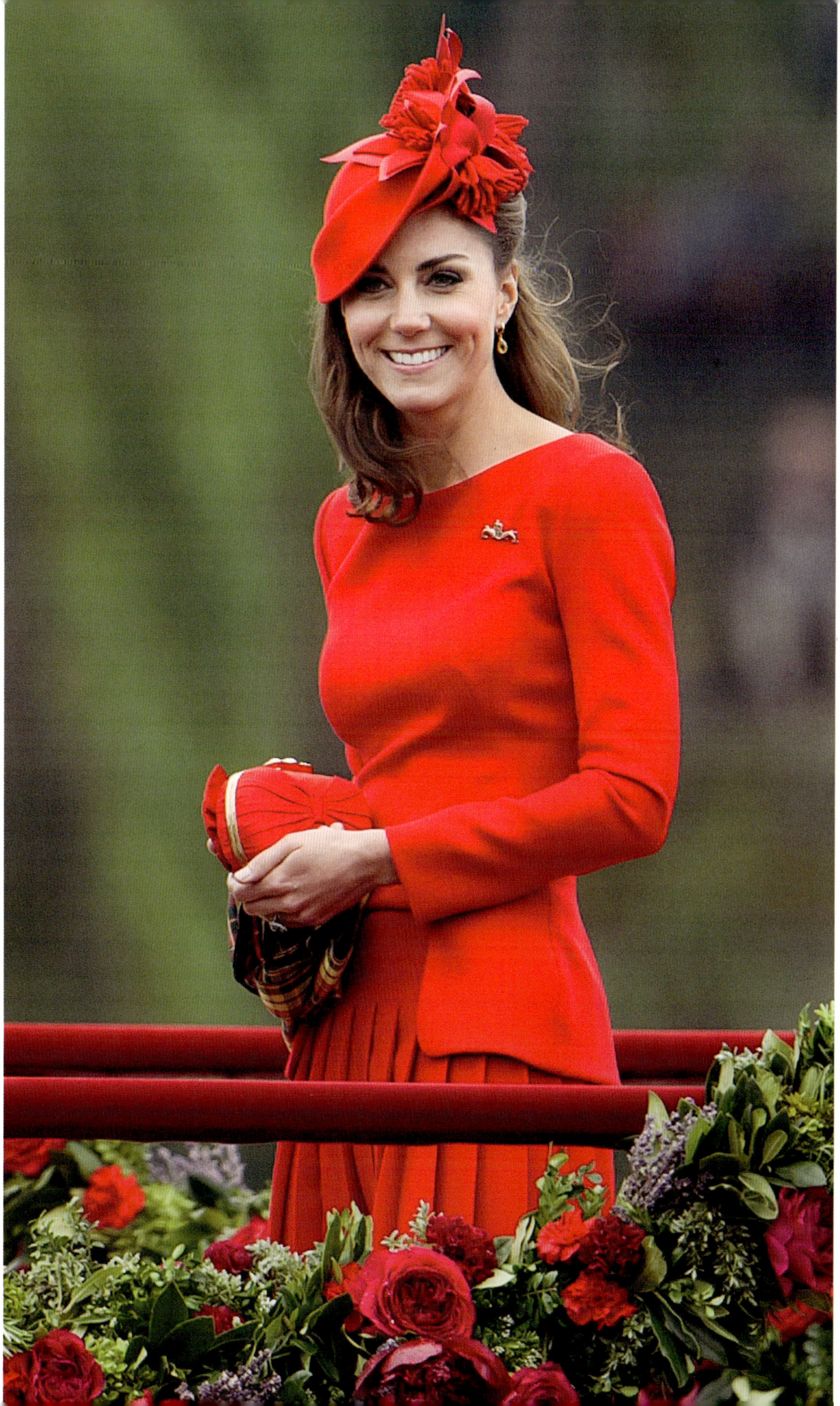

LOOK 23

A Elegância Discreta

O Vestido Sarah Burton, da Alexander McQueen, tem sido a estilista favorita de Kate para eventos de alto nível, por isso, nesse aspecto não houve surpresa quando a duquesa foi à Catedral de St Paul, em 4 de junho de 2012, para a cerimônia de Ação de Graças do Jubileu, em um sensacional vestido feito sob medida pela estilista.

Na verdade, Kate escolheu usar peças da grife Alexander McQueen por três dias consecutivos – em um final de semana repleto de comemorações do Jubileu de Diamante –, porém, reservando a melhor delas para o final. O esbelto vestido de renda nude com forro branco é arrematado com uma fita acetinada na cintura. Como todos os modelos da McQueen que Kate usa, as mangas são longas; esse detalhe – aliado ao comprimento na altura dos joelhos e ao decote canoa –, dá à roupa uma aparência discreta e refinada, apesar do caimento mais justo.

O traje foi feito sob medida para a duquesa, mas isso não impediu que várias cópias do vestido fossem criadas. Poucas horas depois de a duquesa chegar à Catedral, às 10h, a Asda registrou um aumento de 35% nas vendas de um vestido similar em nude e renda, e até o final do dia a peça foi completamente esgotada. Sendo uma loja de departamentos que nunca perde um momento de publicidade criado por Kate, Fiona Lambert, diretora da Asda, observou: "Esperamos que o fenômeno Kate continue, uma vez que ela agora já se estabeleceu como um ícone da moda. Sabemos que nossos clientes mal podem esperar para ver o que ela vai usar em seguida".

O chapéu A delicada casquete nude com tule de seda sob um arranjo em organza e detalhe em quartzo esfumaçado foi criada por Jane Taylor, de Londres. A *designer* aprendeu seu ofício com Marie O'Regan, uma modista de chapéus que já serviu à rainha. Foi a primeira vez que Kate usou uma das criações de Taylor, mas não foi a primeira vez que Taylor criou adereços para a família real. Zara Phillips, as princesas Eugenie e Sophie e a condessa de Wessex, todas já usaram criações suas em eventos oficiais, e nesse dia, na Catedral de St Paul, a condessa também ostentava um de seus chapéus.

"Tanto a condessa de Wessex quanto a duquesa de Cambridge estavam deslumbrantes", declarou uma exultante Taylor, na época. "Elas têm um estilo único e atemporal, e usam chapéus muito bem! É um sonho ter dois membros da família real usando minhas peças em um evento tão importante". A *designer*, então, revelou que a peça de Kate levou cerca de oito horas para ser confeccionada, e que a "duquesa escolheu uma casquete porque é o meio termo entre um *fascinator* e um chapéu mais formal, que cobrisse toda a sua cabeça".

Kate também usou a casquete um pouco fora do centro e aparentemente acertou em cheio, de acordo com Taylor: "Você deve sempre usar chapéus e casquetes em um ângulo vistoso, e Kate posiciona-os exatamente no ângulo correto, o que os torna charmosos; e ela os combina com roupas clássicas, fazendo com que aparentem muita elegância". Como sempre, assim que a duquesa foi fotografada, Jane Taylor foi bombardeada com e-mails e encomendas do mundo inteiro.

A Bolsa Na Catedral, seguindo o seu estilo, Kate usou a clássica *clutch box* em cetim nude, da Prada.

Os Brincos Kate manteve os críticos de moda na dúvida sobre a origem de seus deslumbrantes brincos de "diamantes e pérolas". Foi um choque para muitos quando se revelou que eles eram, na verdade, feitos de zircônia, e adquiridos do site Heavenly Necklaces.

A *designer* Belinda Hadden, que criou os brincos, ficou surpresa ao saber que Kate havia usado uma de suas peças para um evento tão especial. Não passou muito tempo para que o "Efeito Kate" começasse a acontecer. "Dentro de 24 horas, eu havia vendido tudo", disse Hadden. "Eu vendi 60 pares através do meu site, que é a quantidade que eu venderia em um ano inteiro. Eles são feitos da melhor qualidade de zircônia, mas o que os torna tão autênticos são as suas armações."

Os Sapatos Com seu talento usual, Kate misturou um traje exclusivo de grife com acessórios de boutiques, completando a roupa com seu escarpim favorito, o "Sledge" nude, da L.K. Bennett. Os saltos meia pata são estáveis e confortáveis para usar o dia todo. Na Catedral St Paul, Samantha Cameron, esposa do primeiro-ministro David Cameron, estava usando o mesmo modelo – só que em preto!

Use Chapéus com Estilo

O chapéu formal é um dos acessórios mais transformadores que você pode usar. Ele estabelece instantaneamente um *look* glamouroso em qualquer roupa, e Kate oferece uma perfeita lição de como usar este item com classe e elegância...

Fique atenta ao ângulo
Todos os chapéus, especialmente as casquetes, devem ser usados em ângulo. Kate sempre os usa do lado direito da cabeça.

Use um chapéu apropriado para a sua idade
Chapéus maiores são adequados para mulheres com idade mais avançada. Kate mantém seu *look* jovial escolhendo chapéus menores, casquetes e *fascinators* que permitem ter parte de seu cabelo exposto e mantêm o rosto à mostra.

Limite outros acessórios
Lembre-se, um chapéu é uma declaração dramática. Não sobrecarregue o visual com lenços e joias – procure optar por um visual mais *clean*.

Mantenha o cabelo simples
O penteado e o chapéu não devem brigar para chamar a atenção. Ao manter o cabelo longo em um corte básico, com um leve ondulado nas pontas, Kate deixa seu chapéu receber a atenção que merece.

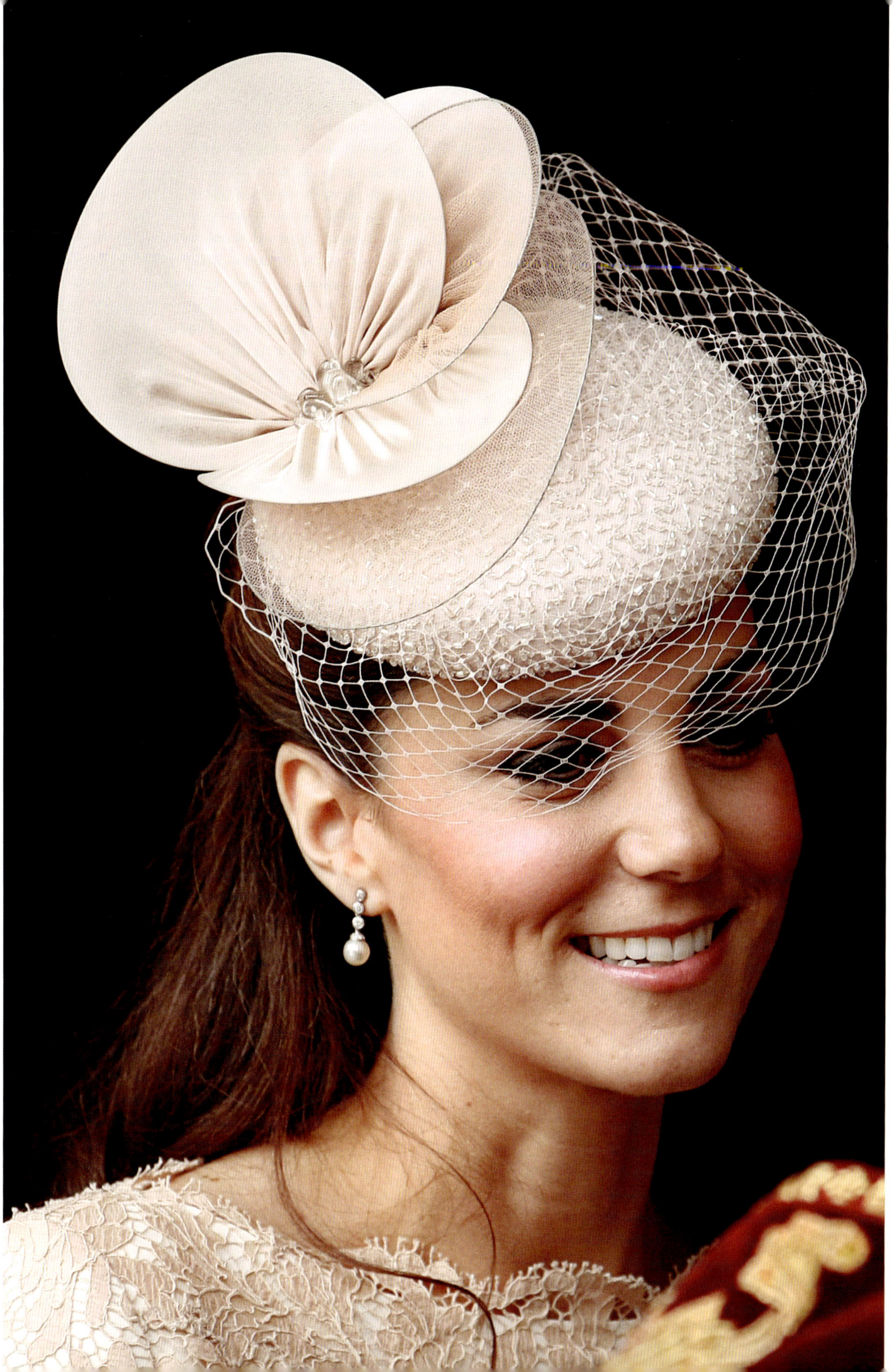

LOOK 24
Usando Xadrez com Estilo

O Vestido Para o lançamento de um novo programa institucional com os príncipes William e Harry em 26 de julho de 2012 (um dia antes do início das Olimpíadas em Londres), Kate escolheu um vestido simples, da marca Hobbs.

Os três jovens da realeza apareceram na Faculdade de Bacon em Rotherhithe, sudesde de Londres, para uma iniciativa beneficente, a Royal Foundation – um novo programa que vai treinar jovens de 16 a 19 anos para se tornarem treinadores qualificados de esportes. E na véspera das Olimpíadas, Kate certamente levou a medalha de ouro em estilo verão chique. A duquesa estava resplandecente, flutuante em um vestido com estampa xadrez de linho branco e cinza. Com um corte clássico que modela bem a sua silhueta, o vestido traz ainda um decote canoa, mangas curtas, saia godê e zíper nas costas.

Kate acrescentou um cinto de corda trançada de inspiração africana para demarcar a cintura fina, já definida pelo belo corte do modelo. Previsivelmente, as peças restantes do vestido que já estavam à venda na Hobbs por metade do preço, saíram das lojas em tempo recorde!

O Cabelo As imagens não são capazes de mostrar, mas quando Kate usou este penteado, o Reino Unido estava no auge de uma onda de calor, com temperaturas acima de 30°C. Porém, já acostumado ao calor depois de tantas viagens oficiais ao redor do mundo com William, o cabelo da duquesa permaneceu no lugar, brilhante e sem *frizz* – mesmo quando ela jogou uma rápida partida de futebol e participou da arbitragem de uma luta de judô!

Os Sapatos Kate completou seu visual com as suas confiáveis sandálias de salto anabela "Imperia", da loja de sapatos Pied-à-Terre; um modelo que a duquesa usou em muitas outras ocasiões em dias quentes. Isso levou os comentaristas de moda do jornal *Daily Mail* a brincar: "Esqueça a previsão do tempo, nós britânicos só sabemos realmente que é verão quando a duquesa de Cambridge troca seus 'Sledges' L.K. Bennett por um par de sandálias anabela da Pied-à-Terre". A parte superior da sandália é de lona, com fivela e abertura na parte de trás, disponível em várias cores, incluindo o "natural", como esta, usada por Kate.

Torne suas Compras Celestiais

Quando Kate trabalhava como compradora para a Jigsaw, ela aprendeu exatamente como "garimpar" peças em boutiques como a Zara, Warehouse e Hobbs, conseguindo pechinchas incríveis que podem fazer com que um *look* pareça muito mais caro. Aqui estão alguns dos seus truques...

Duplique
Faça como Kate: se encontrar alguma peça que adore, com um caimento fabuloso, compre o modelo em duas ou mais cores – em boutiques, você pode dar-se ao luxo de fazer isso!

Procure pelas etiquetas de grife mais acessíveis
Comprar em boutiques não significa ignorar os grandes estilistas. Um número crescente dos estilistas que Kate admira, como Missoni e Alice Temperley, estão estendendo suas marcas para proporcionar uma difusão de alcance mais popular – uma versão de menor custo da moda sofisticada. Outras grifes, como Matthew Williamson, com a Debenhams, estão colaborando para fornecer peças inspiradas nas passarelas por uma fração do custo.

Conheça o tecido
Você não tem que adquirir roupas de baixa qualidade só porque elas são mais baratas. Kate adora peças com tecidos nobres, como seda e *cashmere*, que muitas vezes são encontradas nas lojas bem abaixo do custo. Tecidos baratos não proporcionam um bom caimento e acabam se deteriorando muito mais rápido, então, verifique na etiqueta se as peças são feitas com 100% da fibra, seja algodão, seda ou lã.

Pense *fashion*
A rua é o lugar certo para experimentar tendências, cortes e cores da nova temporada. Você pode comprar algo mais *fashion* por um preço acessível, e assim, não vai se importar muito se a peça parecer ultrapassada no próximo ano. Não que haja algo de errado com o reaproveitamento, é claro – na verdade, Kate tem prazer em usar suas roupas mais de uma vez, tanto as peças de loja quanto as peças exclusivas de estilistas que ela adora.

Não desperdice dinheiro com o básico
Para algumas peças básicas, simplesmente não vale a pena pagar os preços de um estilista. Procure comprar versões simples de camisetas, camisas e até mesmo jeans nas boutiques, dependendo de quanto tempo você espera que eles durem. Kate, por exemplo, escolhe jeans mais caros de marcas como a J Brand para as calças índigo que ela usa com frequência, mas quando experimenta uma cor diferente, como o azul royal, ela escolhe marcas mais baratas, como a Zara. Misturar peças básicas de loja com acessórios elegantes valoriza o seu *look*.

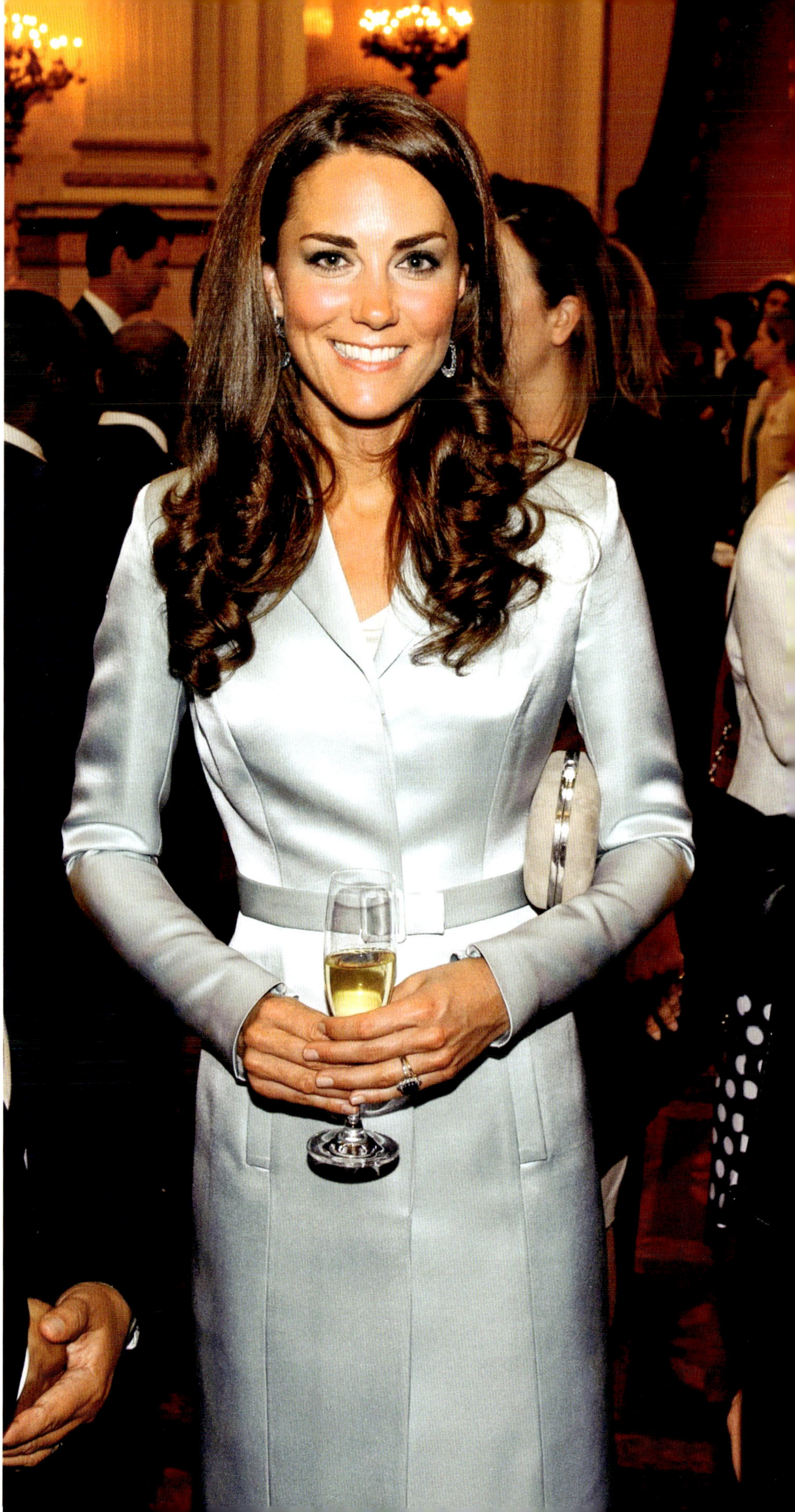

LOOK 25

Kane e Able da Kate

O Vestido Para uma recepção pré-olímpica no Palácio de Buckingham, em junho de 2012, Kate usou este impressionante vestido-casaco de cetim, criado pelo estilista Christopher Kane. O vestido formal, porém moderno, era perfeito para um evento com chefes de Estado de todo o mundo, incluindo a elegante primeira-dama dos EUA, Michelle Obama. O *design* não trespassado apresenta uma alfaiataria de alta qualidade com acabamento simples, mangas longas, bolsos embutidos com lapela externa e um elegante cinto.

Enquanto o vestido azul-gelo feito sobre medida sinalizava para a coleção 2013 de Kane, o modelo era, na verdade, uma tomada suave e recatada do seu estilo vanguarda, alinhado ao estilo personalizado de Kate. No entanto, o estilista, que ganhou o New Establishment Award no British Fashion Awards em 2011, foi uma escolha inesperada para a duquesa – e não menos para o próprio Kane.

Em 2010, o escocês Kane já tinha declarado que Kate era uma das mulheres que ele adoraria vestir e lamentou o fato de que ela era mais conhecida por usar peças de boutiques do que como defensora dos estilistas britânicos: "É uma pena que ela não use mais estilistas", disse ele, na época. "Eu realmente não gosto que as boutiques tenham tanto crédito. Eu entendo que ela precise usar uma variedade de roupas, pois tem de se relacionar com muitas pessoas publicamente, mas ela é uma princesa. Se eu fosse uma princesa, eu estaria dizendo 'Oh, sim, manda ver!'"

A maioria dos críticos de moda já tinha excluído as chances de Kane vestir a duquesa, pois suas criações foram consideradas muito chamativas para o seu gosto clássico e conservador. Mas talvez para provar que ela nem sempre faz o esperado quando se trata de estilo, Kate desafiou Kane pedindo-lhe para desenhar um vestido para este evento importante, quando os holofotes da mídia do mundo inteiro estavam, com certeza, focados em sua roupa.

Na verdade, desde o casamento, a confiança de Kate em seu próprio estilo continuou a crescer de forma que ela se tornou muito mais aberta à experimentação quando se trata de estilistas de ponta, como por exemplo, Stella McCartney e Matthew Williamson. O fato é que este maravilhoso vestido-casaco lhe caiu como uma luva e provou ser a escolha perfeita para a ocasião, combinando vanguarda com elegância.

A Bolsa Kate combinou o traje com uma *clutch* de camurça cinza da Alexander McQueen. O tom suave e a textura proporcionaram um leve contraste com seu vestido cintilante.

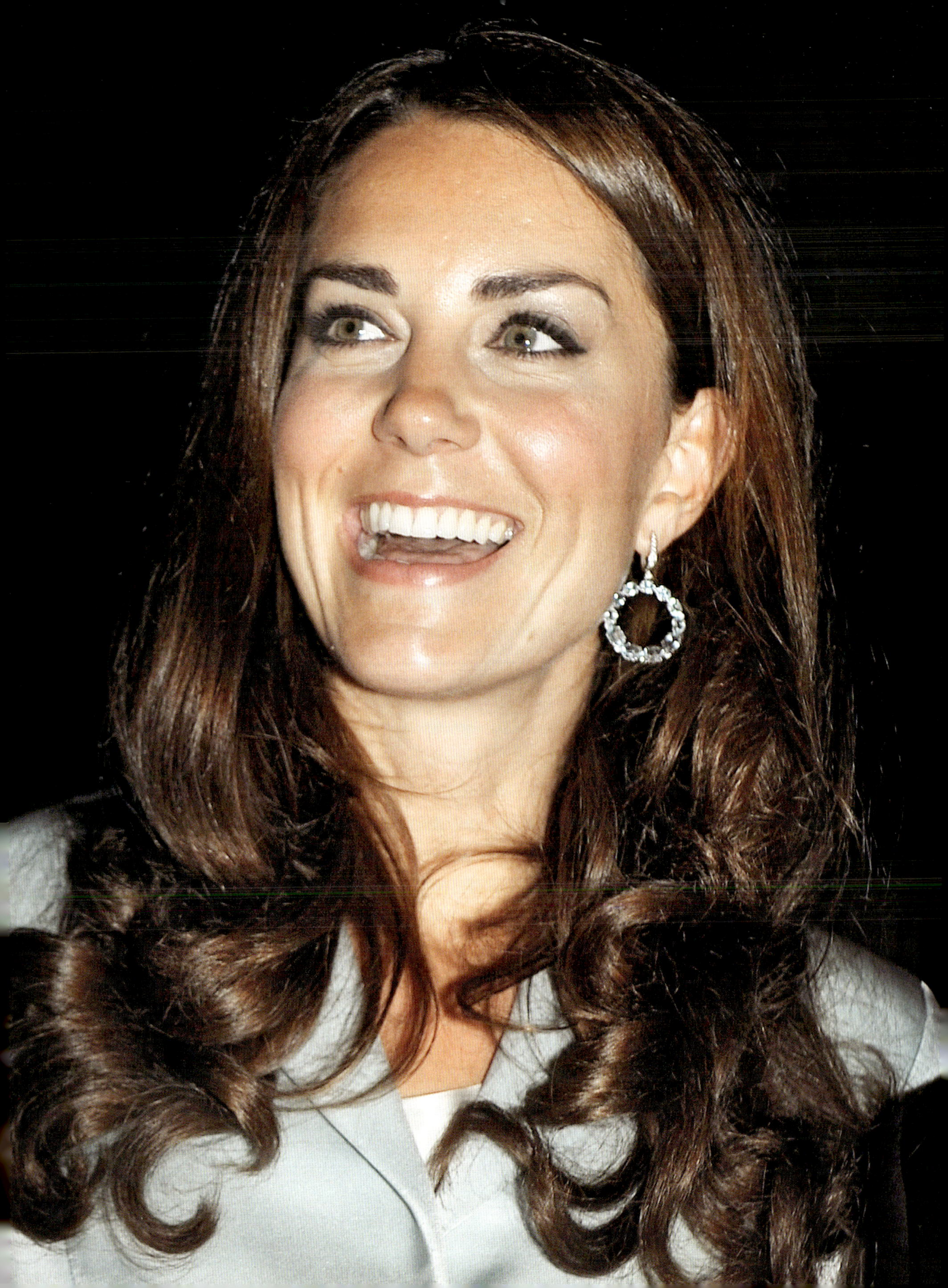

As *clutches* de McQueen normalmente apresentam um fecho em formato de caveira. No entanto, esta peça foi personalizada para combinar com seu estilo, e o fecho foi substituído por um mais simples. O fato de que *designers* de tão alto perfil estejam dispostos a alterar suas peças-chave para Kate é mais uma prova do quanto ela exerce influência sobre o mundo da moda.

Os Brincos Os brincos de topázio azul e diamantes são de sua *designer* de joias favorita, Kiki McDonough. Os brincos têm um círculo aberto composto de 11 topázios ovais, com graduação no tamanho de cima para baixo, criando um efeito atraente.

Usando Cetim com Estilo

O cetim não é um tecido fácil de usar. Uma peça malfeita e sem caimento em um material brilhante como este é um verdadeiro desastre, e pode fazer com que uma pessoa magra apresente volumes em lugares errados. Kate consegue vestir o *look* com facilidade, seguindo dicas importantes...

Caimento é o principal
Se o cetim estiver esticado demais, qualquer parte do corpo coberta por ele será destacada desfavoravelmente. Apesar de Kate não evitar modelos justos, desta vez, o corte de seu vestido é um pouco mais solto do que o normal. Ao optar por um caimento mais relaxado, ela evita que o tecido estique em lugares indesejáveis. Entretanto, se não for possível fazer a roupa sob medida, basta comprar um número maior.

Mantenha-se elegante
Excesso de tecido e saia evasê esvoaçante podem parecer um traje nupcial quando cortados em cetim. Opte por linhas retas e bem cortadas como este vestido-casaco, para manter o visual sofisticado e apropriado. Assegure-se sempre de que o cetim esteja perfeitamente passado para evitar vincos ou pregas.

Seja inteligente
Ao optar por um vestido-casaco, em vez de um shift clássico ou um estilo mais ajustado, Kate combinou a alfaiataria masculina com um tecido feminino, evitando um visual muito certinho.

Considere o que está embaixo
A escolha de roupas íntimas é muito importante ao usar cetim, e Kate nem sonha em ser vista com marcas aparentes de lingerie. Invista em um conjunto de sutiã e calcinha sem costura ou rendas, em cor natural, para evitar volume.

LOOK 26

Espírito Olímpico Fashion

O Vestido Para torcer por Andy Murray nas quartas de final do individual masculino de tênis das Olimpíadas em 2 de agosto de 2012, Kate usou o vestido "Ridley Stretch Cady" de Stella McCartney, que também havia usado duas semanas antes para uma exposição sobre as Olimpíadas na National Portrait Gallery. Esse simples vestido em crepe estilo *shift* exibe um luxo clássico com silhueta minimalista em uma atraente tonalidade azul royal.

McCartney foi a estilista britânica escolhida para criar o uniforme olímpico oficial da Grã-Bretanha para as Olimpíadas de Londres 2012, e isso fez do vestido a escolha perfeita para a torcedora mais fotografada da equipe. No uniforme olímpico, McCartney minimizou o vermelho da tradicional bandeira do Reino Unido (a Union Jack) e acentuou o azul. "Foi muito importante para mim não só tentar usar essa imagem icônica, mas desmontá-la e suavizá-la, quebrá-la e torná-la mais elegante num sentido mais *fashion*", declarou a estilista, na época. Kate é tão conectada com a moda que, provavelmente, não foi por acaso que ela foi vista com o vestido azul de Stella McCartney em dois importantes eventos nas Olimpíadas. Com essa escolha inteligente de cor, ela mostra orgulhosamente seu apoio à estilista britânica e seu patriotismo em consideração aos atletas britânicos.

Kate e William causaram uma certa polêmica na ocasião, ao optarem pela arquibancada, em vez de usar o camarote real. Ao preferir não desfrutar do privilégio em um evento tão importante, eles deram outro sinal de que pretendem ser vistos como um casal moderno, que pode se misturar de modo informal, e que se diverte, seja qual for o ambiente.

O Blazer Kate usou sobre o vestido um *blazer* de botão único, sob medida, da marca canadense Smythe Les Vestes. Conhecida por seus *blazers* bem cortados e alfaiataria perfeita, a Smythe ganhou seguidores entre celebridades e editores de moda. Os botões dourados, as lapelas grandes, a alfaiataria masculina e o recorte nas costas dão ao item clássico um toque contemporâneo.

Foi a terceira vez que Kate usou o blazer para eventos olímpicos em uma semana. Mas a duquesa aperfeiçoou o dom de escolher peças versáteis e clássicas que funcionam perfeitamente com o resto do seu guarda-roupa para criar vários *looks* diferentes. Essa habilidade de selecionar peças que podem ser usadas de várias maneiras fez com que Kate ganhasse o título de "rainha do guarda-roupa cápsula" entre alguns dos seus fãs da imprensa de moda.

A Bolsa Kate combinou seu *blazer* com a *clutch* de camurça azul-marinho "Muse", da Russell & Bromley. A peça foi criada por Stuart Weitzman, outro favorito da duquesa quando se trata de acessórios. Peças da marca também já foram vistas com a cantora Beyoncé e a atriz Angelina Jolie.

Os Sapatos Outro favorito durante as Olimpíadas foram os sapatos "Coco Pop", de Stuart Weitzman. Weitzman percebeu o fato de que este confortável par de sapatos foi o mais usado pela duquesa durante os jogos a que ela assistiu. "Ela não trocou os sapatos por nove dias. Este foi um grande acontecimento!", observou ele, encantado. Como era de se esperar, o estilo anabela tornou-se um sucesso instantâneo.

Os Óculos Durante o jogo, Kate protegeu os olhos da luz com um elegante par de óculos de sol Givenchy SGV 761. Com hastes largas e formato retangular, o item ostenta uma elegância francesa discreta.

Revele-se Através de Suas Escolhas de Moda

Não se deixe enganar por sua aparência elegante e natural, Kate coloca uma quantidade inacreditável de atenção sobre tudo que veste. Mesmo uma roupa aparentemente simples, como este vestido azul royal combinado com o blazer, faz uma referência discreta ao evento em que está participando. Ao prestar atenção a esses detalhes importantes, Kate garante que sua roupa sempre traga uma mensagem.

Procure ligar o *look* à ocasião

Pense onde você comprou suas roupas. Escolha uma peça do estilista que tem alguma ligação com o evento ou com o local que você vai visitar, como Kate fez com seu vestido McCartney. É uma bela homenagem que não passará despercebida pelos mais observadores.

Simbolize com acessórios

Você não tem que usar peças oficiais ou com algum logotipo para mostrar seu apoio a um evento. Pense com criatividade e busque acessórios que remetem ao tema. Primeiro Kate combinou seu vestido McCartney com um colar de pingente circular da Cartier, e muitas vezes usou seus brincos circulares Kiki McDonough durante os jogos, escolhas que habilmente remetem aos anéis olímpicos, em alto estilo.

Mensagens subliminares

Kate adora fazer declarações inteligentes sobre moda que são compreendidas somente por pessoas que entendem verdadeiramente do assunto. Um exemplo disso está no Look 15 (veja p. 73), quando Kate usou sapatos com o nome de um tipo de narciso no dia de St David. Esses pequenos detalhes são o sinal de uma *fashionista*, que pensa sobre o que usa e é confiante o suficiente para deixar suas roupas falarem.

Mostre sua preferência através das cores

Durante as Olimpíadas, Kate vestiu azul, em homenagem aos uniformes da equipe da casa.

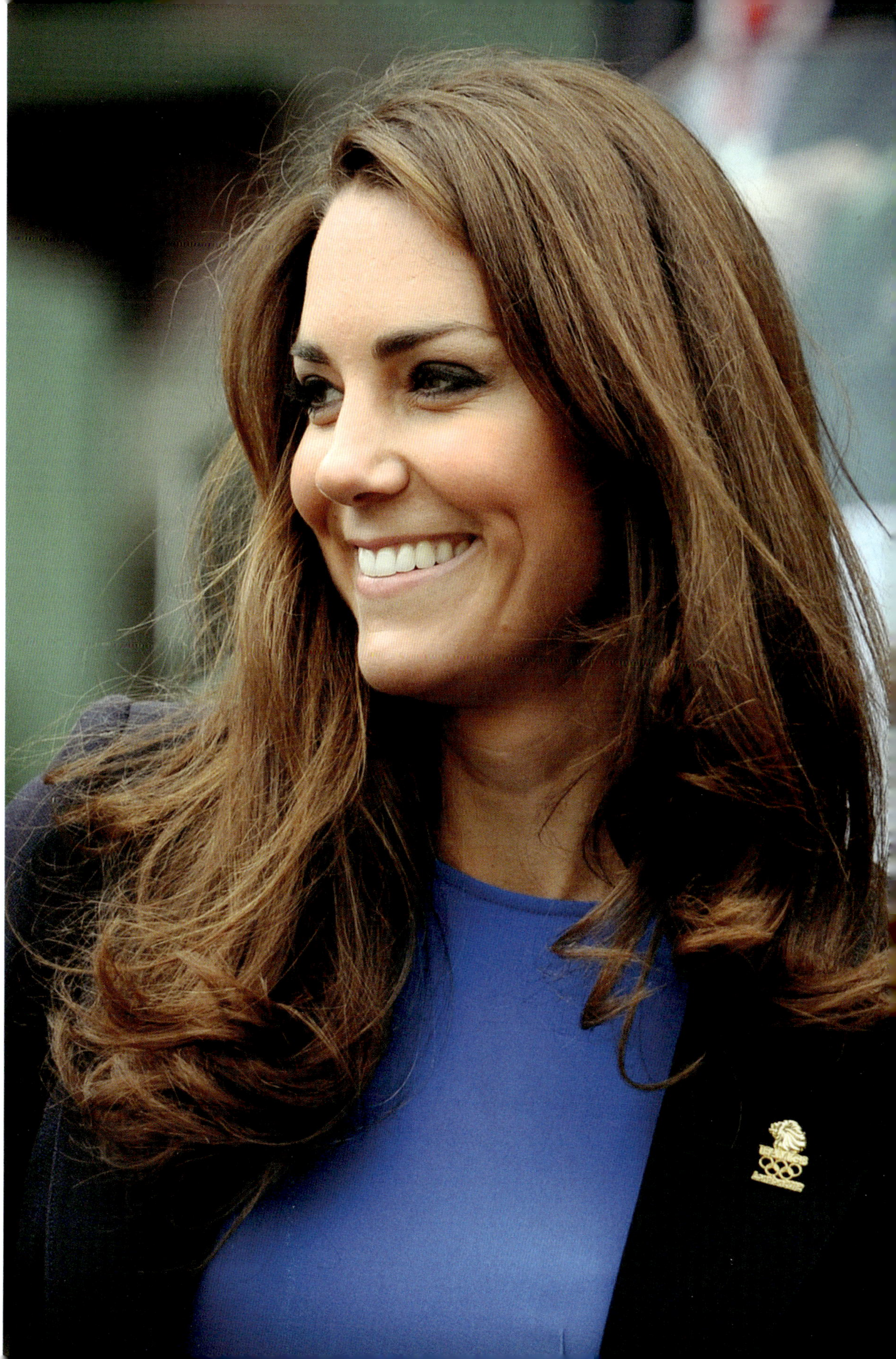

LOOK 27

Levantando a Bandeira Fashion Britânica

O Vestido Para a cerimônia de encerramento dos Jogos Olímpicos em Londres, no dia 12 de agosto de 2012, Kate escolheu o mesmo vestido usado no concerto de celebração do Jubileu de Diamante da rainha, em junho. Foi adequado e inteligente unir em alto estilo os dois eventos que marcaram um verão muito especial para o Reino Unido.

O vestido de seda estampada é da Whistles, uma das boutiques preferidas de Kate. Embora o modelo chamado "Bella" seja encontrado para pronta entrega em umas das lojas Whistles, ele poderia muito bem ter sido feito especialmente para Kate, já que se encaixa perfeitamente não só na sua estrutura esbelta, como também em seu estilo recatado. O estampado azul aqua foi uma ótima maneira de encerrar a corrida olímpica das "roupas azuis" – perfeito para a ocasião apoteótica. Ela escolheu acentuar a cintura dissipando os franzidos com um cinto preto fino.

Kate tornou-se uma espécie de representante não oficial da Whistles. O seu apoio à marca fez com que o site da empresa entrasse em colapso enquanto os seguidores ávidos lutavam freneticamente para fazer um *login*! Mesmo a Whistles, que já havia tido algumas experiências com o "Efeito Kate", foi surpreendida com o tamanho da resposta a este evento global televisionado. "O maior impacto foi sobre o vestido que ela usou na cerimônia de encerramento", confirmou Jane Shepherdson, diretora-executiva da Whistles, "É um estilo que foi muito bem-sucedido para nós de qualquer maneira, um vestido de seda estampada. Naquele final de semana, vendemos todo o estoque".

A cerimônia de encerramento das Olimpíadas celebrou o talento britânico desportivo, e também o artístico, ao incluir a participação de modelos britânicas famosas como Kate Moss, Lily Cole e Naomi Campbell ostentando vestidos extravagantes de estilistas britânicos, como a Erdem, Victoria Beckham e Alexander McQueen. Kate está sempre disposta a demonstrar o seu apoio à moda britânica, e sua roupa estava em perfeita sintonia com o tema da ocasião.

A bolsa Mais uma vez Kate exibia a *clutch* preta "Maud", da marca Anya Hindmarch, confeccionada em seda pura – o que lhe confere uma aparência acetinada e luxuosa.

As joias Kate combinou a cor do vestido com os brincos de topázio azul e diamantes de Kiki McDonough, assim como fez no concerto do Jubileu de Diamante da rainha, em junho. O formato circular lembra o *design* dos anéis olímpicos, um detalhe *fashion* que explica por que ela usou estes brincos várias vezes durante as Olimpíadas. O *look* foi completado com a pulseira em ouro branco "Diamond by the Yard", da Tiffany.

Aprimorando o Modo de Comprar

As roupas de grife estavam por toda parte na cerimônia de encerramento das Olimpíadas, mas Kate garantiu que seu vestido de boutique não ficasse aquém, usando alguns truques simples...

Adicione acessórios
Roupas de grife tendem a ter mais detalhes do que as de boutique, mas o vestido de Kate, com a simples adição de um cinto preto, harmonizado com o restante dos acessórios, adquiriu outro visual.

Medida inteligente
Não fique estagnada no tamanho da roupa. Escolha peças que caibam em você como uma luva, não importando o tamanho descrito na etiqueta, e a roupa vai parecer como se tivesse sido feita sob medida. Com um caimento perfeito, em vez de um tamanho ideal, o vestido Whistles de Kate parecia tão especial quanto um traje confeccionado especialmente para ela.

Use joias marcantes
Os lindos brincos de Kate refletiam a luz sempre que ela movia a cabeça, acrescentando um toque de brilho a um vestido com forma simples.

Escolha uma estampa
A estampa certa pode adicionar um toque especial a qualquer roupa, além de deixá-la mais charmosa e contemporânea. A estampa de pétalas estilizadas do vestido da Whistles é mais impressionista do que o clássico floral, tornando o vestido mais moderno.

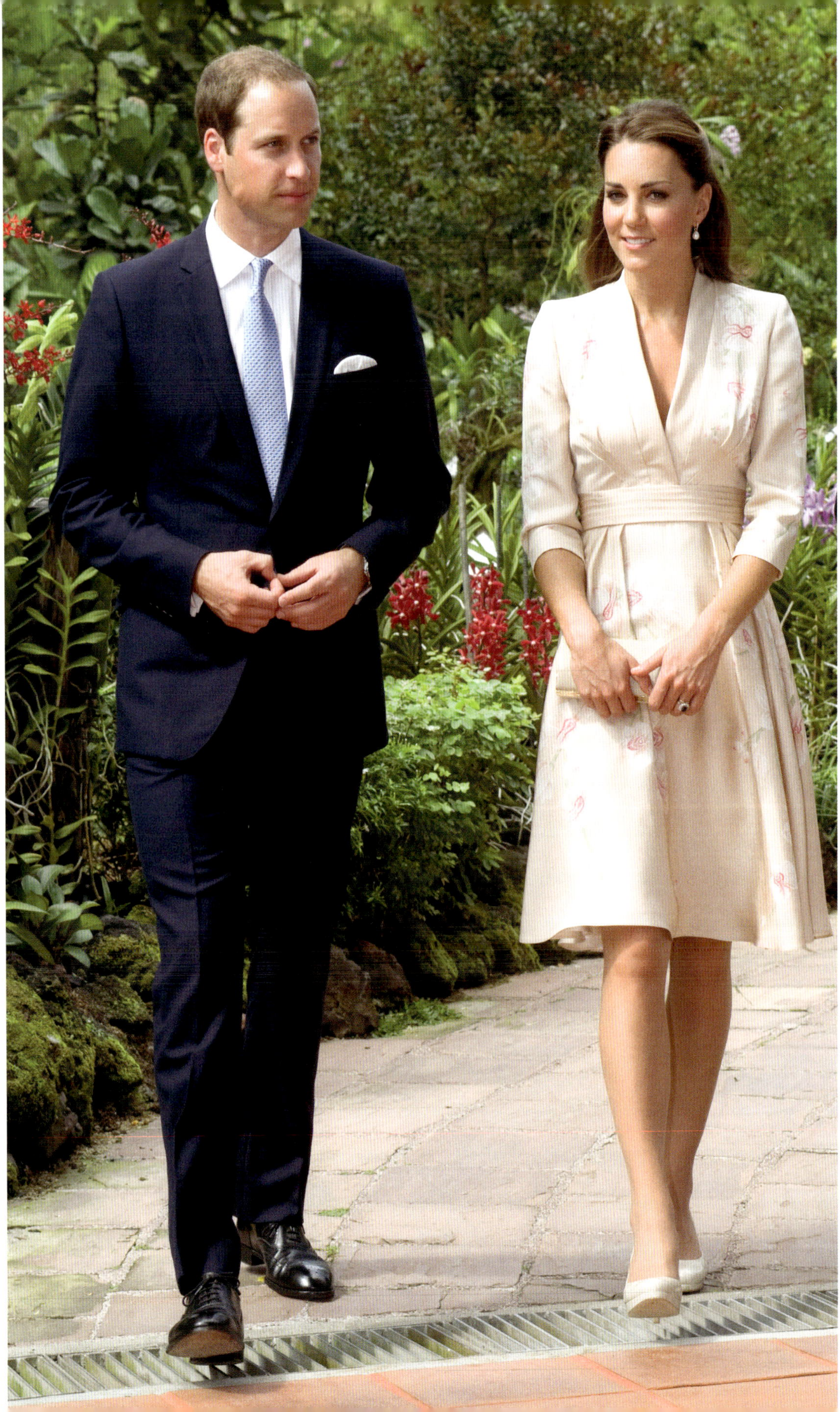

LOOK 28
Uma Flor Rara e Exótica

O Vestido Quando Kate e William chegaram a Cingapura, em 12 de setembro de 2012, para uma visita ao Jardim Botânico da ilha, no primeiro dia de sua turnê real ao sudeste da Ásia e do Pacífico Sul, todos os olhares estavam direcionados para o requintado vestido da duquesa, estilo quimono, em tom pastel rosa. Eles estavam lá para ver a orquídea "Vanda William Catherine", recém-criada e batizada em homenagem ao casal. Não haveria um jeito mais apropriado de se vestir para uma ocasião como esta do que usando este modelo estampado com orquídeas.

O deslumbrante vestido, criado pela estilista britânica Jenny Packham, é confeccionado em seda coberta com delicadas orquídeas pintadas à mão por uma equipe de artistas especializados do ateliê De Gournay, e levou oito semanas para ficar pronto. O vestido floral, na altura do joelho, possui mangas três-quartos, um profundo decote V, saia com um leve godê e pregas laterais, e foi ajustado na cintura para delinear os contornos delicados de Kate. "Ela estava linda e estamos todos muito orgulhosos", declarou a equipe de Packham. Até William observou que as cores da híbrida orquídea Vanda William Catherine combinavam perfeitamente com o vestido da duquesa – outro exemplo da incrível atenção detalhista de Kate ao selecionar uma roupa.

Jenny Packham não vende nenhum dos *designs* feitos especialmente para a duquesa, frustrando os fãs mais ávidos pelo estilo de Kate, o que garante que as roupas permaneçam especiais. "Nós não somos a Reiss", explicou Packham em um tom bem humorado. De fato, o ateliê da estilista, instalado onde antes funcionava um banco em Mayfair, Londres, é visitado apenas por uma minoria privilegiada, e não se parece em nada com uma boutique. O trocador, extremamente privado, onde as clientes – incluindo Kate Winslet, Elizabeth Hurley e Angelina Jolie – experimentam as roupas feitas sob medida, é um local sem janelas, que abrigava o antigo cofre.

Durante a visita ao Jardim Botânico, Kate e William também conheceram uma orquídea branca que foi criada em homenagem à falecida mãe de William, Diana. Na época, a princesa de Gales ficou feliz em saber que tinha uma flor batizada com seu nome, mas ela morreu tragicamente num acidente de carro em Paris, duas semanas antes de voar para conhecer a orquídea.

Os Sapatos e a Bolsa Como de costume, Kate usou a cor nude, porém num tom mais claro, no conjunto de escarpim e *clutch* "Park Avenue", da Russell & Bromley. Embora a cor dos acessórios tenha combinado muito bem com o vestido, o uso de tons claros dos pés à cabeça poderiam ter deixado o visual de Kate um pouco esmaecido após 14 horas de voo. Mas a duquesa, como sempre, exibia um frescor floral.

Os Brincos Os brincos de Kate, da joalheria Annoushka, pertencem a uma linha harmônica da *designer* Annoushka Ducas que, em 1990, também fundou outra joalheria que Kate adora, a Links of London. "Estou muito emocionada ao ver a duquesa de Cambridge usando meus brincos de pérolas favoritos em tantas ocasiões", declarou Ducas.

O Cabelo Kate pode até ter sofrido com o longo voo antes de chegar ao Jardim Botânico, mas seu cabelo não demonstrava nenhum sinal de cansaço! Como sempre, seus cabelos brilhantes pareciam perfeitamente penteados, com a frente e as laterais presas atrás, sobre os cachos soltos em cascata. A responsável pelo visual é Amanda Cook Tucker, a cabeleireira que se juntou ao *staff* real na turnê oficial do sudeste da Ásia. Cook Tucker corta o cabelo de William e Harry desde que eles eram crianças, e embora Kate ainda frequente o salão de Richard Ward, em Chelsea, ela ocasionalmente gosta de ter seu cabelo feito em casa e de ter uma cabeleireira que possa viajar com ela para o exterior. Cook Tucker provou ser indispensável nesta viagem, durante a qual Kate teve que lutar contra o inimigo implacável do cabelo liso – o clima quente e úmido. O palácio deu uma nota rápida a respeito, dizendo que o contribuinte britânico não estava pagando por estas despesas em particular. Em vez disso, o príncipe de Gales pagou à cabelereira por seus serviços a quantia de 300 libras por dia, mais taxas e despesas de viagem.

Revele a Ocasião em Sua Roupa

As roupas de Kate não apenas combinam com seus sapatos, mas também com a ocasião. Veja como captar a essência de um evento em suas roupas...

Destaque o detalhe principal
Com seu vestido estampado de orquídeas, Kate fez uma homenagem ao motivo de sua visita ao Jardim Botânico de Cingapura. Ela poderia ter escolhido um vestido floral, mas foi além, escolhendo uma estampa de orquídeas no mesmo tom da flor com seu nome, captando o espírito do evento.

Respeite seus anfitriões
Se a estampa presta uma homenagem à flor, o estilo oriental do vestido de Kate é uma referência respeitosa à história da moda de Cingapura e à influência que ela teve sobre os estilistas ao redor do mundo.

Mantenha o romance
As mangas e o decote deste modelo lembram muito o famoso vestido de casamento criado por Sarah Burton, da Alexander McQueen. Optando por detalhes que remetem a um momento tão importante em sua vida, como o dia de seu casamento, Kate elabora sua narrativa pessoal através da moda, cuidadosamente, incorporando a orquídea recém-criada à sua própria história romântica – um verdadeiro conto de fadas.

LOOK 29

Uma Obra de Arte

O Vestido Ela pode amar os talentos britânicos, mas provou que seu bom gosto pode se estender à moda internacional ao surgir neste elegante vestido do estilista Prabal Gurung, nascido em Cingapura, durante um jantar oficial oferecido pelo presidente do país, em 11 de setembro de 2012.

O deslumbrante vestido de seda com estampa floral em roxo e creme, da coleção primavera-verão 2012 de Prabal, foi inspirado em uma série de fotografias intitulada "Sensual Flowers" [Flores Sensuais], do renomado artista japonês Nobuyoshi Araki. As imagens foram dispostas simetricamente na frente do vestido, com as estampas espelhadas se encontrando no centro formando um *design* ondulante. O vestido de Kate, na altura do joelho, com um decote *bateau*, mangas três-quartos e zíper embutido, forma uma clássica silhueta estilo *shift*.

Desde o lançamento de sua marca em Nova York, em 2009, Prabal vem colecionando uma longa lista de clientes famosos, incluindo Michelle Obama e Sarah Jessica Parker, mas ele ficou muito animado quando soube que a duquesa de Cambridge estava vestindo uma de suas peças, especialmente no seu país. "Esta é uma honra", declarou ele, "Eu tinha esperança de que ela pudesse usar um dos nossos vestidos, mas isso acontecer enquanto ela está visitando a parte do mundo onde eu nasci e no meio da New York Fashion Week é absolutamente um sonho".

O designer também foi para o Twitter expressar sua alegria, dizendo a seus seguidores como ele estava muito feliz e que "parou alguns estranhos na rua" para mostrar a eles a foto de "Kate Middleton em nosso vestido!"

Os Acessórios Não foi a primeira vez que Kate deixou a ousada escolha de um vestido se destacar, finalizando o visual com acessórios neutros, com os quais já foi vista inúmeras vezes: a *clutch* "Maud", de Anya Hindmarch, os saltos de cetim preto da Prada e o bracelete de diamantes usado anteriormente em um jantar da BAFTA (veja p. 63).

Destaque-se com Estampas Gráficas

Se você estiver indecisa sobre usar uma estampa do tipo "olhem para mim", siga estas dicas para arrasar, usando estampas fortes com toda a elegância clássica de Kate...

Regra principal
Estampas pequenas e intrincadas são melhores para fazer com que você pareça menor, enquanto estampas grandes costumam fazer com que você pareça bem maior do que é.

Mantenha o equilíbrio
Quando usar um vestido com estampa gráfica, prefira acessórios neutros, cabelo simples e maquiagem leve, para evitar que o visual se torne poluído e confuso.

Evidencie o que você quer destacar
Lembre-se, os olhos são sempre atraídos por estampas arrojadas, então, pense com cuidado sobre sua colocação. Se você tem um corpo fino e esguio, escolha roupas com estampas que caiam sobre os quadris e busto, e se você tem mais curvas, procure estampas que chamem a atenção para o centro do vestido.

Seja sensata com as formas
A forma elegante e sofisticada do vestido clássico estilo *shift* de Kate garante que o seu visual fique chique e não exagerado.

122 > O lookbook

LOOK 30

Homenagem de Kate

O Vestido Kate usou outra criação de Jenny Packham, quando ela e William fizeram uma comovente visita ao Memorial de Guerra Kranji, em Cingapura, onde estão exibidos os nomes de mais de 24 mil vítimas que pertenceram à Commonwealth britânica, mortas durante a Segunda Guerra Mundial.

Aos pés do monumento, o casal real depositou uma linda coroa de flores – rosas vermelhas e brancas, orquídeas e lírios –, em nome da rainha e do príncipe Philip, com a seguinte mensagem: "Em memória aos gloriosos mortos, Elizabeth R e Philip".

Adequado para a ocasião solene na qual ela representava a própria rainha, o vestido de Kate tinha uma cor suave e tranquila – o mesmo tom de azul que se destacou na coleção primavera 2011 de Jenny Packham. No entanto, assim como todas as criações de Packham para a duquesa, este gracioso vestido *shift*, com manga três-quartos, botões frontais, sobreposição de rendas, saia plissada, acinturado e na altura do joelho, foi feito sob medida para combinar perfeitamente com o visual personalizado de Kate.

Os Sapatos Pela sobriedade da ocasião, Kate, mais uma vez, optou pelos seus fieis escarpins nude "Sledge", da L.K. Bennett. Ela pode ter sido criticada por usar o mesmo par de sapatos em tantas ocasiões diferentes, mas seu talento para criar *looks* inteligentes em viagens ao exterior depende de peças versáteis que possam ser combinadas. Alguns itens são bem aproveitados como este escarpin – perfeito para uma grande variedade de roupas coloridas.

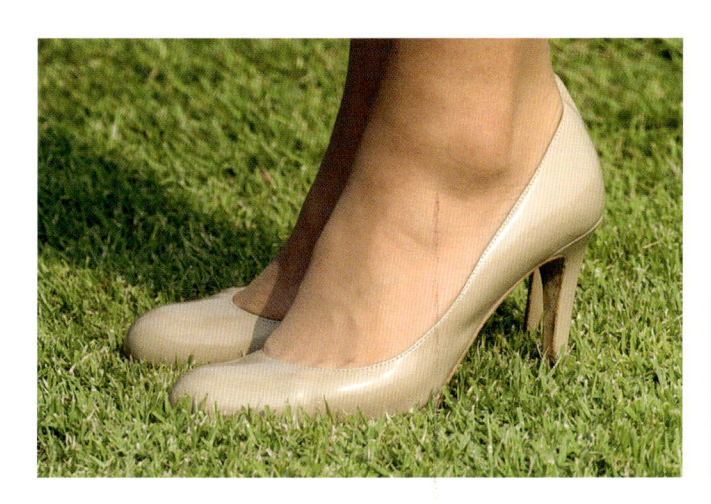

O Guarda-sol Mantendo acessórios mínimos, Kate escolheu um guarda-sol de papel para se proteger do sol do meio-dia. Apesar do típico visual asiático, ela adquiriu o item de uma empresa sediada em East Calder, na Escócia.

A Brolliesgalore pertence à Christine Naysmith e sua mãe Linda, e tem vendido seus produtos pela internet desde 2003. Elas receberam um telefonema surpreendente com um pedido urgente do guarda-sol "Sa", confeccionado em papel e bambu, um pouco antes de Kate partir para o Oriente.

"Eu não pude acreditar quando peguei o telefone e era uma garota da Clarence House, perguntando sobre o guarda-sol", lembra Christine, animadamente. "Ela queria um de cor creme e explicou que era para a duquesa, mas que precisava ser com urgência, porque ela estava de partida para uma viagem, então, tivemos que enviar por correio expresso".

A família teve um choque ainda maior quando sua criação apareceu no noticiário. "Eu estava fazendo chá quando minha filha Christine gritou da sala da frente dizendo que a duquesa estava na TV segurando o nosso guarda-sol", explicou Linda, "Nós começamos a pular de alegria e telefonamos para todos os que trabalham para nós".

A causa de toda esta celebração é um guarda-sol delicado produzido em papel branco com painéis artesanais feitos da casca da amoreira e uma haste de bambu de 60 cm, com uma alça entalhada em madeira sustentável.

Linda em Plissados

Para muitas mulheres, os plissados lembram os uniformes escolares, desprovidos de qualquer charme. Mas as saias plissadas tornaram-se uma das escolhas mais seguras do estilo de Kate. Ela já usou versões de estilistas como Jenny Packham, Alexander McQueen e Jaeger, e, de alguma forma, a sua postura clássica assegura que as pregas se apresentem sempre chiques e sofisticadas. Veja como seguir o exemplo de Kate para esse modelo...

Atenção ao comprimento
Uma saia muito curta fará você parecer uma colegial, e uma muito longa a fará parecer uma samaritana. Kate opta pelo melhor comprimento: sobre os joelhos, ou pouco acima deles.

Linhas suaves
Pregas muito próximas não têm bom caimento e costumam ficar desiguais. Para um efeito mais charmoso, as pregas devem estar niveladas. Se você for curvilínea, não precisa evitar os plissados, no entanto, procure uma saia tipo "sanfona", pois as pregas finas alongam.

Tecidos leves
Pregas feitas em tecido grosso podem adicionar excesso de volume na parte inferior do corpo e tornar seu visual mais rechonchudo. Tecidos mais finos não têm essa rigidez e peso, ao contrário, roçam levemente o corpo, criando uma delicada sensação de leveza.

Proporções perfeitas
Um vestido de cintura alta cheio de pregas, como este da estilista Jenny Packham, adiciona uns 2 cm extras à parte inferior do corpo, mas o volume da saia é equilibrado com o comprimento, criando um efeito alongado das pernas.

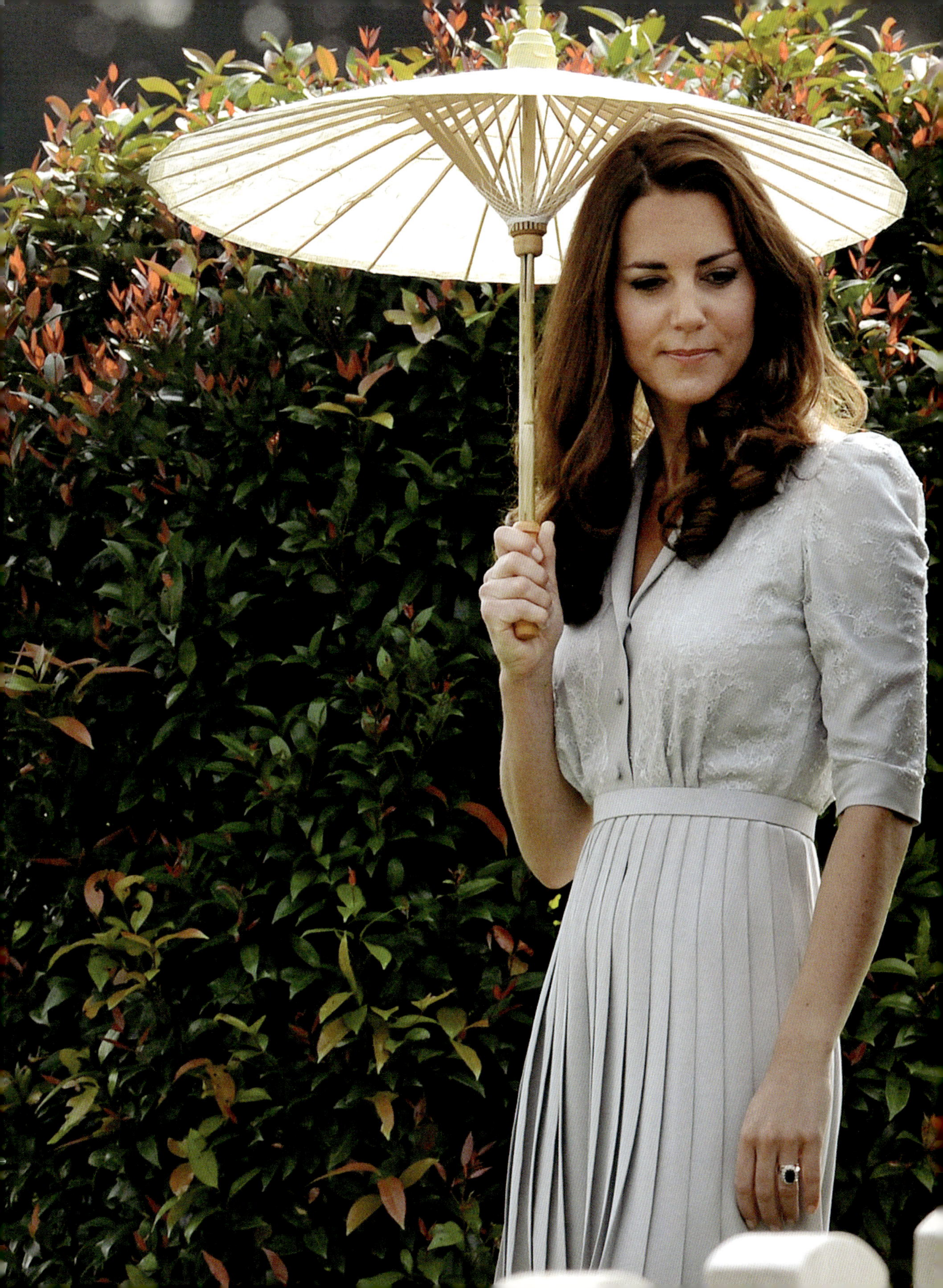

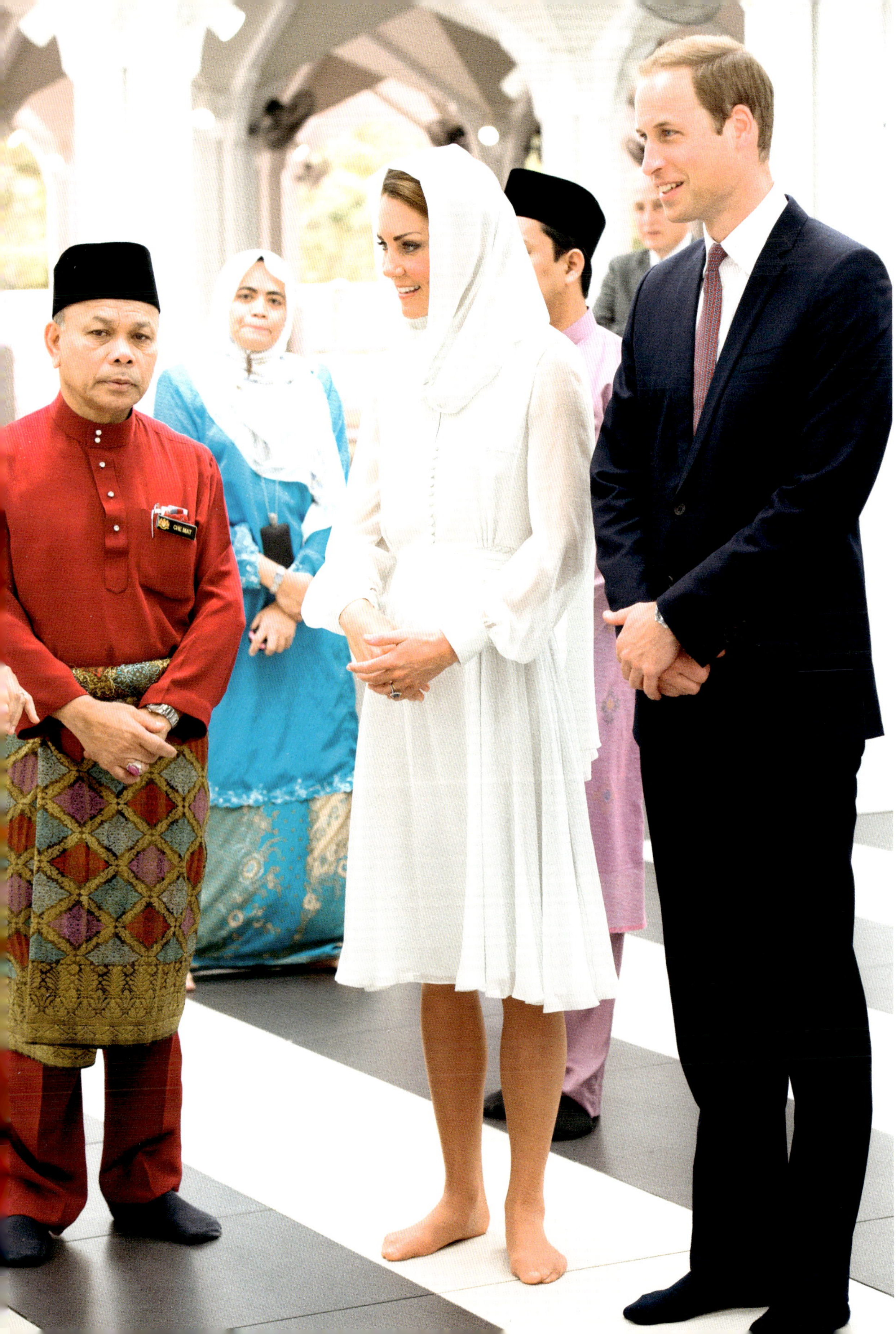
CHE MAT

LOOK 31

Visual Contido e Discreto

O Vestido Escolher um traje apropriado para ir a uma mesquita, com seu rígido código de vestuário, pode fazer com que muitas *fashionistas* pequem no visual, porém, Kate surgiu perfeita e serena neste belo vestido menta pálido "Sabitri", da Beulah London, quando ela e o príncipe William visitaram a mesquita As Syakirin, em Kuala Lumpur, em 14 de setembro de 2012.

    A duquesa certamente tomou muito cuidado com a escolha da roupa para esta ocasião cultural tão delicada e optou por esta combinação respeitosa, porém maravilhosa, de chiffon de seda. Ao manter a cabeça e os braços cobertos e usar um comprimento abaixo do joelho, Kate demonstrou respeito às leis religiosas islâmicas, embora o vestido ainda mantivesse a silhueta delineada. Recatado, mas distintamente feminino, o traje de tons suaves combinou perfeitamente com seus cabelos castanhos.

    Comentaristas da realeza logo apontaram que o vestido estava bastante apropriado e evocou memórias da princesa Diana que, de forma semelhante, era uma grande conhecedora de moda e provou isso em diversas visitas reais a mesquitas. A princesa de Gales, inclusive, apareceu com uma roupa muito semelhante à de Kate ao visitar uma mesquita no Egito, em 1992.

    A duquesa já havia escolhido peças da Beulah London em outras ocasiões, como, por exemplo, o vestido "Blossom" com estampa nas cores coral e branca, usado no casamento de um amigo de Somerset, em junho de 2012. O vestido "Sabitri", usado na mesquita, na verdade, é uma versão do "Blossom", feita sob medida, com corte igual.

    Fundada em 2011, a grife Beulah London pertence a uma amiga do casal real, Lady Natasha Rufus Isaacs. Dedicada à justiça social, ela emprega vítimas indianas de tráfico humano na fabricação de roupas e acessórios.

    A marca já conquistou muitas clientes poderosas, como Kate Moss, Sienna Miller, Sarah Jessica Parker e Demi Moore. Entretanto, esta foi a ocasião de maior destaque pelo fato de Kate ter sido muito fotografada. Na manhã seguinte à visita, a Beulah London foi invadida com pedidos de mulheres do mundo todo, desesperadas para se apoderar de uma versão do modelo. Apenas Kate poderia transformar o que era para ser uma discreta visita diplomática em um frenesi de moda, sem o menor esforço.

A Bolsa A simples e adorada *clutch* bege de Kate, "Natalie", da L.K. Bennet, surgiu regularmente na turnê real do Canadá, em 2011, e continuou a ser uma de suas opções mais versáteis.

Os Sapatos Com este vestido claro, Kate usou seu querido escarpim nude "Sledge", da L.K. Bennett, mas, seguindo as práticas islâmicas, ela retirou os sapatos ao entrar na mesquita, revelando as meias cor da pele. Sempre uma boa observadora dos detalhes importantes, as unhas dos pés não foram pintadas, pois é considerado impróprio para uma mulher usar esmalte ao entrar em uma mesquita.

Seja Ousada com Suas Sobrancelhas

Usar o véu foi, naturalmente, parte do código de conduta na mesquita, mas, nesta ocasião em especial, a atenção ficou voltada ainda mais para o rosto de Kate e sua maquiagem. Uma das características evidenciadas foram suas sobrancelhas, perfeitamente delineadas. De fato, sobrancelhas em linha reta, bem definidas, tornaram-se uma espécie de marca registrada no visual da duquesa e ela recebeu os créditos pela criação de uma nova tendência, com formas mais espessas, contrárias aos estilos mais finos ou em arco. Veja como você também pode ficar mais expressiva, através de suas sobrancelhas...

Defina um bom contorno
As sobrancelhas devem iniciar alinhadas com o canto interno do olho. Para saber onde devem terminar, mantenha o rosto voltado para a frente e coloque um pincel em um ângulo diagonal começando da base do nariz; ele vai passar rente ao canto exterior do olho e indicar onde a sobrancelha deve terminar.

Truque de beleza
Dizem que a arma secreta de Kate é a sombra Bobbi Brown, na cor "Sable". Use um pincel de sombra inclinado e aplique uma sombra dois tons mais escuros do que o seu cabelo para preencher eventuais lacunas nas suas sobrancelhas.

Experimente tingir, mas só com profissionais
Tingir as sobrancelhas em um salão de beleza é uma ótima forma de estabelecer um estilo definido.

Evite excessos
As sobrancelhas de Kate não têm um fio sequer fora do lugar. Use uma escovinha própria ou uma escova de rímel limpa para "pentear" os fios indisciplinados, e depois passe vaselina para mantê-los no lugar.

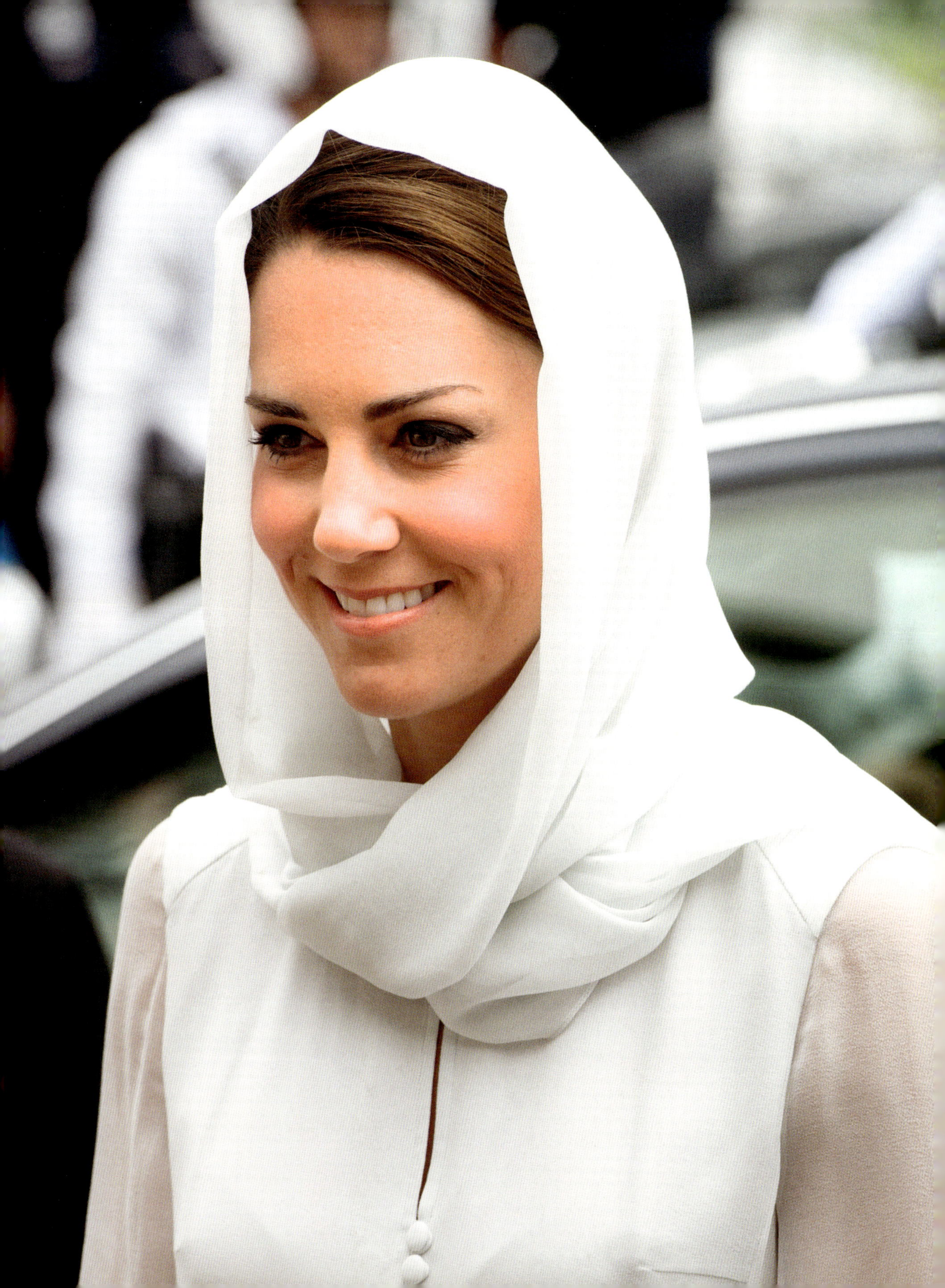

LOOK 32

Maravilhosa Malásia

O Vestido Literalmente brilhante, Kate estava encantadora neste longo branco e dourado, da grife Alexander McQueen, ao comparecer no luxuoso jantar oferecido pelo chefe de Estado da Malásia, o sultão Abdul Halim de Kedah, no opulento palácio Istana Negara, em Kuala Lumpur.

O vestido mantinha um corpete justo com saia godê, que fluía a partir da linha da cintura, todo bordado com fios de ouro, com exceção do busto. O decote causou alguns murmúrios quanto à sua adequação em um país conservador, no entanto, Kate estava com os ombros cobertos e a saia estendia-se até o chão, de acordo com o protocolo local.

Como sempre acontece nos trajes exclusivos feitos para a duquesa, nesta criação há muito mais do que se pode perceber à primeira vista: espalhados pelo tecido, os bordados em fios de ouro eram hibiscos, flor oficial da Malásia – um detalhe sutil e significativo que mostra, mais uma vez, a habilidade de Kate para homenagear o país anfitrião através da escolha de sua roupa.

As Joias Kate combinou a cor e o motivo dos bordados em seu vestido com joias douradas em forma de folha. Os brincos "Double Leaf" e a pulseira "Spread Your Wings (Scale)" são da *designer* Catherine Zoraida, conhecida por suas peças primorosamente artesanais. Nascida na Colômbia, mas criada na Escócia, Zoraida diz que combina as influências de ambos os países em seus *designs* inspirados na natureza. Com detalhes de penas hachuradas, as peças são de prata folheada a ouro e foram feitas à mão na Inglaterra.

A duquesa escolheu as peças no site myflashtrash.com, uma joalheria virtual criada pela estrela de TV Amber Atherton, do programa de TV *Made in Chelsea*. A relações públicas da empresa, Abbey Keys, comentou: "Como Kate não pode aceitar presentes, para os nossos *designers*

é um sentimento muito bom saber que ela escolheu estas peças porque genuinamente gosta delas, e não porque tem a obrigação de usá-las".

A Bolsa A *clutch* que Kate carregou já foi usada em muitos eventos formais, um modelo que sua irmã Pippa também possui. A bolsa dourada, com fecho de broche incrustado de pedras preciosas, é da Wilbur & Gussie – marca criada pelas amigas de infância Brett Tyne e Lucy Lyons. "Wilbur e Gussie eram nossos animais de estimação e, portanto, faziam parte de nossa infância", informaram as duas. "Arranjar um nome para o nosso negócio provou ser uma tarefa nada fácil, até que surgiu a ideia de incorporar os seus nomes: o gato mestiço Wilbur reflete aquilo que temos de elegante e refinado, e Gussie, o cão determinado da raça Westie, reflete o que há de forte e, ocasionalmente, excêntrico."

O interesse pela *clutch* "Charlie" disparou quando a duquesa de Cambridge foi fotografada carregando o acessório, até então relativamente desconhecido. A bolsa também possui o nome de um animal de estimação – um gato azul birmanês. "Ele é algo de parar o trânsito, por sua impressionante aparência, mas não busca chamar a atenção", explicaram. "Ele é muito confiante, divertido e bonito".

Os Sapatos Aparecendo muito sutilmente na base do vestido estavam as sandálias douradas "Dart Glitter", da marca Jimmy Choo. Mesmo escondidas, elas ajudaram a equilibrar as proporções do modelo longo, graças aos saltos meia pata – a combinação de saltos altos com plataforma –, que deram à duquesa a altura necessária para ostentar um vestido com um *design* tão esvoaçante.

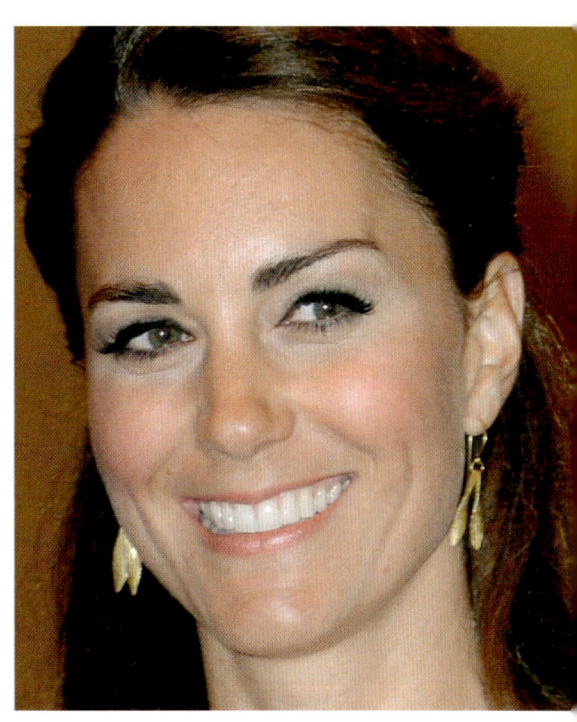

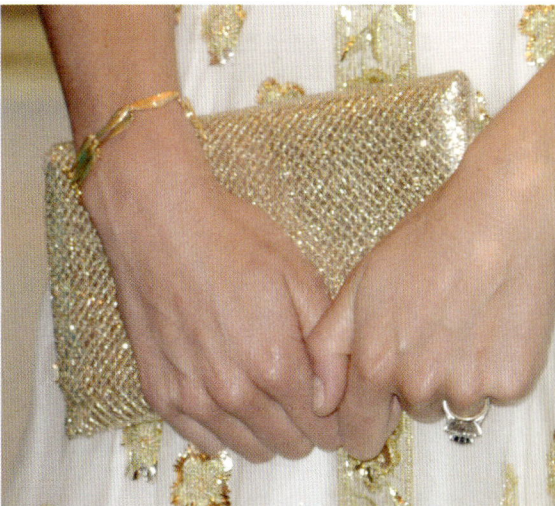

Escolha um Vestido Deslumbrante

Os olhares do mundo *fashion* estão sempre voltados para Kate – mesmo quando ela veste apenas um jeans e um suéter. No entanto, ela sabe como fazer o possível e o impossível para impressionar a todos em um evento mais formal. Veja como ela faz isso...

Saia da zona de conforto
Kate geralmente usa vestidos estilo *shift* para eventos formais, com um caimento natural e acinturados. Quando ela decide usar vestidos longos estilo império, por ser algo tão diferente das suas escolhas usuais, ela sabe que as línguas vão falar, porém, pelas razões certas.

Opte pelo dourado
Atraia o *glamour* dos holofotes com o uso de dourados. Eles reluzem e brilham nas luzes da noite e imediatamente adicionam um ar de espetáculo e brilho ao traje.

Crie uma silhueta que impressione
Seja em um esvoaçante vestido de gala ou com uma elaborada manga boca de sino, crie uma silhueta marcante para garantir que você se destaque da multidão e tenha um visual impressionante nas fotografias.

Explore a proporção
O corte godê do vestido de Kate fez parecer como se ela tivesse pernas que, literalmente, se estendessem até as axilas! Uma grande ocasião como esta é a oportunidade perfeita para mostrar seus melhores dotes.

NA PÁGINA SEGUINTE:

Houve rumores de que a duquesa de Cambridge usaria uma tiara para o jantar oficial no palácio Istana Negara, em Kuala Lumpur, mas ela preferiu manter as coisas simples. Seus cabelos castanhos foram parcialmente puxados e levemente torcidos na parte de trás, sobre as madeixas onduladas caindo em cascata.

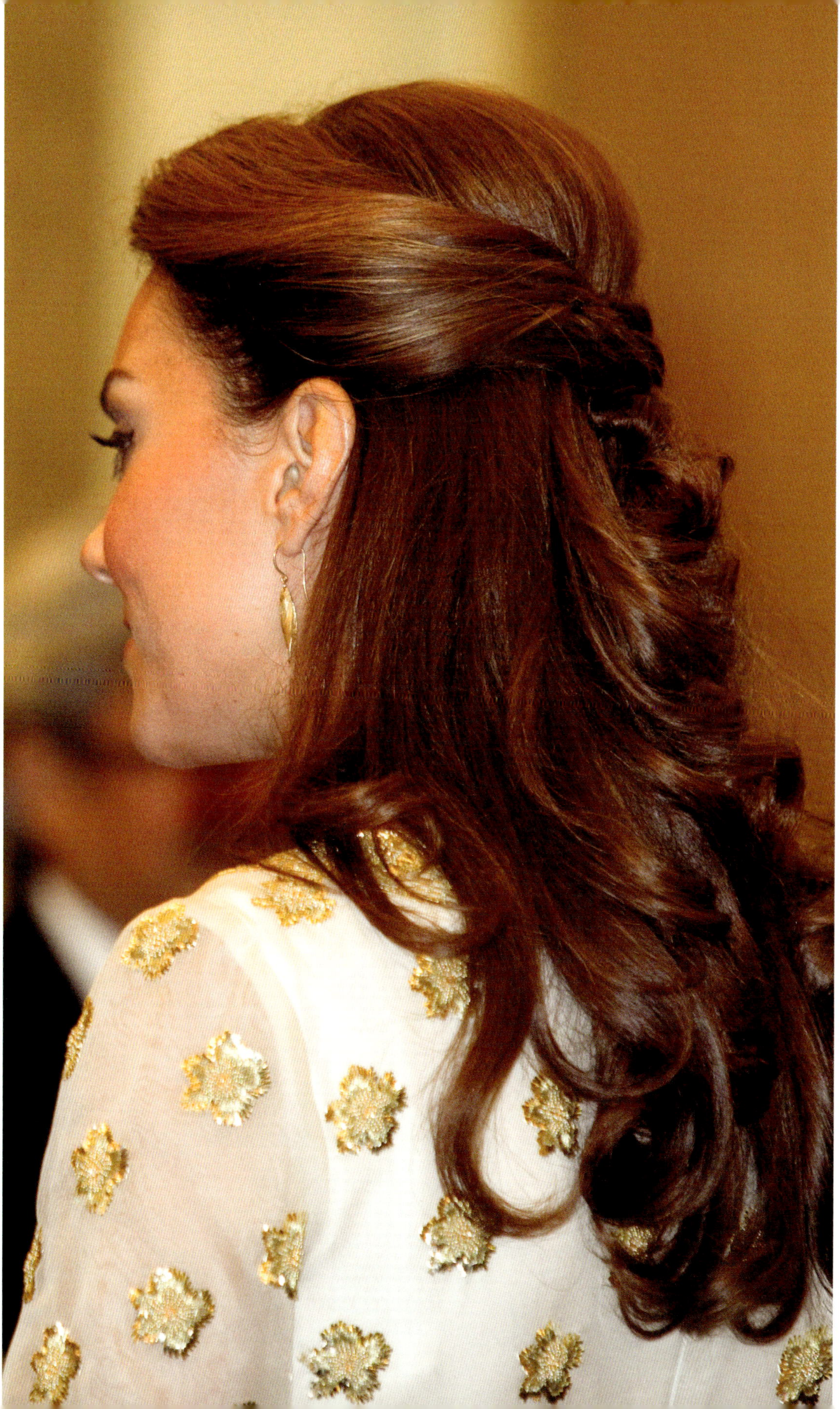

LOOK 33

Simples e Graciosa

O Vestido Quando participou do chá em comemoração ao Jubileu de Diamante da rainha na residência do Alto Comissário britânico, em Kuala Lumpur, em 14 de setembro de 2012, Kate optou por este encantador vestido azul-claro com sobreposição de renda branca, criado por uma de suas estilistas britânicas favoritas, Alice Temperley. Renda, claro, é a escolha perfeita para o chá da tarde, e Kate parecia extremamente chique neste vestido, apesar de o evento ter marcado um dos dias mais difíceis para a duquesa de Cambridge, desde que ela se tornou uma figura pública. Naquela manhã, ela havia sido informada de que as imagens não autorizadas de seu banho de sol com topless durante as suas férias tinham sido publicadas pela revista francesa *Closer*. Mas mesmo esse escândalo emergente não impediu que Kate se mantivesse calma e elegante, sorrindo encantadoramente para os fotógrafos que a esperavam.

O vestido na altura do joelho com mangas três-quartos em renda transparente forrada, com decote canoa e saia levemente godê é uma versão do "Aster Flower Dress" da coleção outono-inverno 2012 da Temperley London. O vestido original era em seda preta com uma cobertura dourada, mas a estilista criou uma versão em azul-claro e branco especialmente para Kate, pois a cor era mais adequada para o clima tropical de sua viagem oficial ao sudoeste da Ásia e Pacífico Sul.

Alice Temperley tem visto seus modelos sendo usado por Kate e também por Pippa Middleton, e esse impulso é reconhecido pela estilista. "Reconhecimento é bom para qualquer marca", ela admitiu. "Elas são meninas maravilhosas para vestir e encantadoras para se estar perto, então, acho que é tudo muito lisonjeiro".

A estilista, nascida em Somerset, também declarou: "Ela tem sido brilhante para a moda britânica e excelente para toda a economia. Não há uma só pessoa que exerça um efeito como a Kate. Ela trouxe reconhecimento para a moda britânica. Ela é um sopro de ar fresco e tem incentivado as pessoas a experimentarem e combinarem a alta moda com moda de rua. E é uma garota formidável também".

Os Grampos Kate prendeu seu cabelo em um coque trançado elaborado e decorado com grampos de pérolas. O estilo era outro ato de consideração para com a cultura do país anfitrião, pois as mulheres malaias frequentemente usam grampos de pérolas em seus cabelos, especialmente em casamentos.

Os Sapados Mais uma vez, os pés de Kate calçaram seu fiel escarpim nude "Sledge", da L.K. Bennett.

Os Brincos Os brincos da duquesa – criados por um *designer* desconhecido –, são compostos por uma linha com cinco diamantes que suspende uma gota de pedra azul rodeada de mais diamantes.

ACIMA: Como podemos ver, Kate, que prefere fazer a própria maquiagem, tornou-se uma especialista em definir os olhos. Um de seus segredos é que muitas vezes ela usa rímel azul-marinho ou marrom-escuro em vez de preto, para criar uma aparência mais suave. Ela também nunca foi vista sem delineador, e normalmente contorna o olho todo, mas, novamente, para evitar um acabamento muito duro, ela tende a escolher cinza-carvão ou marrom-escuro em vez de preto.

136 > O lookbook

Saiba Usar Renda

Kate é uma grande fã dos *designs* com renda. Na verdade, desde que ela escolheu um vestido de noiva com renda francesa Chantilly e renda inglesa Cluny, a duquesa tem recorrido ao tecido para muitas outras aparições públicas. Se uma coleção de um dos estilistas favoritos de Kate, de Erdem a Temperley, apresentar um vestido de renda, pode ter certeza que ela vai adquirir uma versão. Mas esse ainda pode ser um tecido complicado de vestir bem, então, veja aqui como garantir que você tenha um visual elegante e refinado com a renda...

Combinação de renda com alta-costura
Formatos definidos e bem cortados são o contraponto perfeito para a delicadeza da renda. Manter as bordas suaves, como no vestido de Sarah Burton para a McQueen do Look 23 (veja p. 100), impede que a renda pareça brega ou deselegante.

Experimente com cores
A natureza delicada da renda significa que você pode usá-la nas cores que encontrar, especialmente se houver um forro de tecido contrastante ou de um tom mais profundo.

Não deslize
A renda cria um efeito sutilmente sexy. Mantenha o visual elegante, assegurando-se de usar uma roupa íntima que não marque o tecido. Uma marca visível de lingerie é muito deselegante!

Nada de exagero
Uma das peças em renda é o bastante! Combinar um vestido de renda com um xale de rendas, luvas ou outros acessórios é simplesmente um exagero.

Deixe as camadas inferiores brilharem
Experimente sobrepor cores diferentes com um top de renda ou um vestido para criar roupas completamente diferentes. Tons pastel, como neste vestido criado por Temperley, remetem à uma natureza bonita e romântica, enquanto tecidos com cores brilhantes por baixo podem criar um efeito mais dramático, gótico.

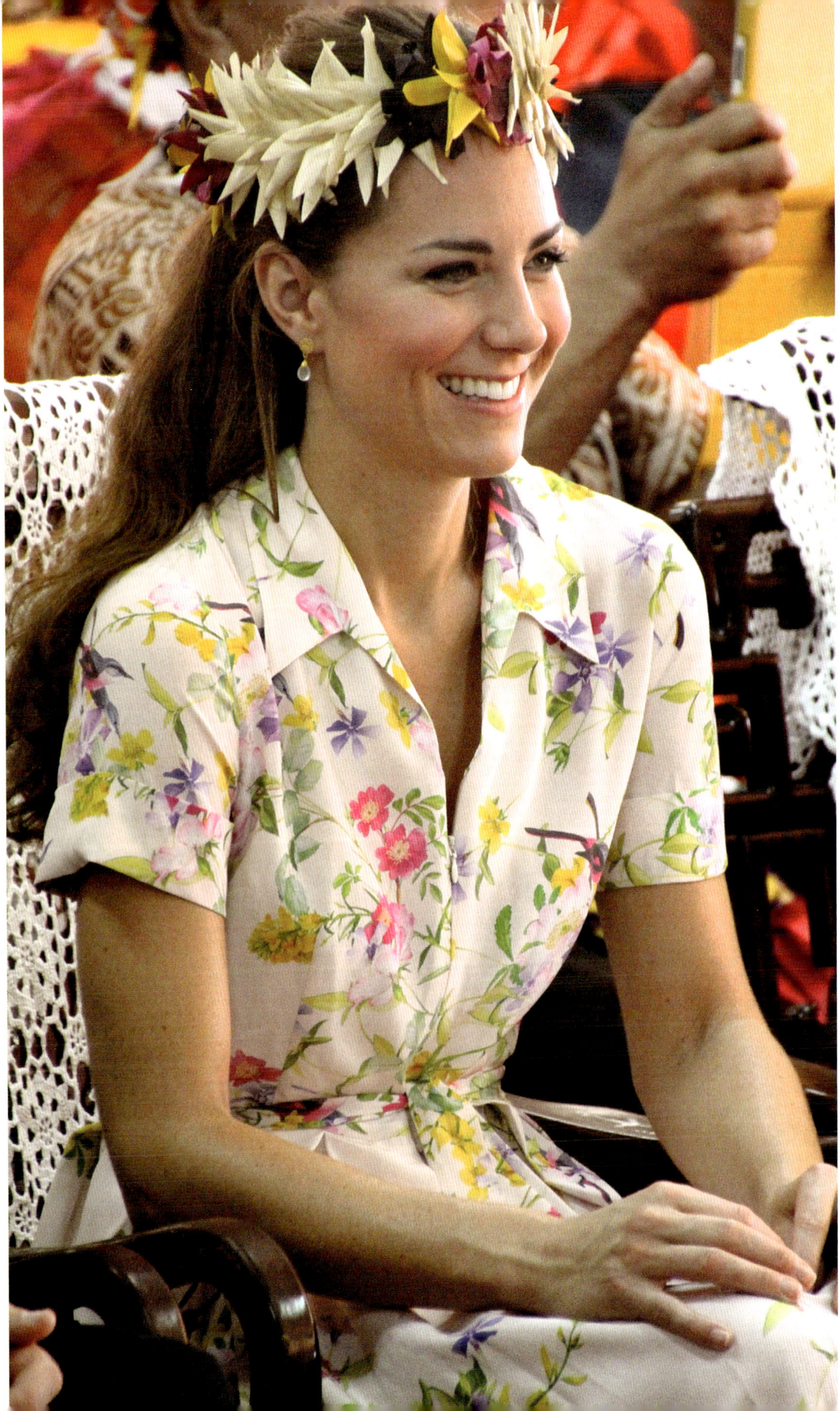

LOOK 34

Aceno à Moda Australiana

O Vestido Certamente não é coincidência que a primeira vez que Kate pisou em solo australiano foi também a primeira vez que ela usou uma peça da Project D. Embora a marca esteja radicada em Londres, a mais famosa da dupla de estilistas por trás da marca é a *popstar* australiana Dannii Minogue, que criou a marca com a melhor amiga, Tabitha Somerset Webb, em 2010. Em poucos anos, a Project D ganhou popularidade por sua gama de lindos modelos, incluindo vestidos chiques e glamourosos no melhor estilo tapete vermelho para a noite e elegantes e charmosas opções para o dia.

Kate usou o vestido floral "Penelope", da coleção primavera-verão 2012 da Project D, que apresenta gola dobrada, mangas curtas com punhos, saia com pregas largas na altura do joelho, um cinto formado por uma tira do mesmo tecido e fecho frontal de zíper invisível. O corte simples e elegante foi confeccionado em crepe de seda, tornando-o adequado para o clima da ilha de Tuvalu, na Polinésia, de onde o casal decolou, assim como o de Brisbane, na Austrália, onde desembarcaram.

A irmã de Kate, Pippa, já havia usado um vestido da Project D, o "Phoebe Bluebird Peplum", em julho do mesmo ano, para assistir a uma partida de tênis em Wimbledom, mas quando a duquesa foi vista usando o vestido "Penelope", a marca de pequeno porte, com uma equipe de apenas 11 pessoas, virou notícia de primeira página.

"Eu tinha acabado de embarcar para a Austrália, prestes a desligar o celular, quando recebi uma mensagem dizendo que Kate estava usando um dos meus vestidos", conta Dannii Minogue. "No momento, temos somente quatro unidades do modelo em nosso estoque".

O fato de Kate ter escolhido um dos vestidos mais femininos e descontraídos de sua marca foi uma vitória pessoal para Minogue, que em março havia confessado aos jornalistas: "Não tem, provavelmente, uma marca na cidade que não queira vestir a duquesa de Cambridge: ela é um ícone e uma garota linda, e se algum dia ela escolher usar uma roupa da Project D, ficaremos incrivelmente orgulhosos".

Os Sapatos Durante a viagem de volta para o Reino Unido, em 19 de setembro de 2012, o casal real teve uma escala de duas horas no aeroporto de Brisbane, na Austrália, mas Kate certamente sentia-se bem confortável, com seus escarpins nude "Sledge", da marca L.K. Bennett.

Os Brincos Kate também escolheu a ocasião para exibir um novo par de brincos de ouro com uma gota de amazonite azul-claro – mais uma descoberta incrível da duquesa. A marca, chamada Azuni, está disponível na loja de departamentos John Lewis.

O criador da Azuni, Ashley Marshall, na verdade, começou sua carreira como *chef*, trabalhando em algumas das grandes cozinhas de Londres, como o Hotel Dorchester, The Ivy e Le Caprice, antes de viver na América do sul, onde captou a influência cultural claramente vista em seu trabalho. Marshall gosta de experimentar texturas inusitadas e pedras semipreciosas para criar joias que se situam, segundo ele, "entre dois mundos", como estes brincos com um toque de antiguidade.

À ESQUERDA E NA PÁGINA SEGUINTE: Na saída de Tuvalu, ilha da Polinésia, antes de serem carregados para o avião em um trono sustentado por nativos, escoltados por dançarinos vestidos com trajes típicos coloridos, Kate e William foram presenteados com as tradicionais guirlandas de flores na cabeça. Como sempre, Kate antecipa a honra, usando um vestido de seda com estampa floral da Project D, que complementa perfeitamente a "coroa" de flores, conhecida localmente como *fou*.

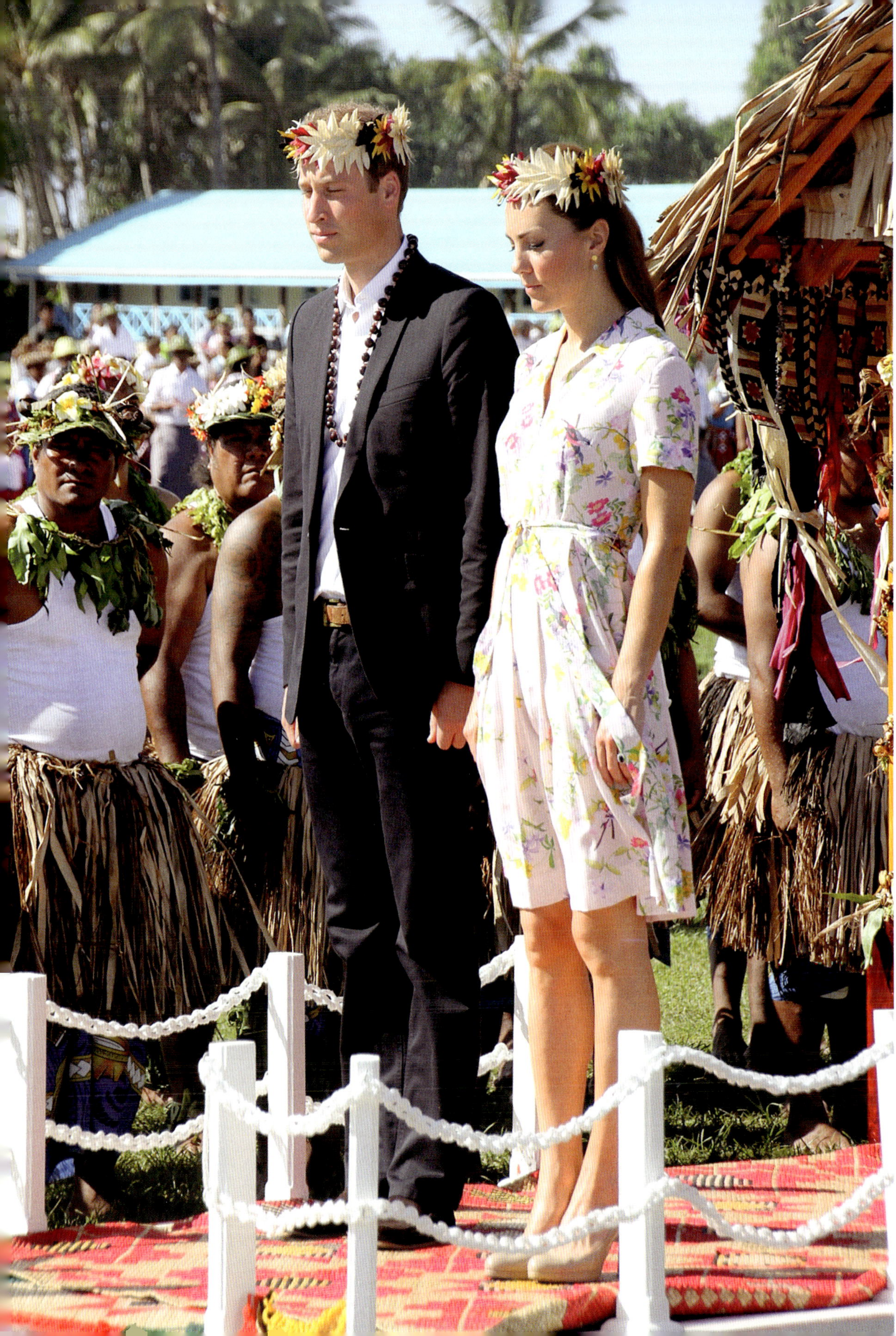

Escolha os Estilistas Certos

Kate pode até admirar a marca Project D, de Dannii Minogue, mas ela é exigente com os estilistas que recebem o selo real de aprovação. Veja como ela sempre toma a decisão correta...

Escolha por você mesma

Recentemente, Kate devolveu uma coleção de roupas concebidas pelas famosas irmãs Kardashian para as lojas Dorothy Perkins. A representante da duquesa observou à época: "Em termos gerais, a conduta do duque e da duquesa de Cambridge não permite que eles aceitem nenhum presente que não seja solicitado, a menos que o remetente seja conhecido pessoalmente. Tais ofertas são devolvidas ao remetente com agradecimentos e a explicação da política de suas altezas reais".

Mantenha seu estilo próprio

Embora a duquesa não possa aceitar presentes, se houvesse alguma peça na coleção Kardashian que tivesse lhe interessado, ela provavelmente teria comprado. Mas a coleção excessivamente ousada, com várias estampas de animais – que Perkins chamou de *glamour* do tapete vermelho "olhe pra mim" das Kardashians – está longe do estilo clássico de Kate.

Experimente antes de comprar

Admirar o estilo pessoal de uma celebridade não significa que suas roupas vão cair bem em você. Kate pediu que lhe fosse enviada uma seleção da coleção primavera-verão 2011 de Victoria Beckham, defendida por muitas celebridades de Hollywood como sendo um sucesso. No entanto, até hoje, ela nunca foi vista usando uma peça desta coleção, deduzindo-se, portanto, que depois de provar os modelos, ela concluiu que simplesmente não lhe caíram bem.

LOOK 35

Aquecida com Classe

O Casaco Para a abertura do Parque St George, o novo Centro Nacional de Futebol de Staffordshire, em 9 de outubro de 2012, Kate usou o casaco verde-oliva "Angel Fit and Flare", de uma das suas marcas favoritas, a Reiss.

O casaco de lã da coleção outono-inverno 2010 da Reiss se alinhou perfeitamente com o *look* de Kate: alta-costura elegante, com cortes acinturados que descem em uma abertura levemente godê, na altura do joelho, punhos largos, um fecho embutido na frente e uma gola funil que pode ser virada para cima (como Kate fez) ou dobrada para baixo.

A primeira boutique Reiss foi aberta em 1971 e nos anos mais recentes conquistou a reputação de oferecer *designs* diferenciados, especialmente populares entre os jovens, com profissionais locais que procuram fazer uma moda inteligente, acessível e com um pouco do estilo de passarela. A marca foi uma das poucas varejistas britânicas a ingressar no mercado americano depois de abrir sua primeira loja em Greenwich Village, Nova York, em 2005.

Kate comprou seu casaco na ponta de estoque da marca, que vende as peças excedentes de coleções passadas por preços mais baratos, e está localizada no shopping aberto Bicester Village, em Oxfordshire. Mantendo o estilo de sempre – aproveitando ao máximo as peças de que mais gosta –, ela já o havia usado anteriormente no Natal de 2011, a caminho da igreja com as princesas Beatrice e Eugenie, em Sandringham.

O Cinto Kate assegurou que seu simples casaco ficasse suficientemente elegante para a ocasião adicionando um cinto largo que afinou o modelo, acinturando sua silhueta. O acessório preto, cujo padrão imita o couro de crocodilo, é o *mock-croc* "Betony", também da Reiss, da coleção 2009. Misturando e combinando peças de diversas estações, Kate mostra outro aspecto de seu olhar *fashion* aguçado, criando *looks* atemporais e usando suas peças favoritas em vez de seguir cegamente as atuais tendências da temporada.

As Botas Para o evento ao ar livre, Kate escolheu as botas "Rhumba", da Aquatalia – combinadas com uma grossa meia-calça preta. Não é aconselhável usar salto na grama, mas o salto baixo não lhe causou problemas. Embora a camurça impermeável e o solado de borracha antiderrapante provaram ser adequados para uma inspeção do campo, a esportiva Kate brincou com o membro do parlamento da região de Burton, Andrew Griffiths sobre usar algo mais apropriado. Ao ser convidada pelo parlamentar para participar do jogo, Kate prontamente perguntou: "Você tem um par de chuteiras para me emprestar?"

Os Cinco Cintos que Toda Mulher Precisa Ter

Kate é uma fã de cintos e tem uma coleção de clássicos que ela usa para alterar muitas roupas diferentes. Mas, com apenas alguns cintos à disposição, você pode mudar o *look* de vestidos simples, casacos e combinações de blusa e saia. Veja os tipos essenciais que você deve ter...

O cinto fino
Perfeito para atrair os olhos para o ponto mais estreito do corpo, o cinto fino é adequado para usar com tecidos delicados, como rendas ou malhas finas. Ele também é bem versátil, pois pode ser usado logo abaixo da linha do busto, na cintura, nos quadris ou através dos passantes em calças ou saias.

O cinto largo
Este cinto vai adicionar uma alteração radical em quase toda roupa. Opte por um que seja tão largo quanto sua cintura permite, e use-o sobre malhas grossas ou até mesmo sobre casacos, como Kate faz, para ajustar tecidos pesados e manter a silhueta feminina. Os cintos largos podem acentuar a cintura, aumentar as curvas ou esconder saliências indesejáveis.

O cinto texturizado
Adicione contraste e torne mais interessantes os tecidos lisos com um cinto texturizado ou brilhante, como o falso couro de crocodilo *mock-croc* "Betony" visto aqui.

O fabuloso cinto colorido
Para alegrar um pouco um vestido básico preto ou adicionar um detalhe sutil e elegante aos tecidos coloridos, escolha um cinto de cor viva. O cinto pode tonalizar com outras peças de roupa ou contrastar com elas – fica à sua escolha. Kate muitas vezes combina um volumoso cinto vermelho verniz com um casaco também vermelho, da Reiss, criando um visual maravilhoso.

O cinto elástico
Usado na cintura, este cinto aperta e lhe dá curvas, mesmo se você não as tiver (e, se você as tiver, ajuda a controlá-las), criando um efeito ampulheta clássico. Para um *look* diferente, você também pode usar um cinto elástico abaixo dos quadris.

Os Brincos Os brincos de Kate usados nesta ocasião são muito parecidos em *design* ao seus brincos prediletos, de citrino e diamantes de Kiki McDonough, que alguns dizem ter sido um presente de Natal de William. Observadores da moda suspeitam que a duquesa amou tanto seu primeiro par de brincos que ela encomendou um parecido à McDonough, para ter uma opção de outra cor.

LOOK 36

Um Pretinho Nada Básico

O Vestido Kate mais uma vez levou medalha de ouro por seu estilo, ao usar este maravilhoso vestido na recepção para os medalhistas olímpicos e paraolímpicos da Grã-Bretanha, oferecida por sua majestade, a rainha, no Palácio de Buckingham, em 23 de outubro de 2012. Os atletas presentes usavam os ternos pretos oficiais olímpicos, adornados com suas medalhas, e Kate selecionou meticulosamente um vestido com as cores correspondentes.

A duquesa escolheu um vestido preto sobreposto com um tule ricamente bordado com um padrão floral, criado por uma de suas estilistas preferidas, Alice Temperley. O modelo feito exclusivamente para a duquesa frustrou os fãs que ficaram boquiabertos ao saber que tratava-se apenas de um "toque" dado a um estilo muito usado: o preto básico. Críticos de moda pensaram que o ponto de partida para a peça fosse o "Esmeralda" da coleção Temperley London, com o detalhamento de tule e mangas em formato de sino com babados, semelhantes em forma e estilo. No entanto, o que ela acrescentou à uma base simples foram fios de ouro, marfim e rosa, em um bordado floral, com aplicações sobre o decote, acrescidos de um item que é a marca registrada de Kate: um laço de cetim na cintura.

Alice Temperley falou sobre como se sente em ser uma das estilistas favoritas das irmãs Middleton: "Estou lisonjeada", disse ela. "Elas são muito humildes, são as pessoas mais realistas que eu já conheci. Elas são completamente fáceis e maravilhosas de se trabalhar, e ficam lindas com as roupas. Elas sabem exatamente o que querem. Quando eu comecei a vesti-las, não tinha ideia de qual seria a reação do mundo", acrescentou. "Eu espero que elas obtenham sempre o apoio que merecem, porque são realmente boas meninas."

Os Sapatos A duquesa optou pelo escarpim "Cosmic" da marca Jimmy Choo – um sapato clássico com estilo, que foi diferenciado com a adição de uma sola meia pata – uma plataforma na parte da frente, sob a região dos dedos dos pés, dando a aparência moderna a uma sapato tradicional.

O Bracelete Kate usou seu bracelete de diamantes com *design* floral, para a recepção real. Esta é uma de suas joias favoritas, que muitas vezes adornou seu pulso em ocasiões requintadas. Acredita-se que o bracelete tenha sido um presente de William, e que talvez tenha pertencido à sua mãe, a princesa Diana.

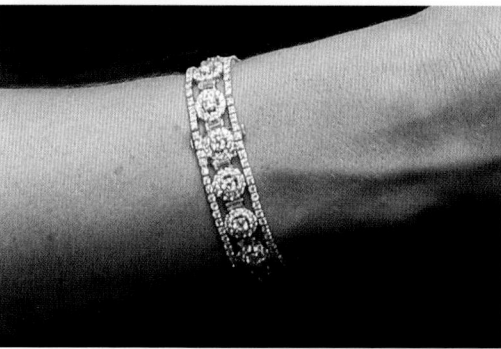

Personalize o Seu Look

O vestido Temperley de Kate era coberto por um tule ricamente bordado com flores, tornando-o exclusivo. Mesmo sem conhecer pessoalmente nenhum estilista, você pode criar uma peça semelhante a esta com um pouco de esclarecimento sobre costura...

Seja criativa e customize
Se você é perita com linha e agulha, compre um corte de tule e seja criativa. No entanto, se está menos inclinada artisticamente, a maioria das lojas especializadas mantém um estoque de tecidos bordados. Escolha um que você goste e aplique o tecido nas mangas e bainhas de um vestido liso para adicionar um toque de charme.

Faça um cinto
Com um simples pedaço de fita de cetim, você pode adicionar um detalhe à cintura de um vestido (um dos itens principais do estilo de Kate). Basta passar a fita em torno da cintura e dar um laço.

Use o recurso da discrição
Ao adicionar uma pala bordada no decote de seu vestido, Kate o transformou em um modelo recatado, adequado para uma duquesa comparecer a uma recepção real. Você pode fazer o mesmo, simplesmente comprando um pedaço de tule ou de renda da mesma cor do vestido e costurando-o no lugar sobre o decote ou sobre os braços.

O toque dos botões
Um jeito fácil de dar um toque personalizado a uma roupa é substituir os botões. As lojas de armarinhos estão repletas de botões interessantes, então busque algumas opções diferentes.

Adicione uma pitada de tecido contrastante
Customize uma camisa de gola polo ou um cardigã, aplicando uma tira de *tweed* ou couro (talvez usando tecidos de roupas antigas, sem uso) logo acima do busto ou na cintura. Você pode também tentar costurar pedaços ovais de couro ou veludo nos cotovelos de um pulôver ou blazer. É um toque de *designer* muito funcional para peças cansadas.

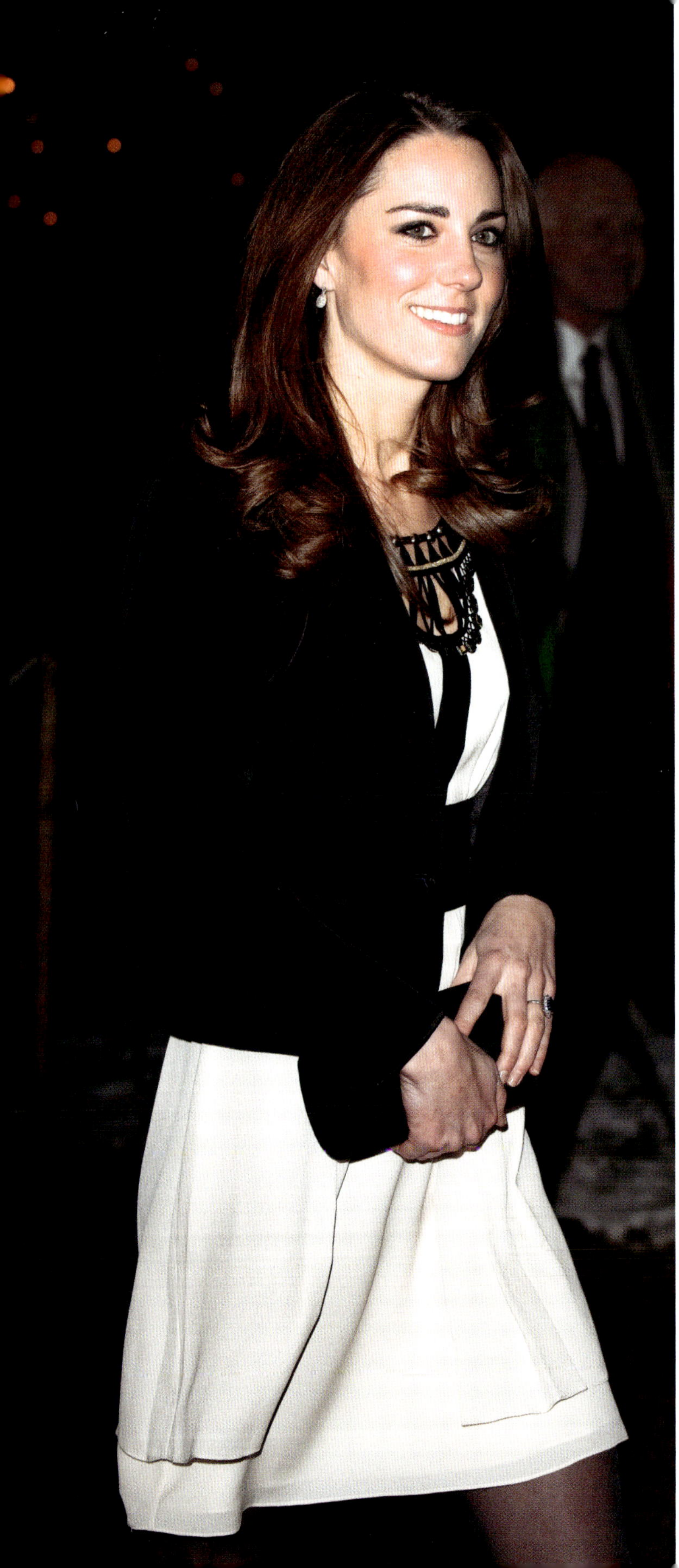
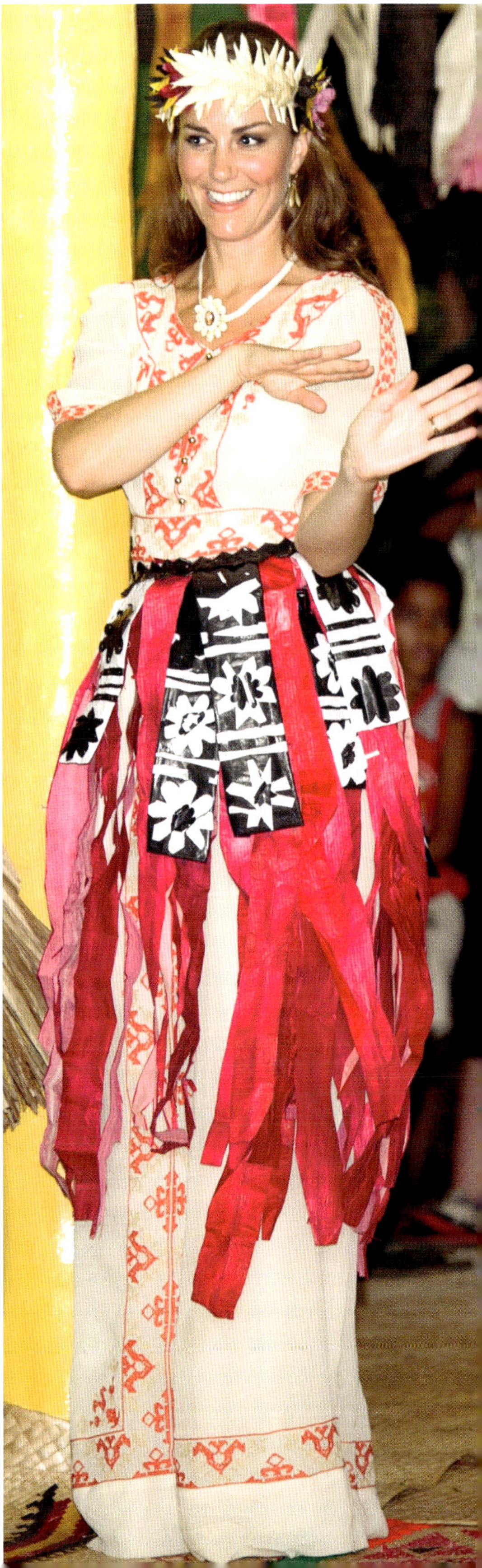

NA PÁGINA ANTERIOR, À ESQUERDA: Kate usou um *blazer* de veludo preto sobre o vestido de chiffon creme da Temperley, com detalhes pretos nos punhos, na gola e na cintura, em sua primeira aparição pública após o anúncio de seu noivado, na festa de Natal do Teenage Cancer Trust, em dezembro de 2010.

À ESQUERDA: A duquesa parece uma verdadeira rainha do Pacífico Sul com sua coroa de flores e o vestido floral "Beatrice" da Temperley, em Tuvalu, na Polinésia, durante sua turnê ao Pacífico Sul, em setembro de 2012.

À DIREITA: Em Wimbledon, ao assistir uma partida de tênis, em junho de 2011, Kate se destacou da multidão no vestido branco plissado "Moriah", da Temperley.

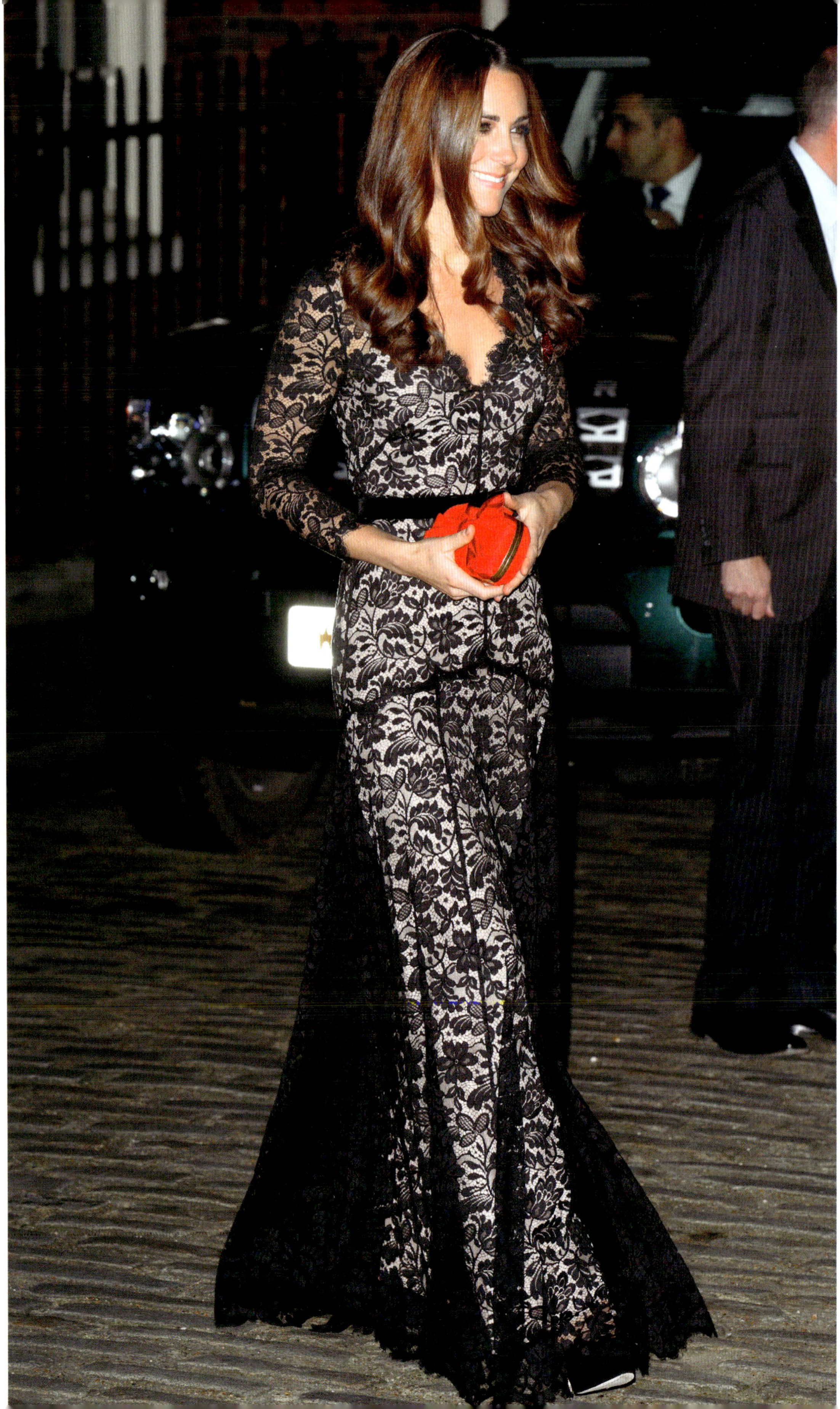

LOOK 37

A Beleza de Kate

O Vestido A moda e a Universidade de St Andrews tiveram um papel importante na vida de Kate. Foi durante um evento de moda da St Andrews – um desfile beneficente, em março de 2002 – que Kate chamou a atenção de um certo colega, o estudante William. Depois de ver aquela que seria sua futura esposa desfilando com um vestido transparente (veja na p. 22), o príncipe teria sussurrado a um amigo: "Uau, Kate é muito sexy!". O tal vestido, feito de tule de seda preta e turquesa, de Charlotte Todd, uma estudante do curso de moda da Universidade West of England, foi arrematado num leilão em 2011, por cerca de 70 mil libras!

Em apoio à St Andrews (universidade da qual seu marido atualmente é patrono), quando o casal real foi ao baile de gala que comemorou os 600 anos da instituição no dia 8 de novembro de 2012, Kate ousadamente escolheu outro vestido com transparência... embora, desta vez, algo muito mais sofisticado, um modelo de Alice Temperley.

O belíssimo vestido "Amoret" é confeccionado com uma luxuosa renda francesa sobreposta em seda *blush* que acentua o seu floral. Os detalhes típicos da Temperley podem ser vistos nos recortes ao longo dos punhos, da bainha e do decote, na abertura das costas em forma de V, e no cinto de crepe com laço; a saia é costurada em curva, dando um elegante movimento ao vestido. O efeito geral é de extrema feminilidade, uma peça atemporal – última palavra em chique refinado e *glamour* noturno.

O belo longo foi, na verdade, visto pela primeira vez em Kate na estreia do filme *Cavalo de Guerra*, de Steven Spielberg, em janeiro de 2012, em Leicester Square, Londres. Entretanto, o efeito foi um pouco diferente desta vez. Sendo alguém que nunca deixa escapar uma referência de moda, Kate sabia bem que a natureza transparente do modelo de renda lembraria o tão comentado vestido transparente usado no seu tempo de estudante. Foi tipicamente inteligente da parte de Kate transformar um vestido sóbrio em uma brincadeira picante para os *experts* em moda. E, de fato, aquele desfile fatídico estava na mente de Kate durante o baile de gala, quando ela brincou com uma estudante da Universidade St Andrews: "Espero que você não esteja participando do desfile de moda – você nunca sabe o que vão te pedir para usar!"

Os Sapatos A duquesa também trouxe de volta seus sapatos pretos de camurça com saltos imponentes, o "Cosmic", da Jimmy Choo. As plataformas deram equilíbrio ao comprimento do vestido e acrescentaram elegância e altura extra à estrutura já escultural de Kate.

150 > O lookbook

O Broche Este evento de gala ocorreu três dias antes do Remembrance Day, em 11 de novembro de 2012 – período em que muitas pessoas usam uma papoula vermelha pregada à roupa, em memória daqueles que sacrificaram suas vidas durante o serviço militar. Uma defensora das Forças Armadas (sendo o príncipe William um membro da Força Aérea Real britânica), Kate prendeu em seu vestido um broche de papoula revestido em ouro e incrustado com cristais vermelhos. Todos os lucros arrecadados com a venda da peça desenhada por Adrian Buckley foram destinados à Legião Real Britânica, uma instituição de caridade que apoia o pessoal ativo e inativo das Forças Armadas Britânicas. O *designer* britânico Buckley criou sua marca homônima em 1989 e, desde então, ganhou por quatro vezes o prestigiado prêmio "Best Costume Jewellery" da UK Jewellery Awards.

A Bolsa Kate usou a *clutch* vermelha "Classic", da Alexander McQueen (veja ao lado, no canto inferior esquerdo), cujo fecho de caveira – marca personalizada da grife – foi substituído por três pedras vermelhas. Esta foi outra peça reaproveitada – Kate a usou pela primeira vez no passeio do Tâmisa, pelo Jubileu de Diamante, em junho de 2012.

PÁGINA ANTERIOR: Os brincos "Baroque Pearl Drop", de Annoushka, no canto superior esquerdo, são os favoritos de Kate – o *design* clássico e discreto funciona igualmente bem de dia e de noite. No canto superior direito, Kate foi fotografada na primeira vez em que usou o vestido "Amoret" com o belo bracelete de diamantes combinados com os brincos (no canto inferior direito), usados em muitos eventos formais. O conjunto foi visto pela primeira vez na turnê de Kate ao Canadá, em 2011, mas seu *designer* nunca foi identificado, sendo descrito apenas como "um presente". Isso levou à especulação de que o conjunto pode ter sido encomendado com exclusividade pelo príncipe William.

Use Tecidos Finos com Classe

Ao observar a admiração de Kate por tecidos finos é possível ver como sua experiência evoluiu para um estilo mais maduro. Usar cuidadosamente um tecido translúcido pode ser o auge da sofisticação e, ao contrário *daquele* vestido usado na passarela, Kate hoje domina a arte do recato quando se trata de transparência. Aqui estão alguns truques do seu estilo...

Use algo especial por baixo
Um modelador cor da pele mantém a classe sem deixar que a transparência pareça grosseira, e também cobre qualquer saliência – não que Kate tenha algo a esconder!

Jogue com padrões
Tecidos finos padronizados, como a renda, proporcionam mais cobertura do que o tule de seda, como aquele que a jovem Kate um dia usou na passarela.

Belos plissados
Outro típico estilo de Kate – a saia plissada – funciona muito bem em tecidos finos como a seda, pois as dobras criam camadas que impedem de se tornar muito revelador.

Domine o *look* coberto/descoberto
Um vestido de tecido transparente, com mangas longas em forma de sino e uma saia rodada tornou-se rapidamente uma peça básica do guarda-roupa de Kate. A dica de mostrar pouco através do tecido adiciona *glamour*, pois a delicada cobertura mantém a roupa elegante.

LOOK 38

Retrô Chique e Fabuloso

O Vestido Kate usou este vestido verde-esmeralda da Mulberry para a abertura da exposição "Treasures" do Museu da História Natural de Londres, em 27 de novembro de 2012. O *chemise* plissado da coleção pronta entrega da Mulberry apresenta uma gola Peter Pan, cinto, mangas longas bufantes franzidas no punho e uma infinidade de pregas. O modelo é confeccionado em seda pura e tem um estilo retrô, incluindo o *design jacquard* "Peace e Love" da Mulberry, que denomina a cor viva com o nome nada glamouroso de "repolho"!

Na verdade, esta não foi a primeira aparição de Kate usando esta peça em particular. Um ano antes, ela havia usado o modelo no lançamento das celebrações do Jubileu de Diamante da rainha no Palácio de Buckingham.

Kate já utilizou o *design* clássico britânico da casa Mulberry em várias ocasiões. Ela levou a bolsa "Polly Push" em azul noturno na turnê ao Canadá, e foi vista com uma saia de lã da marca enquanto fazia compras na King's Road, em Chelsea.

A Mulberry é conhecida pelo seu estilo essencialmente inglês, por isso este vestido chamativo foi considerado incomum, não só para a duquesa, mas também para a própria marca. A grife descreve o modelo como "sóbrio e apropriado, com um toque da Mulberry. A saia completamente plissada do vestido *chemise* não vai deixar você se misturar com a multidão". Talvez Kate tenha se sentido mais segura usando uma marca como a Mulberry, com sólida reputação no estilo clássico – aqui, ela pode brincar com um *look* peculiar, sem medo de ir longe demais.

Os Sapatos Kate surge novamente com o escarpim preto "Cosmic", da Jimmy Choo – desta vez, a combinação da camurça dos sapatos com a seda brilhante do vestido proporciona um ótimo equilíbrio de contrastes.

O Cabelo A duquesa pode ter usado um vestido antigo e sapatos batidos, mas trazia uma novidade que causou um alvoroço: o penteado. Talvez influenciada pelo vestido *boho*, a duquesa escolheu um *look* retrô com uma franja lateral que descia em camadas com as pontas voltadas para fora. O efeito geral se assemelhava muito ao visual famoso da estrela Farrah Fawcett nos anos 1970, e também – como muitos observadores foram rápidos em apontar – esse foi um dos penteados ostentados pela princesa Diana no início dos anos 1980. Supõe-se que o novo *look* de Kate tenha sido criado pelo salão que ela frequenta há anos – o Richard Ward, de Chelsea, Londres –, e foi considerado um grande sucesso, suavizando seu rosto e acrescentando sofisticação.

Experimente o Visual de Kate

O penteado da duquesa, inspirado no estilo dos anos 1970 é, na verdade, muito fácil de obter se você seguir alguns passos simples...

Incorpore seu lado elegante
Kate escureceu sua cor natural em um tom acima, suavizando com luzes acobreadas para dar mais elegância ao castanho-chocolate. Ao usar um tom mais escuro, você irá adquirir um *look* mais sóbrio e elegante.

Mude o visual sutilmente
Peça ao cabeleireiro para cortar a frente em um ângulo agudo, pois um corte em linha reta pode parecer muito severo. Certifique-se de manter a franja comprida o suficiente para colocar atrás das orelhas, caso você mude de ideia!

Disponha em camadas
Peça para adicionar camadas ao corte contornando o rosto, para adicionar textura, volume e movimento.

Cabelos volumosos
Ao enxaguar o cabelo, certifique-se de eliminar todos os vestígios de condicionador para evitar que ele fique pesado. Enquanto ainda estiver úmido, use um spray para dar volume nas raízes antes de começar a usar o secador.

Familiarize-se com o secador
Passe o secador até que o cabelo esteja 90% seco, trabalhe as camadas com as pontas dos dedos para dar volume. Depois, começando pela parte de baixo, pegue porções de 2,5 a 5 cm e mantenha o resto preso à parte. Enrole cada porção em torno de uma escova grande e arredondada, levante para cima com a máxima tensão e direcione o secador aos cabelos por alguns segundos. Controle a temperatura e a potência do aparelho para fixar cada porção antes de retirar a escova. Em seguida, aplique um pouco de spray fixador.

Por último, comece a trabalhar a franja
Se o cabelo já estiver seco, borrife a franja com um pouco de água fria. Depois, usando uma escova menor, arredondada, comece a secar enrolando as camadas para fora. À medida que o cabelo seca, comece a escovar a franja no ângulo desejado para criar o penteado.

Retoques finais
Para que a onda permaneça, enrole as camadas em bobes grandes e deixe por 10 minutos sob o secador quente. Remova e use os dedos para soltar os cachos. Mais uma vez, finalize com uma borrifada de spray fixador.

Aprenda com os profissionais
O salão favorito de Kate, Richard Ward, é apenas um dos muitos cabeleireiros que oferecem aulas de como usar corretamente o secador, para que você aprenda a criar um acabamento profissional em sua própria casa.

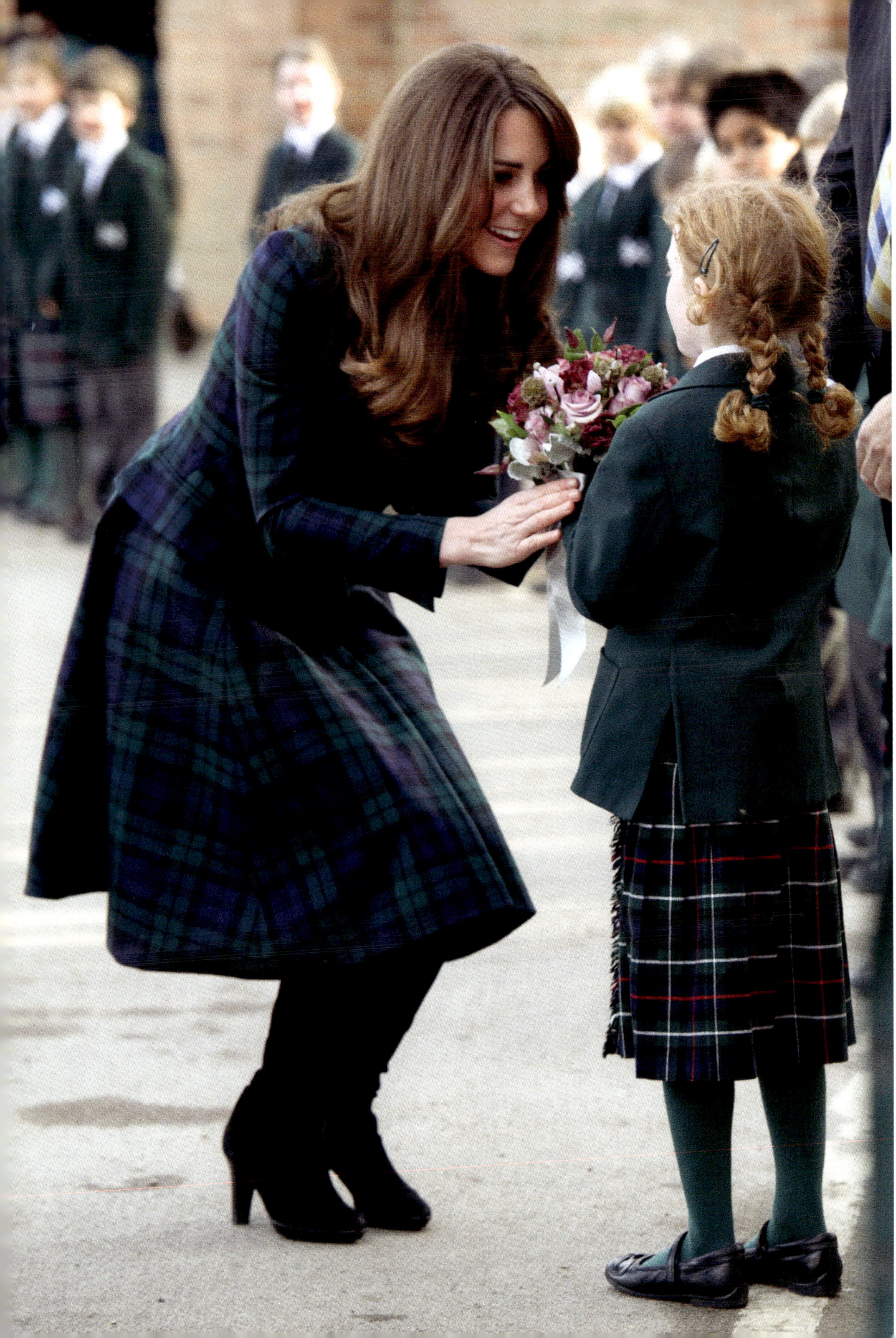

LOOK 39

A Celebração do Tartan

O Vestido-Casaco Kate deu um show de estilo ao visitar sua antiga escola primária, a St Andrew, em Pangbourne, Berkshire, em 30 de novembro de 2012. O vestido-casaco feito sob medida pela Alexander McQueen, foi confeccionado em *tartan* "Black Watch" – uma escolha apropriada para uma visita que aconteceu no dia de St Andrew, e uma referência ao antigo uniforme da escola. O padrão de três tipos de xadrez apresenta as cores azul e verde separadas por quadriculados em preto, muito semelhante aos *kilts* usados por Kate quando era aluna da escola, entre 1986 e 1995. Mas o traje não foi apenas um exercício de nostalgia. Kate captou algo da tendência de moda atual – o *tartan* – que é a chave do *look* de muitas coleções outono-inverno 2012, incluindo a Chloe, Michael Kors e Ralph Lauren, bem como a McQueen.

Para a coleção de outono 2012 da McQueen, Sarah Burton selecionou o *tartan* Black Watch, pertencente à mais famosa elite do regimento do exército escocês, que remonta a 1729. Na época, a marca fez a seguinte declaração sobre a escolha do tecido: "O uso do xadrez azul-marinho e verde-escuro do Regimento do 3º Batalhão da Escócia, o Black Watch, representa a reverência à tradição e à história da marca".

O vestido-casaco de Kate foi, na verdade, feito sob medida, mas ele incorpora alguns elementos do casaco "Black Watch" da linha mais acessível da grife McQueen, a McQ. Tanto a saia quanto as abas nos quadris refletem o *design* original. No entanto, o casaco de Kate foi cortado em um tecido mais leve, tornando-o mais fácil de usar.

As Botas Kate usou suas botas pretas preferidas – "Rhumba", da Aquatalia –, sobre uma grossa meia-calça preta. E, mais uma vez, as versáteis botas não a decepcionaram no campo de esportes. Aparentemente feliz por estar de volta em território tão familiar, a ex-capitã da equipe mostrou suas habilidades no novo campo de hockey, totalmente à vontade – mesmo de saltos altos!

Os Brincos Kate escolheu seus deslumbrantes brincos de safira e diamantes para combinar com o tom marinho de seu vestido-casaco xadrez. Os brincos, agora remodelados, eram da falecida mãe de William, a princesa Diana, e são claramente os favoritos da duquesa, uma vez que ela já os usou em diversas ocasiões (veja Look 6, p. 42). A joia herdada também ajudou a realçar o visual estilo Diana que muitos observadores perceberam em Kate, com seu mais recente penteado lateral.

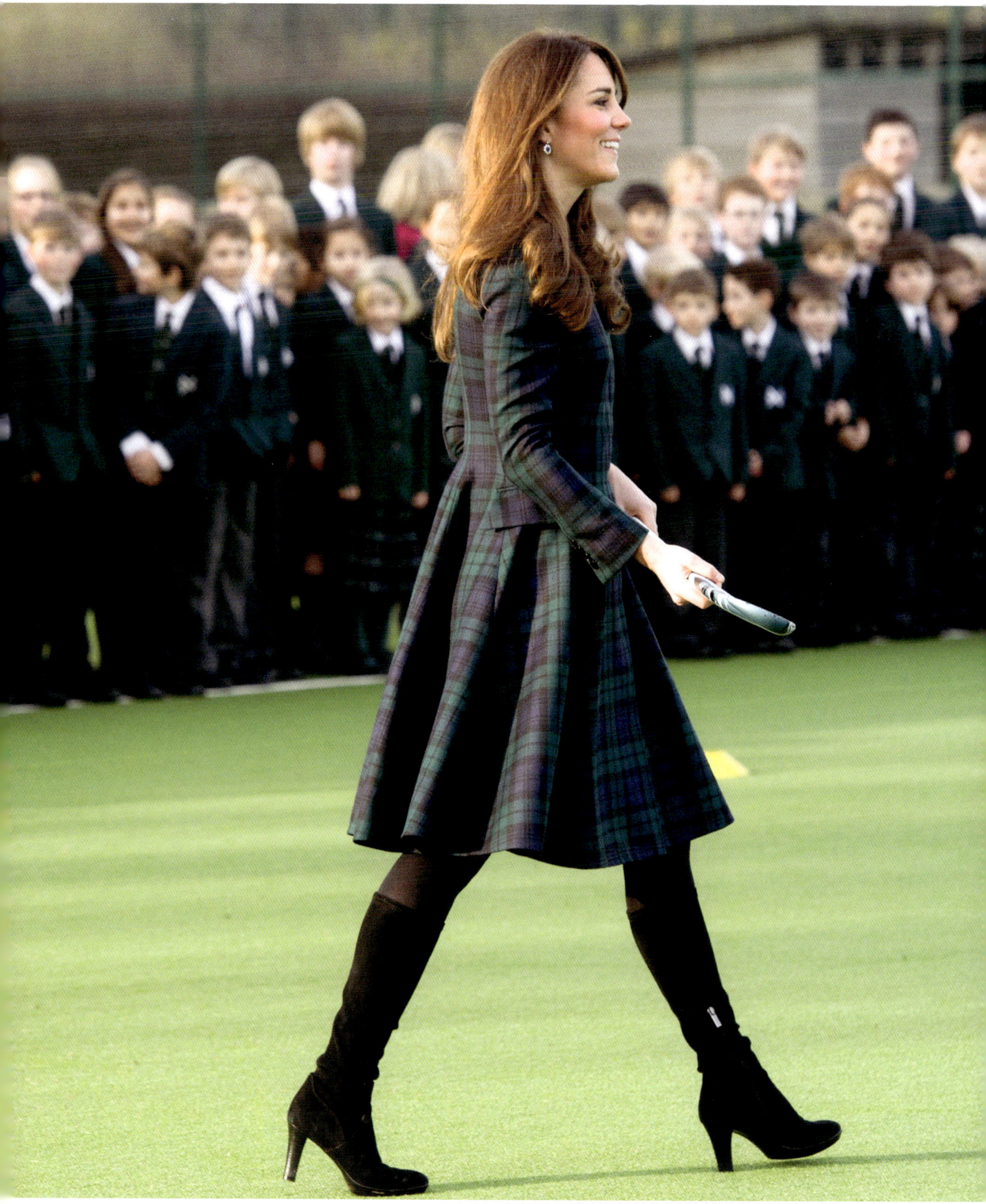

Experimente o Tartan

A duquesa de Cambridge tem uma predileção por este tradicional tecido xadrez, e usou, por duas vezes, um lenço dobrado com o *tartan* Strathearn, em homenagem ao título escocês que ela herdou: condessa de Strathearn. A primeira vez em que ela foi vista com o lenço, estava com um vestido escarlate da grife Alexander McQueen, no passeio pelo Tâmisa em comemoração ao Jubileu de Diamante da rainha, em junho de 2012 (veja Look 22, p. 96) e, mais tarde, em julho, na homenagem ao príncipe William, em Edimburgo, quando ele foi condecorado com a Ordem do Cardo-Selvagem, o mais nobre título escocês.

Aqui, nesta ocasião, o vestido-casaco *tartan* de Kate pode ter combinado com os uniformes de sua antiga escola preparatória, mas nada havia da estudante naquela roupa sofisticada. Aqui estão algumas dicas de erros e acertos no uso deste tradicional tecido escocês, de uma forma elegante e adulta...

Lembre-se, este é um tecido de inverno
O *tartan* é muito pesado para o verão, mas você pode dar um ar mais feminino ao tecido, escolhendo peças em formato bem cortado.

Não exagere
Uma peça de *tartan* é suficiente. Esta é a chave para qualquer roupa, pois o *tartan* fica lindo como um bloco sólido, mas o efeito será perdido se utilizado com acessórios do mesmo padrão. Do mesmo modo, um toque de *tartan* – na forma de lenço ou bolsa – dá outra dimensão a uma roupa simples.

Vista-o para todas as ocasiões
Tartan é um tecido versátil que pode ser usado por cima ou por baixo. Adicione acessórios simples em preto e saltos para eventos formais, ou combine com jeans e botas longas para um traje mais casual.

Não se esqueça de que o tartan originalmente era usado por homens
Para suavizar o *look* masculino, escolha formas femininas, como o vestido-casaco godê, de Kate.

Escolha com cuidado o tamanho do xadrez do tartan
Este é o tipo de tecido em que *menos é mais* para a maioria das mulheres – tanto as formas pequenas quanto as grandes vão encontrar no xadrez menor um visual mais charmoso do que os padrões maiores.

AO LADO: Apesar da notória disposição de Kate, três dias depois da visita à sua antiga escola, em que ela usou este elegante vestido-casaco em *tartan*, foi anunciado que a duquesa estava grávida e sofria com os sintomas iniciais de seu estado, o que a levou a passar alguns dias no hospital. O Palácio de Buckingham logo assegurou à nação que Kate e o bebê, aguardado para julho de 2013, estavam bem.

LOOK 40

A Exuberância de Kate

O Vestido Quando a duquesa de Cambridge participou da apresentação oficial de seu retrato na National Portrait Gallery, em 12 de janeiro de 2013, ela estava resplandecente, saudável e seu corpo esbelto apenas insinuava os primeiros sinais do bebê, ainda muito pequeno. A futura mamãe exibia a face corada, e apesar de sua habitual forma esguia, a duquesa exibia o rosto um pouquinho mais cheio. Mas uma coisa estava clara – ela parecia totalmente recuperada após sua breve hospitalização em razão dos severos enjoos matinais.

A despeito de qualquer distração causada pela gravidez, seu senso impecável de estilo brilhou, como sempre, ao surgir em um elegante vestido de chiffon vinho para um evento que, inevitavelmente, a colocou sob os holofotes. O vestido "Sofie Rae", de uma de suas grifes favoritas, a Whistles, fez parte da coleção outono-inverno 2011. O *design* sazonal é confeccionado em seda 100%, com mangas longas bufantes e um profundo decote em V aberto, sem gola. A saia franzida tem um charmoso caimento pouco abaixo do joelho e a cintura é ajustada por um laço preto simples, combinando com a *clutch* e os sapatos pretos.

Por não estar ainda em um estágio de gravidez que exija roupas de gestante, e sempre interessada em reaproveitar os trajes de que mais gosta, este é um vestido que já foi usado pela duquesa na Dinamarca, em um evento beneficente da UNICEF com o príncipe William, e também sob um casaco de lã ameixa, na visita a Newcastle, em outubro de 2012.

Enquanto o lado *fashion* de Kate permanece impecável, o seu retrato oficial, feito pelo artista britânico Paul Emsley, inspirou comentários dos mais diversos, e muitos deles fazem menção de que a imagem não lhe faz jus. Alguns críticos acharam que a pintura fez a duquesa parecer mais velha, enquanto o *Daily Mail* comentou que o retrato tinha sido chamado de "podre". A própria duquesa, no entanto, disse que ficou emocionada com o resultado, e o príncipe William também teceu elogios à pintura, afirmando: "O quadro é lindo. Absolutamente lindo". Ao posar para o retrato, Kate usou uma blusa azul-marinho de seda, sem mangas, da French Connection, chamada o "Sub Silky Tie Top", e a combinou com os brincos de safira e diamantes remodelados que pertenceram à princesa Diana.

O Colar Para complementar o vestido "Sofie Rae", Kate escolheu seu amado pingente Asprey 167, que se aninhou perfeitamente no decote do vestido. O colar em ouro branco tem diamantes brancos em torno de uma ametista central. A demanda pela joia, desde que Kate foi vista com ela pela primeira vez, em 2011, foi tão alta que os joalheiros da Asprey decidiram relançar a peça que já havia sido suspensa em setembro de 2012. A Asprey é uma das mais antigas joalherias do Reino Unido, que remonta a 1781, e fica na New Bond Street, em Londres. A loja tem uma longa história com a realeza, fornecendo coroas, cetros e diademas para as famílias reais ao redor do mundo e, atualmente, detém uma autorização real de compromisso do príncipe de Gales.

Os Sapatos Os primeiros estágios da gravidez não parecem afetar a propensão de Kate por saltos altos. A marca Episode é vendida apenas nas lojas de departamento House of Fraser. Kate foi fotografada pela primeira vez usando estes saltos durante a visita a Leicester, no Jubileu de Diamante, em março de 2012.

Como Vestir sua Barriga

Kate, apesar da gravidez, permanece inalterada: chique, elegante e feminina, combinando com perfeição a moda das boutiques e das grifes luxuosas. Muitas mães de primeira viagem cometem o erro de abandonar suas roupas favoritas muito cedo, mas só porque você tem uma barriga para vestir, não significa que tenha que perder seu estilo. Veja como ficar bem em roupas com espaço para uma barriguinha de bom tamanho, mas que ainda mostram seu figurino...

Fique linda e confortável
Vestidos e blusas tipo envelope tornam-se ótimas opções para futuras mamães. O decote em V realça o busto, e a cintura amarrada permite o crescimento da barriga. O modelo envelope é versátil para o dia e para a noite e a elasticidade do jérsei permite que seu tamanho aumente nos primeiros seis meses de gravidez.

Seja tendenciosa
Kate adora vestidos e saias em viés; drapeados suaves e curvas acentuadas são perfeitos para grávidas, uma vez que eles têm mais a "prover" do que as roupas com corte reto, assentando bem na barriga, à medida que ela vai crescendo.

Encontre peças para a gestação inteira
Provavelmente haverá peças no seu guarda-roupa que poderão ser usadas durante todo o período de gestação, com algumas alterações. Cardigans e camisas, por exemplo, podem ser usadas abertas sobre uma regata de seda.

Diga não às frescuras e babados
Como a parte de cima do corpo cresce bastante, não use blusas espalhafatosas. Mantenha os detalhes mínimos.

Mostre sua forma
Defina sua forma escolhendo blusas longas que não apertem abaixo do busto ou nas laterais. Para eventos noturnos mais chiques, adicione laços grossos ou cintos às blusas e vestidos.

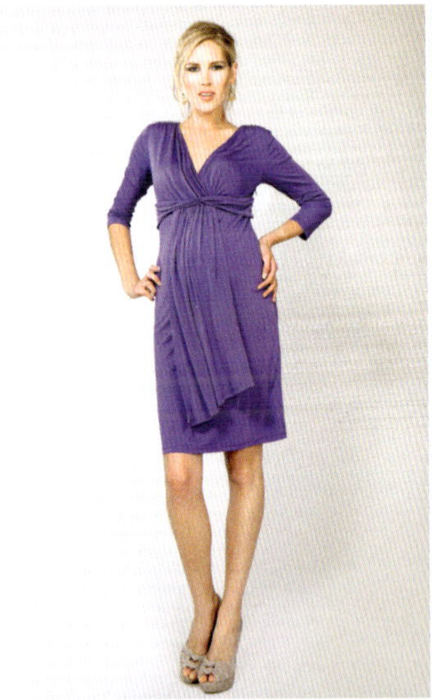

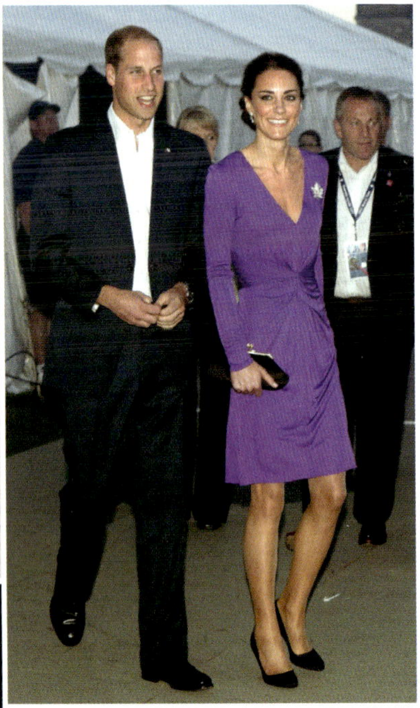

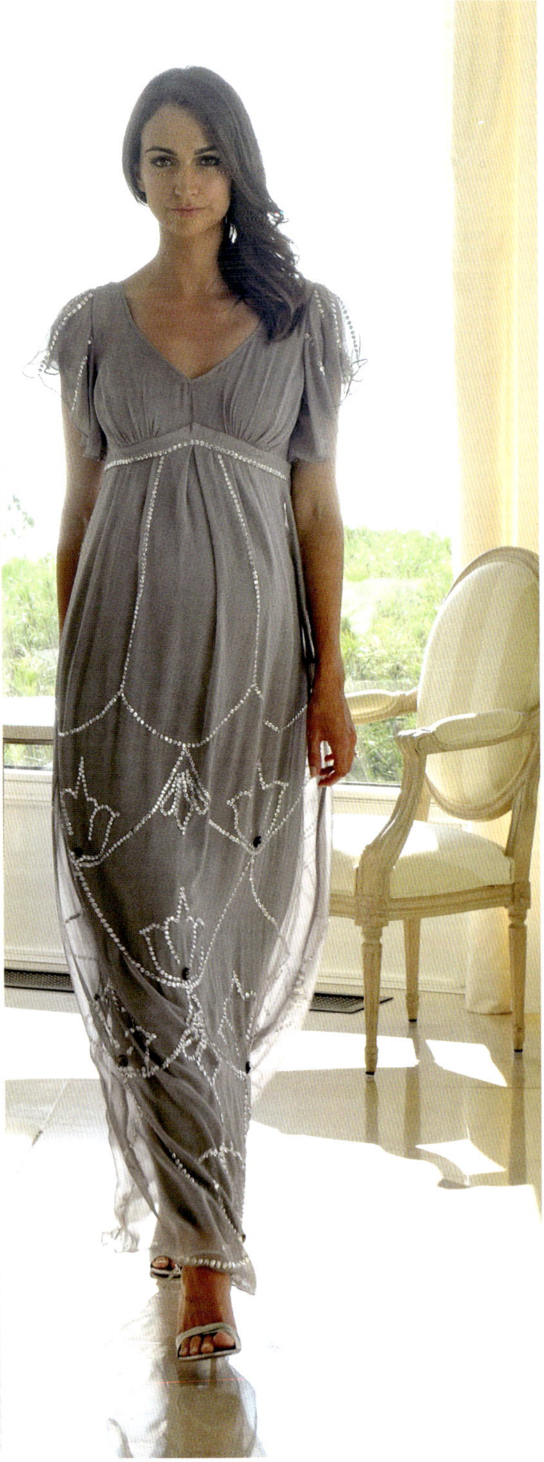

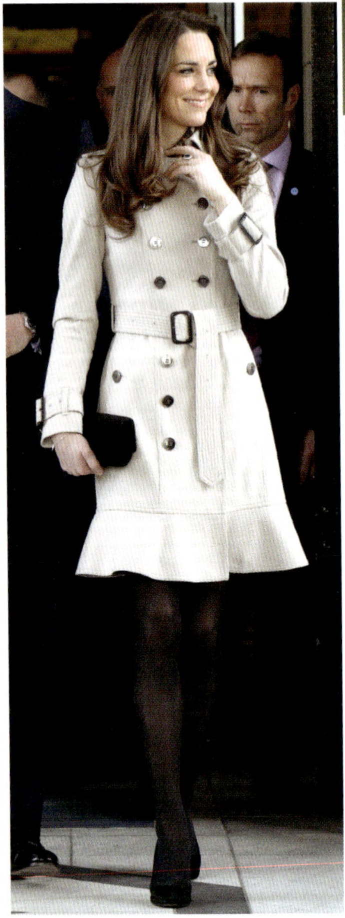

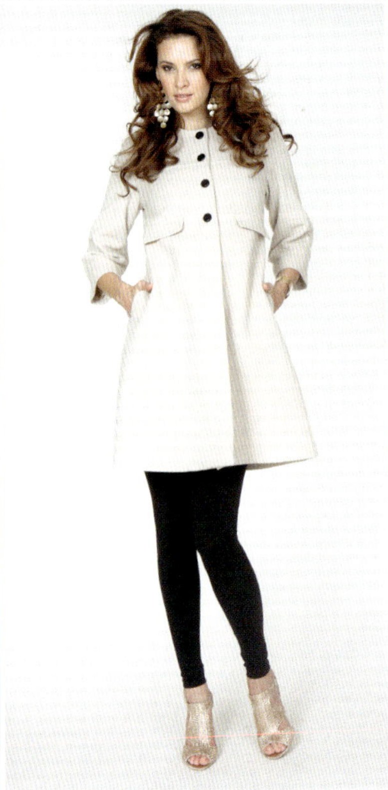

Mãe é a Palavra do Momento!

Felizmente, Kate está sendo mimada pela quantidade de opções quando o assunto é roupa de gestante, pois as lojas e os estilistas finalmente se deram conta de que as mulheres querem permanecer chiques sem esconder suas barrigas em batas disformes. Aqui estão alguns dos melhores lugares do Reino Unido para as grávidas encontrarem roupas elegantes...

ASOS Coleção Maternidade, *www.asos.com*
Há rumores de que Kate tenha adquirido alguns itens lindos na linha de maternidade comprando online; a marca possui vestidos, jeans e lingeries para grávidas modernas.

Gap, *www.gap.com*
Em janeiro de 2013, Kate foi vista em uma loja da Gap, em Chelsea, a favorita para roupas casuais, bonitas e confortáveis. E eles possuem uma incrível variedade de jeans para grávidas, com o mesmo corte do jeans padrão, mas com a cintura em elástico, que estende à medida que a barriga cresce.

Isabella Oliver, *www.isabellaoliver.com*
Esta clássica loja online tornou-se a salvadora das futuras mamães que amam blusas charmosas, franzidas em jérsei; e possui uma fabulosa variedade de vestidos envelope, que adicionam *glamour* a qualquer barriga.

Séraphine, *www.seraphine.com*
Uma ótima opção para roupas chiques que exibem suas curvas, em vez de escondê-las. Suas cores e formas ecoam intimamente o estilo de Kate: como o vestido de nó roxo (no canto superior esquerdo da página anterior), e o vestido cinza de chiffon com lantejoulas (na página anterior, à direita).

Top Shop Maternity, *www.topshop.com*
Com preços acessíveis sem perder as tendências, possui uma variedade de moda essencial para vestir as futuras mamães.

Onde Encontrar o Estilo de Kate

Para saber onde Kate compra suas calças jeans ou suas marcas favoritas, você encontrará a seguir uma lista com as principais lojas e sua localização.

Assim como acontece com os 40 *looks* descritos nas páginas anteriores, um dos atributos que elevam Kate de simplesmente elegante a ícone de moda – mundialmente reconhecida –, é a sua habilidade para montar um visual completo. A duquesa não apenas escolhe lindos vestidos, casacos elegantes e peças chiques, como também se mantém atenta a cada detalhe e sabe escolher o acessório perfeito para finalizar um visual. Seja qual for o item – como os brincos de topázio da Kiki McDonough, a maravilhosa *clutch* L.K. Bennett e as charmosas botas de estilo cowboy R. Soles –, Kate tem a visão de uma estilista profissional e aqui, nós catalogamos suas marcas e boutiques favoritas, tais como a Reiss, Whistles e Zara, além de algumas menos conhecidas, como a Episode, da loja de departamentos House of Fraser, e a Russell & Bromley.

A lista, claro, não seria de Kate, se não mencionasse os seus *designs* preferidos, como os da grife Alexander McQueen, Alice Temperley, Emilia Wickstead e Issa. E, para finalizar, detalhamos onde você pode adquirir os seus itens de maquiagem e perfumes.

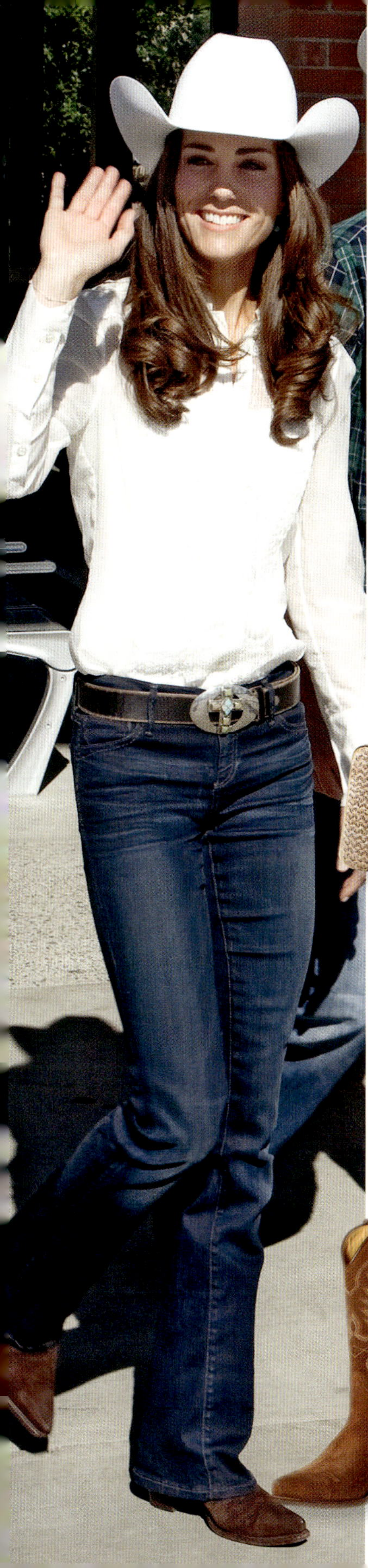
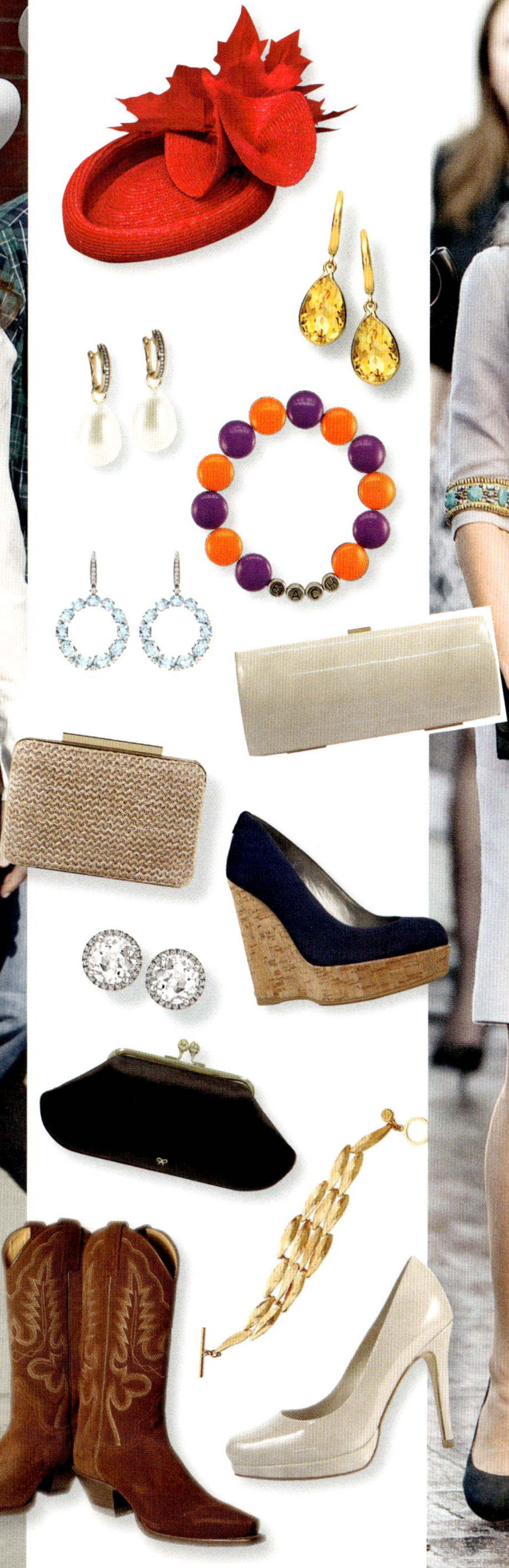
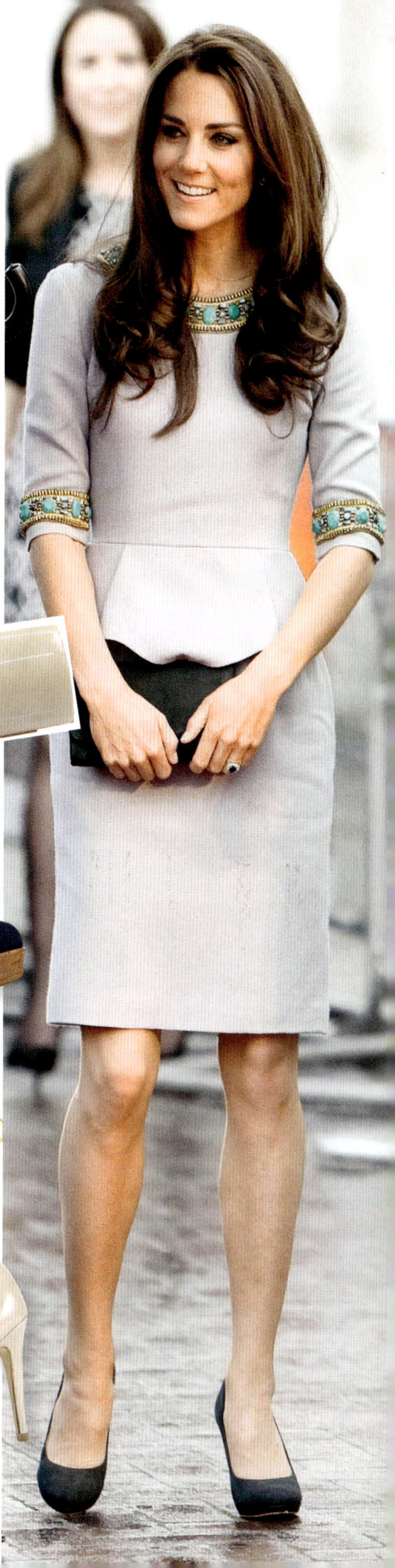

Acessórios

Aquatalia, por Marvin K
Reino Unido
Russell & Bromley
24–25 New Bond Street
Londres W1S 2PS
08450 342259
www.russellandbromley.co.uk

Estados Unidos
Neiman Marcus
Maple & Paulding Avenue
White Plains
Nova York NY 10601
914-428-2000
www.neimanmarcus.com

Saks Fifth Avenue
611 5th Avenue
Nova York NY 10022
877-551-7257
www.saksfifthavenue.com

Austrália
Diana's of Noosa
Bay Village
26 Hastings Street
Noosa Heads QL 4567
07-5447-5991
www.dianasofnoosa.com.au

Raymond Poulton Shoes
Shop 110, Rundle Mall
Myer Centre
Adelaide SA 5000
08-8410-6998
www.raymondpoulton.com.au

Stuart Weitzman for Hermanns
Shop G061
Chadstone Shopping Centre
1341 Dandenong Road
Chadstone VIC 3148
03-9522-9736
www.hermanns.com.au/Hermanns.asp

Stuart Weitzman for Hermanns
175 Collins Street
Melbourne VIC 3000
03-9522-9709
www.hermanns.com.au/Hermanns.asp

Stuart Weitzman for Hermanns
Shop 3020 Westfield Sydney
188 Pitt Street
Sidney NSW 2000
02-8424-2737
www.hermanns.com.au/Hermanns.asp

Canadá
Disponível em lojas independentes em todo o país, incluindo as seguintes:

Brown's Shoes
3035 Boul. Carrefour Laval
Laval, QC H7T 1C7
450-681-4924
www.brownsshoes.com

Brown's Shoes
1 Promenade Circle
Thornhill ON L4J 4P8
905-764-1444
www.brownsshoes.com

Brown's Shoes
300 Borough Drive
Scarborough ON M1P 4P5
416-290-5158
www.brownsshoes.com

Davids
Markio Designs Inc.
1200 Bay Street
Toronto ON M5R 2A5
416-929-9629
www.davidsfootwear.com

Holt Renfrew
2452 Laurier Boulevard
Quebec City QC G1V 2L1
418-656-6783
www.holtrenfrew.com

Holt Renfrew
737 Dunsmuir Street
Vancouver BC V7Y 1E4
604-681-3121
www.holtrenfrew.com

Jean-Paul Fortin
2050 De Celles
Quebec G2C 1X8
418-845-5369
www.jeanpaulfortin.com

Ogilvy
1307 Sainte-Catherine Street W.
Montreal QC H3G 1P7
514-842-7711
www.ogilvycanada.com

Le Chameau
Reino unido
Bestboots Ltd
Coates Farm
Nettleton
Wiltshire SN14 7NS
01249 783530
www.bestboots.co.uk

Cedarstone Limited
Callimore Farm
Droitwich
Worcestershire WR9 0NS
01299 851767
www.le-chameau-clothing.co.uk

John Norris of Penrith
21 Victoria Road
Penrith
Cumbria CA11 8HP
01768 864211
www.johnnorris.co.uk

Out of the City Ltd
Ordnance Road
Buckshaw Village
Chorley
Lancashire PR7 7EL
0845 862 4624
www.outofthecity.co.uk

Philip Morris & Son
21 Widemarsh Street
Hereford HR4 9EE
01432 377089
www.philipmorrisdirect.co.uk

Jimmy Choo
Reino Unido
32 Sloane Street
Londres SW1X 9NR
020 7823 1051
www.jimmychoo.com

27 New Bond Street
Londres W1S 2RH
020 7493 5858
www.jimmychoo.com

Estados Unidos
240 North Rodeo Drive
Beverly Hills
Los Angeles CA 90210
310-860-9045
www.jimmychoo.com

Bloomingdale's
845 Market Street
São Francisco CA 94103
415-856-5431
www.jimmychoo.com

716 Madison Avenue
Nova York NY 10065
212-759-7078
www.jimmychoo.com

Austrália
Chadstone Shopping Centre
1341 Dandenong Road
Chadstone VIC 3148
61-0-39038-10-84
www.jimmychoo.com
MLC Centre
41 Castlereagh Street
Sidney NSW 2000
61-2-8666-06-06
www.jimmychoo.com

Westfield Bondi Junction
500 Oxford Street
Bondi Junction NSW 2022
61-2-9078-86-68
www.jimmychoo.com

Jane Corbett
Reino Unido
Roxtons
10/11 Bridge Street
Hungerford
Berkshire RG17 OEH
07557 868260
www.janecorbett.co.uk
(Visitas apenas com agendamento)

Episode
Reino Unido
House of Fraser
318 Oxford Street
Londres W1C 1HF
0845 602 1073
www.houseoffraser.co.uk

Salvatore Ferragamo
Reino Unido
24 Old Bond Street
Londres W1S 4AL
020 7629 5007
www.ferragamo.com

207 Sloane Street
Londres SW1X 9QX
020 7838 7730
www.ferragamo.com

Westfield
Londres W12 7SL
020 8743 0212
www.ferragamo.com

Harrods
87–135 Brompton Road
Londres SW1X 0NA
020 7730 1234
www.ferragamo.com

Mitsukoshi
14–20 Lower Regent Street
Londres SW1Y 4PH
020 7839 6714
www.ferragamo.com

Selfridges
400 Oxford Street
Londres W1A 1AB
020 7318 2326
www.ferragamo.com

Estados Unidos
655 5th Ave
Nova York NY 10022
212-759-3822
www.ferragamo.com

45 North Michigan Avenue
Chicago IL 60611
312-397-0464
www.ferragamo.com

8500 Beverly Boulevard No. 770
Los Angeles CA 90048
310-652-0279
www.ferragamo.com

100 Huntington Avenue
Boston MA 02116
617-859-4924
www.ferragamo.com

Austrália
David Jones
100 Rundle Mall
Adelaide SA 5000
61-8-8305-3269
www.ferragamo.com

45 Collins Street
Melbourne VIC 3000
61-3-9654-5066
www.ferragamo.com

45 Castlereagh Street
Sidney NSW 2000
61-2-9221-3036
www.ferragamo.com

Sylvia Fletcher – James Lock
Reino Unido
Lock & Co. Hatters
6 St James's Street
Londres SW1A 1EF
020 7930 8874
www.lockhatters.co.uk

French Sole Ltd
Reino Unido
26 Brook Street
Londres W1K 5DQ
020 7493 2678
www.frenchsole.com

6 Ellis Street
Londres SW1X 9AL
020 7730 3771
www.frenchsole.com

323 King's Road
Londres SW3 5EP
020 7351 1634
www.frenchsole.com

61 Marylebone Lane
Londres W1U 2PA
020 7486 0521
www.frenchsole.com

Givenchy Sunglasses
Reino Unido
Dover Street Market
17–18 Dover Street
Londres W1S 4LT
020 7518 0680
www.givenchy.com

Harrods
87–135 Brompton Road
Londres SW1X 7XL
020 7730 1234
www.givenchy.com

Harvey Nichols
109–125 Knightsbridge
Londres SW1X 7RJ
020 7235 5000
www.givenchy.com

Estados Unidos
Barneys Nova York
660 Madison Avenue
Nova York NY 10021
212-826-8900
www.givenchy.com

Bergdorf Goodman
754 5th Avenue
Nova York NY 10019
212-753-7300
www.givenchy.com

Jeffrey
449 West 14th Street
Nova York NY 10014
212-206-1272
www.givenchy.com

Canadá
Holt Renfrew
50 Bloor Street
Toronto M4W 1A1
416-922-2333
www.givenchy.com

La Maison Simon
977 Sainte-Catherine Ouest
Montreal QC H3B 4W3
514-282-1840
www.givenchy.com

SSense
9600 Meilleur
Montreal QC H2N 2ES
514-384-1906
www.givenchy.com

Anya Hindmarch
Reino Unido
15–17 Pont Street
Londres SW1X 9EH
020 7838 9177
www.anyahindmarch.com

63 Ledbury Road
Londres W11 2AJ
020 7792 4427
www.anyahindmarch.com

118 New Bond Street
Londres W1S 1EW
020 7493 1628
www.anyahindmarch.com

157–158 Sloane Street
Londres SW1X 9AB
020 7730 0961
www.anyahindmarch.com

Estados Unidos
29 East 60th Street
Nova York NY 10022
212-750-3974
www.anyahindmarch.com

118 South Robertson Boulevard
Los Angeles CA 90048
310-271-9707
www.anyahindmarch.com

Jaeger
Reino Unido
200–206 Regent Street
Londres W1R 6BN
020 7979 1100
www.jaeger.co.uk

102 George Street
Edinburgh EH2 3DF
0131 225 8811
www.jaeger.co.uk

20 Milsom Street
Bath
Avon BA1 1DE
01225 466415
www.jaeger.co.uk

Kiki McDonough
Reino Unido
12 Symons Street
Londres SW3 2TJ
020 7730 3323
www.kiki.co.uk

Também disponível na Astley Clarke:
www.astleyclarke.com

L.K. Bennett
Reino Unido
164–166 King's Road
Londres SW3 4UR
020 7351 9659
www.lkbennett.com

94 Marylebone High Street
Londres W1U 4RY
020 7224 0319
www.lkbennett.com

45–45a George Street
Edinburgh EH2 2HT
0131 226 3370
www.lkbennett.com

Victoria Square
Belfast BT1 4QG
02890 238 292
www.lkbennett.com

St Davids Two
Tregegar Street
Cardiff CF10 2FB
029 2034 1143
www.lkbennett.com

Estados Unidos
Bloomingdale's
59th Street & Lexington Avenue
Nova York NY 10022
212-705-2000
www.lkbennett.com

900 North Michigan Avenue
Chicago IL 60611
312-374-0958

8100 Tysons Corner Center
McLean VA 22102
703-556-4600

Houston Galleria
5085 Westheimer Road
Houston TX 77056
713-961-0009
www.lkbennett.com

Pied à Terre
Reino Unido
House of Fraser
318 Oxford Street
Londres W1C 1HF
0845 602 1073
www.houseoffraser.co.uk

Prada
Reino Unido
16–18 Old Bond Street
Londres W1S 4PS
020 7647 5000
www.prada.com

House of Fraser
11–45 Buchanan Street
Glasgow G1 3HL
0844 800 3728
www.prada.com

Selfridges & Co.
1 Exchange Square
Manchester M31BD
0161 838 0710
www.prada.com

Estados Unidos
312 South Galena Street
Aspen CO 81611
970-925-7001
www.prada.com

8500 Beverly Boulevard
Space 739
Beverly Hills CA 90048
310-228-1400
www.prada.com

3200 Las Vegas Boulevard South
Las Vegas NV 89109
702-699-7106
www.prada.com

Austrália
David Jones
86–108 Castlereagh Street
Sidney NSW 2000
61-2-9266-5249
www.prada.com

Shop 1, The Moroccan
11 Elkhorn Avenue
Surfers Paradise QLD 4217
61-7-5539-8858
www.prada.com

75–77 Collins Street
Melbourne VIC 3000
61-03-96630978
www.prada.com

Canadá
Holt Renfrew
510 8th Avenue SW
Calgary AB T2P 4HG
1-403-269-7341
www.prada.com

Holt Renfrew
737 Dunsmuir Street
Vancouver V7Y E4
1-604-681-3121
www.prada.com

R. Soles
Reino Unido
109A King's Road
Londres SW3 4PA
020 7351 5520
www.rsoles.com

Rupert Sanderson
Reino Unido
19 Bruton Place
Londres W1J 6LZ
020 7491 2260
www.rupertsanderson.com

2a Hans Road
Londres SW3 1RX
020 7584 9249
www.rupertsanderson.com

Emmy Scarterfield
Reino Unido
Emmy Shoes
65 Cross Street
Londres N1 2BB
020 7704 0012
www.emmyshoes.co.uk

Smithbilt Hats (Stetsons)
Canadá
1103 12th Street Southeast
Calgary AB T2G 3H7
403-244-9131
www.smithbilthats.com

Jane Taylor Millinery
Reino Unido
3 Filmer Mews
75 Filmer Road
Londres SW6 7JF
020 8393 2333
www.janetaylormillinery.com

Stuart Weitzman
Canadá
3035 Boulevard le Carrefour
Laval QC H7T 1C8
450-973-1468
http://uk.stuartweitzman.com

Chinook Center
6455 Macleod Trail SW
Calgary AB T2H 0K9
403-265-0551
http://uk.stuartweitzman.com

2305 Rockland
Mont-Royal QC H3P 3E9
514-735-6344
http://uk.stuartweitzman.com

Wilbur & Gussie
Reino Unido
Fenwick
63 New Bond Street
Londres W1S 1RJ
020 7629 9161
www.wilburandgussie.com

Liberty
Regent Street
Londres W1B 5AH
020 7734 1234
www.wilburandgussie.com

Irlanda
Harvey Nichols Dublin
Dundrum Town Centre
Dublin 16
+353 (0) 1291 0488
www.wilburandgussie.com

Estados Unidos
Gywnn's of Mount Pleasant
916 Houston Northcutt Blvd
Mt. Pleasant SC 29464
843-884-9518
www.wilburandgussie.com

Mildred Hoit
265 Sunrise Avenue
Palm Beach FL 334 80
561-833-6010
www.wilburandgussie.com

Vivi Shoes
503 West Lancaster Avenue
Wayne PA 19087
610-688-6732
www.wilburandgussie.com

Boutiques e Grifes

Alexander McQueen
Reino Unido
4–5 Old Bond Street
Londres W1S 4PD
020 7355 0088
www.alexandermcqueen.com

Estados Unidos
417 West 14th Street
Nova York NY 10014
212-645-1797
www.alexandermcqueen.com

8379 Melrose Ave
Los Angeles CA 90069
323-782-4983
www.alexandermcqueen.com

Bal Harbour
9700 Collins Avenue
Miami FLA 33154
305-866-2839
www.alexandermcqueen.com

Amanda Wakeley
Reino Unido
175–177 Fulham Road
Londres SW3 6JW
020 7352 7143
www.amandawakeley.com

Harvey Nichols
109–125 Knightsbridge
Londres SW1X 7RJ
020 7235 5000
www.amandawakeley.com

Harvey Nichols
107–111 Briggate Street
Leeds LS1 6AZ
0113 245 8119
www.amandawakeley.com

Harvey Nichols
30–34 St Andrews Square
Edinburgh EH2 3AD
0131 524 8388
www.amandawakeley.com

Harvey Nichols
21 New Cathedral Street
Manchester M3 1RE
0161 828 8864
www.amandawakeley.com

Banana Republic
Reino Unido
224 Regent Street
Londres W1B 3BR
www.bananarepublic.co.uk

23 King's Road
Duke of York Square
Londres SW3 4LY
020 7730 4704
www.bananarepublic.co.uk

24–26 Union Street
Bath BA1 1RS
01225 429559
www.bananarepublic.co.uk

The Trafford Centre
Manchester M17 8BN
0161 748 4613
www.bananarepublic.co.uk

Estados Unidos
552 Broadway
Nova York NY 10012
212-334-2109
http://bananarepublic.gap.com

Beulah London
Reino Unido
14 Grosvenor Crescent
Londres SW1X 7EE
020 7235 3818
www.beulahlondon.com

Harvey Nichols
109–125 Knightsbridge
Londres SW1X 7RJ
020 7235 5000
www.beulahlondon.com

Kim Vine
84 The High Street
Marlborough
Wiltshire SN8 1HF
01672 519937
www.beulahlondon.com

Christopher Kane
Reino Unido
Browns
6c Sloane Street
Londres SW1X 9LE
020 7514 0040
www.brownsfashion.com

Question Air
129 Church Road
Londres SW13 9HR
020 8741 0816
www.question-air.com

Estados Unidos
Barneys
3325 Las Vegas Boulevard South
Las Vegas NV 89109
702-629-4200
www.barneys.com

Emilia Wickstead
Reino Unido
28 Cadogan Place
Londres SW1X 9RX
020 7235 1104
www.emiliawickstead.com

Erdem
Reino Unido e Irlanda
Selfridges
400 Oxford Street
Londres W1A 1AB
020 7318 2326
www.erdem.co.uk

Thomas Brown
88–95 Grafton Street
Dublin 2
+353 (0) 1605 6666
www.erdem.co.uk

Estados Unidos
Barney's Nova York
9570 Wilshire Blvd.
Beverly Hills CA 90212
310-276-4400
www.erdem.co.uk

Saks Fifth Avenue
384 Post Street
São Francisco CA 94108
415-086-4300
www.erdem.co.uk

Canadá
Holt Renfrew
1300 Rue Sherbrooke Ouest
Montreal QC H3G 1H9
514-842-5111
www.erdem.co.uk

50 Bloor Street W
Toronto ON M4W 3L8
416-922-2333
www.erdem.co.uk

Goldsign
Reino Unido
Selfridges
400 Oxford Street
Londres W1A 1AB
020 7318 2326
http://www.gold-sign-jeans.com

Hobbs
Reino Unido
37 Brompton Road
Londres SW3 1DE
020 7225 2137
www.hobbs.co.uk

115 High Street
Oxford OX1 4BX
01865 249 437
www.hobbs.co.uk

37 George Street
Richmond
Londres TW9 1HY
020 8948 6720
www.hobbs.co.uk

Hudson
Reino Unido
Mee
9a Bartlett Street
Bath BA1 2QZ
01225 442250
www.hudsonjeans.com
Mottoo
12 Duke Street
Brighton BN1 1AH
01273 326 633
www.hudsonjeans.com

Trilogy
63 Weymouth Street
Londres W1G 8NU
020 7486 8085
www.hudsonjeans.com

Austrália
Mrs Watson
155 Sailors Bay Road
Northbridge NSW 2063
612-9958-1516
www.hudsonjeans.com

Momento
4 Manuka Circle
Manuka
Canberra ACT 2603
612-6295-1146
www.hudsonjeans.com

Page One
273 George Street
Sidney City NSW 2000
612-9252-6895
www.hudsonjeans.com

Issa
Reino Unido
12 Lots Road
Londres SW10 OQD
020 7352 4241
www.issalondon.com

89 Eastbourne Mews
Londres W2 6LQ
020 7262 3124
www.issalondon.com

Harrods
87–135 Brompton Road
Londres SW1X 7XL
020 7730 1234
www.issalondon.com

Estados Unidos
Net-A-Porter
www.net-a-porter.com

J Brand
Reino Unido
Disponível na House of Fraser e em outras lojas, incluindo:

318 Oxford Street
Londres W1C 1HF
0845 602 1073
www.houseoffraser.co.uk

Estados Unidos
Suite 1D
811 Traction Ave
Los Angeles CA 90013
213-620-9797
www.jbrandjeans.com

40 Grants Ave
São Francisco CA 94108
415-982-5726
www.jbrandjeans.com

Austrália
Debs
24 Ocean Beach Road
Sorrento VIC 3943
03-5984-1617
www.jbrandjeans.com

Mazal
Shop 2002
Westfield Sydney City
Sidney NSW 2022
61-404-875-111
www.jbrandjeans.com

Canadá
Aritzia
701 West George Street
Vancouver BC V7Y 1AL
604-681-9301
www.jbrandjeans.com

Jenny Packham
Reino Unido
3a Carlos Place (pronta entrega)
Londres W1K 3AN
020 7493 6295
www.jennypackham.com

75 Elizabeth Street (apenas com hora marcada)
Londres SW1W 9PJ
020 7730 2264
www.jennypackham.com

34 Elizabeth Street (acessórios)
Londres SW1W 9NZ
020 7730 4883
www.jennypackham.com

Estados Unidos
Gabriella Nova York
400 W 14th Street
Nova York NY 10014
212-206-1915
www.jennypackham.com

Katherine Hooker
Reino Unido
19 Ashburnham Road
Londres SW10 0PG
020 7352 5091
www.katherinehooker.com

Libélula
Reino Unido
Austique
330 King's Road
Londres SW3 5UR
020 7376 3663
www.libelula-studio.com

Austique
40 New Cavendish Street
Londres W1G 8UD
020 7487 3468
www.libelula-studio.com

Katherine Bird
20 Battersea Rise
Londres SW11 1EE
020 7228 2235
www.libelula-studio.com

Katie and Jo
253 New King's Road
Londres SW6 4RB
020 7736 5304
www.libelula-studio.com

L.K. Bennett
(veja em Acessórios, p. 165)

M by Missoni
Reino Unido
Harrods
87–135 Brompton Road
Londres SW1X 7XL
020 7730 1234
www.m-missoni.com

Harvey Nichols
109–125 Knightsbridge
Londres SW1X 7RJ
020 7235 5000
www.m-missoni.com

Estados Unidos
Neiman Marcus
737 North Michigan Avenue
Chicago IL 60611
1-31-2642 5900
www.m-missoni.com

Saks Fifth Avenue
9634 Wilshire Boulevard
Beverly Hills CA 90212
1-310-275-4211
www.m-missoni.com

Austrália
Cyberia
579 Chapel Street
South Yarra
Melbourne VIC 41059
61-3-9824-1339
www.m-missoni.com

Spence & Lyda
Surry Hills
Sidney NSW 2010
61-2-921-26747
www.m-missoni.com

Canadá
Holt Renfrew
25 The West Mallon
Toronto M9C 1B8
www.m-missoni.com

Matthew Williamson
Reino Unido
28 Bruton Street
Londres W1J 6QH
020 7629 6200
www.matthewwilliamson.com

Estados Unidos
415 West 14th Street
Nova York NY 10014
212-255-9881
www.matthewwilliamson.com

Mulberry
Reino Unido
26 Multrees Walk
Edinburgh EH1 3DQ
0131 557 5439
www.mulberry.com

House of Fraser
32–48 Promenade
Cheltenham GL50 1HP
0844 800 3715
www.mulberry.com

Estados Unidos
Tysons Galleria
2001 International Drive
Mclean VA 22102
888-685-6856
www.mulberry.com

166 Grant Avenue
São Francisco CA 94108
888-685-6856
www.mulberry.com

Austrália
Westfield Shopping Centre
188 Pitt Street
Sidney NSW 2000
61-28246-9160
www.mulberry.com

Penelope Chilvers
Reino Unido
The Cross
141 Portland Road
Londres W11 4LR
020 7727 6760
www.penelopechilvers.com

Lynx
20 West Park
Harrogate
North Yorkshire HG1 1BJ
01423 523845
www.penelopechilvers.com

Estados Unidos
Erica Wilson
25–27 Main Street
Nantucket MA 02554
508-228-988
www.penelopechilvers.com

The Gallerie
520 E Durant Ave 102
Aspen CO 81611
970-544-4893
www.penelopechilvers.com

Project D
Reino Unido
Austique Chelsea
330 King's Road
Londres SW3 5UR
020 7376 4555
www.projectdlondon.com

Matches
13 Hill Street
Richmond
Londres TW9 1SX
0845 602 5612
www.projectdlondon.com

Square
15 Old Bond Street
Bath BA1 1BP
01225 464 997
www.projectdlondon.com

Austrália
David Jones
86–108 Castlereagh Street
Sidney NSW 2000
02-9266-5544
www.davidjones.com.au

Emilio Pucci
Reino Unido
170 Sloane Street
Londres SW1X 9QG
020 7201 8171
http://home.emiliopucci.com

Harrods
87–135 Brompton Road
Londres SW1X 0NA
020 7730 1234
http://home.emiliopucci.com

Selfridges
400 Oxford Street
Londres W1A 1AB
020 7318 3369
http://home.emiliopucci.com

Estados Unidos
Crystals at City Centre
3720 Las Vegas Boulevard South
Las Vegas NV 89158
702-262-9671
http://home.emiliopucci.com

Saks Fifth Avenue
611 5th Avenue
Nova York NY 10022
212-753-4000
http://home.emiliopucci.com

Ralph Lauren
Reino Unido
1 New Bond Street
Londres W1S 3RL
020 7535 4600
www.ralphlauren.co.uk

105–109 Fulham Road
Londres SW3 6RL
020 7590 7990
www.ralphlauren.co.uk

233–235 Westbourne Grove
Londres W11 2SE
020 7313 7590
www.ralphlauren.co.uk

Estados Unidos
109 Prince Street
Nova York NY 10012
212-625-1660
www.ralphlauren.com

2040 Fillmore Street
São Francisco CA 94115
415-440-6536
www.ralphlauren.com

Austrália
David Jones
80–108 Castlereagh Street
Sidney NSW 2000
01-02-9266-5581
www.ralphlauren.com

Reiss
Reino Unido
26 Trinity Street
Cambridge CB2 1TB
01223 308 733
www.reiss.com

114 King's Road
Londres SW3 4TX
020 7589 0439
www.reiss.com

10 Hampstead High Street
Londres NW3 1PX
020 7435 1542
www.reiss.com

Estados Unidos
900 North Michigan Avenue
Chicago IL 60611
312-440-4460
www.reiss.com

Beverly Center
Bloomingdale's
8500 Beverly Boulevard
Los Angeles CA 90048
310-360-2700
www.reiss.com

309–313 Bleecker Street
Nova York NY 10014
212-488-2411
www.reiss.com

Roksanda Ilincic
Reino Unido
Browns
23–27 South Moulton Street
Londres W1K 5RD
020 7514 0016
www.roksandailincic.com

Flannels
Crown Square
Spinningfields
Manchester M3 3FL
0161 832 5536
www.roksandailincic.com

68–78 Vicar Lane
Leeds LS1 7JH
0113 234 9977
www.roksandailincic.com

Estados Unidos
Elizabeth Charles
2056 Fillmore Street
São Francisco CA 94115
415-440-2100
www.roksandailincic.com

Kirna Zabete
96 Greene Street
Nova York NY 10012
212-941-9656
www.roksandailincic.com

Opening Ceremony
451 North La Cienega Boulevard
Los Angeles CA 90048
310-652-1120
www.roksandailincic.com

Austrália
Cactus Jam
729 Glenferrie Road
Hawthorn VIC 3122
61-03-9819-0348
www.roksandailincic.com

Canadá
Milli
310 Main Street West
Hamilton ON L8P 1J8
1-888-527-1531
www.roksandailincic.com

The Room – Hudson Bay
176 Yonge Street
Toronto ON M5C 2L7
1-416-861-9111
www.roksandailincic.com

Smythe
Reino Unido
Square One
43 St Johns Wood
Londres NW8 7NJ
020 7586 8658
www.smythelesvestes.com

Trilogy
33 Duke of York Square
Londres SW3 4LY
020 7730 6515
www.smythelesvestes.com

Rocca Boutique
32 Montpellier Parade
Harrogate
North Yorkshire HG1 2TG
01423 564146
www.smythelesvestes.com

Estados Unidos
Ooh La Shoppe
25 The Plaza
Locust Valley
Nova York NY 11560
516-801-2700
www.smythelesvestes.com

Ron Herman
325 North Beverly Drive
Beverly Hills CA 90210
310-550-0910
www.smythelesvestes.com

Saks Fifth Avenue
9600 Wilshire Boulevard
Beverly Hills CA 90212
310-275-4211
www.smythelesvestes.com

Canadá
Coup Boutique
10137 104 Street Northwest
Edmonton AB T5J 0Z9
1-780-756-3032
www.smythelesvestes.com

Holt Renfrew
240 Sparks Street
Ottawa ON K1P 6C9
1-613-238-2200
www.smythelesvestes.com

Ssense
90 Rue Saint Paul Ouest
Montreal QC H2Y 3S5
1-514-289-1906
www.smythelesvestes.com

Stella McCartney
Reino Unido
30 Bruton Street
Londres W1J 6QR
020 7518 3100
www.stellamccartney.com

91–95 Fulham Road
Londres SW3 6RH
020 7589 0092
www.stellamccartney.com

Selfridges
400 Oxford Street
Londres W1A 1AB
020 7318 2326
www.stellamccartney.com

Estados Unidos
112 Greene Street
Nova York NY 10014
212-255-1556
www.stellamccartney.com

Saks Fifth Avenue
9600 Wilshire Boulevard
Beverly Hills CA 90212
310-275-4211
www.stellamccartney.com

Saks Fifth Avenue
5800 Glades Road
Boca Raton FL 33431
561-393-9100
www.stellamccartney.com

Temperley London
Reino Unido
27 Bruton Street
Londres W1J 6QN
0207 229 7957
www.temperleylondon.com

2–10 Colville Mews
Lonsdale Road
Londres W11 2DA
0207 229 7957
www.temperleylondon.com

Estados Unidos
8452 Melrose Place
West Hollywood CA 90069
323-782-8000
www.temperleylondon.com

Topshop
Reino Unido
Brigstowe Street
Bristol BS1 3BA
0117 9294991
www.topshop.com

65–67 New Street
Huddersfield HD1 2BQ
01484 517149
www.topshop.com

36–38 Great Castle Street
Londres W1W 8LG
0844 8487487
www.topshop.com

Estados Unidos
830 North Michigan Avenue
Chicago 60611
312-280-6834
www.topshop.com

Topshop Fashion Show Mall
3200 Las Vegas Boulevard South
Las Vegas NV 89109
702-866-0646
www.topshop.com

478 Broadway
Nova York NY 10013
212-966-9555
www.topshop.com

Austrália
500 Chapel Street
South Yarra VIC 3141
61-3-8844-0900
www.topshop.com

Canadá
Topshop, Pacific Centre
674 Granville Street
Vancouver BC V6C 1Z6
604-681-6211
www.topshop.com

Twenty8Twelve
Reino Unido
8 Slingsby Place
Londres WC2E 9AB
020 7042 3500
www.twenty8twelve.com

172 Westbourne Grove
Londres W11 2RW
020 7221 9287
www.twenty8twelve.com

Westfield
Londres W12 7GF
020 8749 2450
www.twenty8twelve.com

Westfield Stratford City
Londres E20 1EN
020 8221 1724
www.twenty8twelve.com

Warehouse
Reino Unido
19–21 Argyll Street
Londres W1F 7TR
020 7437 7101
www.warehouse.co.uk

House of Fraser
c/o Army & Navy
45–51 Park Street
Camberley
Surrey GU15 3PG
01276 418 050
www.warehouse.co.uk

Selfridges
400 Oxford Street
Londres W1A 1AB
08708 377377
www.warehouse.co.uk

Whistles
Reino Unido
135–136 Upper Street
Londres N1 1QP
020 7226 7551
www.whistles.co.uk

3–7 Middle Pavement
Nottingham NG1 7DX
011594 75551
www.whistles.co.uk

John Lewis
10 Downing Street
Cambridge CB2 3DS
01223 361292
www.whistles.co.uk

John Lewis Oxford Street
278–306 Oxford Street
Londres W1C 1DX
020 7629 7711
www.whistles.co.uk

Zara
Reino Unido
118 Regent Street
Londres W1B 5FE
020 7534 9500
www.zara.com

79–83 Brompton Road
Londres SW3 1DB
020 7590 6960
www.zara.com

48–52 Kensington High Street
Londres W8 4PE
020 7368 4680
www.zara.com

Estados Unidos
212 Newbury Street
Boston MA 02116
617-236-1414
www.zara.com

6902 Hollywood Blvd.
Los Angeles CA 90028
323-469-1002
www.zara.com

689 5th Ave
Nova York NY 10022
212-371-2555
www.zara.com

Austrália
Bourke Street Mall
Melbourne VIC
03-8663-0400
www.zara.com

Westfield Sydney
Sidney NSW
02-9216-7000
www.zara.com

Canadá
Chinook Centre
6455 MacLeod Trail SW
Calgary AB T2H OK8
403-538-2357
www.zara.com

Cabelos

James Pryce e Richard Ward
Reino Unido
82 Duke of York Square
Londres SW3 4LY
020 7730 1222
http://richardward.com

Estados Unidos
Yarok Beauty Kitchen
39 West 19th Street
Nova York 10011
212-876-4293
www.yarokhair.com

Joalherias

Annoushka
Reino Unido
41 Cadogan Gardens
Londres SW3 2TB
020 7881 5828
www.annoushka-jewellery.com

1 South Molton Street
Londres W1K 5QF
020 7629 8233
www.annoushka-jewellery.com

Bicester Village
50 Pingle Drive
Oxon OX26 6WD
0186 924 9948
www.annoushka-jewellery.com

Azuni
UK John Lewis
300 Oxford Street
Londres W1A 1EX
020 7629 7711
http://azuni.co.uk

Buckley Jewellery (Adrian Buckley)
Stocked worldwide
www.buckleylondon.com

Cartier
Reino Unido
143–144 Sloane Street
Londres SW1X 9AY
020 7312 6930
www.cartier.co.uk

40–41 Old Bond Street
Londres W1S 4QR
020 7290 5150
www.cartier.co.uk

Selfridges
400 Oxford Street
Londres W1A 1AB
020 7318 3977
www.cartier.co.uk

Estados Unidos
653 Fifth Avenue
Nova York NY 10022
212-753-0111
www.cartier.co.uk

Eyes on Lincoln
708 Lincoln Road
Miami Beach FL 33139
305-532-0070
www.cartier.co.uk

Saks Fifth Avenue
310 Canal Street
New Orleans LA 70130
504-524-2200
www.cartier.co.uk

Austrália
The Moroccan Center
9–11 Elkhorn Avenue
Surfers Paradise
1800-13-0000
www.cartier.co.uk

43 Castlereagh Street
Sidney NSW
1800-13-0000
www.cartier.co.uk

Canadá
3401 Dufferin Street
Toronto ON M6A 2T9
416-787-7474
www.cartier.co.uk

Catherine Zoraida
Reino Unido
Austique
330 King's Road
Londres SW3 5UR
020 7376 4555
www.catherinezoraida.com

Felt
13 Cale Street
Londres SW3 3QS
020 7349 8829
www.catherinezoraida.com

Wolf & Badger
46 Ledbury Road
Londres W11 2AB
020 7229 5698
www.catherinezoraida.com

Garrard
Reino Unido
24 Albemarle Street
Londres W1S 4HT
0870 871 8888
www.garrard.com

Harvey Nichols
109–125 Knightsbridge
Londres SW1X 7RJ
020 7235 5000
www.garrard.com

Estados Unidos
Saks Fifth Avenue
384 Post Street
São Francisco CA 94108
415-986-4300
www.garrard.com

V.A.U.L.T
1024 Lincoln Road
Miami Beach FLA 33139
305-673-5251
www.garrard.com

Heavenly Necklaces
0203 162 3048
www.heavenlynecklaces.com

Kiki McDonough
(veja em Acessórios, p. 165)

Links of London
Reino Unido
Fenwick
Brent Cross Shopping Centre
Londres NW4 3FN
020 8732 8285
www.linksoflondon.com

94 Jermyn Street
Londres SW1Y 6JE
020 7930 0400/0401
www.linksoflondon.com

Westfield
Londres W12 7GD
020 8749 7774
www.linksoflondon.com

Estados Unidos
The Mall at Short Hills
115 Short Hills NJ 07078
973-376-0911
www.linksoflondon.com

535 Madison Avenue
Nova York 10022
212-588-1177
www.linksoflondon.com

Links of London at Bloomingdales
909 North Michigan Avenue
Chicago IL 60611
312-440-4460
www.linksoflondon.com

Canadá
Holt Renfrew
Eaton Centre
Calgary T2P 4H9
001-403-269-7341
www.linksoflondon.com

Holt Renfrew
10180 101 Street Northwest
Edmonton AB T5J 3S4
001-780-425-5300
www.linksoflondon.com

Holt Renfrew
Bloor Street
Toronto M4W 1A1
001-416-960-4039
www.linksoflondon.com

Tiffany & Co. (Elsa Peretti)
Reino Unido
25 Old Bond Street
Londres W1S 4QB
020 7409 2790
www.tiffany.co.uk

145 Sloane Street
Londres SW1X 9AY
020 7409 2790
www.tiffany.co.uk

Westfield
Londres W12 7GQ
020 7409 2790
www.tiffany.co.uk

Estados Unidos
730 North Michigan Avenue
Chicago, IL 60611
312-944-7500
www.tiffany.com

Fifth Avenue and 57th Street
Nova York, NY 10022
212-755-8000
www.tiffany.com

5481 Wisconsin Avenue
Chevy Chase, MD 20815
301-657-8777
www.tiffany.com

Austrália
226 Queen Street
Brisbane, QLD 4000
1-800-731-131
www.tiffany.com.au

37 King Street
Perth WA 6000
1-800-731-131
www.tiffany.com.au

28 Castlereagh Street
Sidney NSW 2000
1-800-731-131
www.tiffany.com.au

Canadá
25 The West Mall
Toronto, ON M9C 1B8
416-695-2112
www.tiffany.ca

3401 Dufferin Street
Toronto, Ontario M6A 2T9
416-780-6570
www.tiffany.ca

37 Dunsmuir Street
Vancouver BC V7Y 1E4
604-235-4111
www.tiffany.ca

Maquiagem e Fragrâncias

Bobbi Brown
Reino Unido
Browns
34–40 Eastgate Row
Chester
Cheshire CH1 3SB.
01244 403213
www.bobbibrown.co.uk

Elys
16 St Georges Road
Londres SW19 4DP
020 8946 9191
www.bobbibrown.co.uk

Selfridges & Co.
400 Oxford Street
Londres W1U 1AT
020 7437 4370
www.bobbibrown.co.uk

Estados Unidos
Bobbi Brown – The Studio
8 Lackawanna Plaza
Montclair, NJ 07042
973-783-3506
www.bobbibrowncosmetics.com

Dillard's
6000 West Markham
Little Rock AR 72205
501-661-0053
www.bobbibrowncosmetics.com

Sephora
150 Broadway
Nova York NY 10038
212-566-8600
www.bobbibrowncosmetics.com

Austrália
David Jones Claremont Quarters
47–49 Bayview Terrace
Claremont WA 6010
08-9210-5600
www.bobbibrown.com.au

Mecca Maxima Melbourne
GD 54/55 Melbourne Central La Trobe Building
Melbourne VIC 3000
61-3-9639-5897
www.bobbibrown.com.au

Myer Sydney City
436 George Street
Sidney NSW 2000
61-2-9238-9111
www.bobbibrown.com.au

Illuminum Perfume
Reino Unido
41–42 Dover Street
Londres W1S 4NS
http://illuminumperfume.com

Agradecimentos

A editora agradece imensamente a todos que colaboraram com as imagens deste livro.
Indicação: a=alto, b=baixo, c=centro, e=esquerda, d=direita
Anya Hindmarch: 38d, 163c (Clutch de seda preta "Maud")
Bear Holding Ltd: 71
Beulah London: /www.beulahlondon.com: 127
Catherine Zoraida: /www.catherinezoraida.com: 130d, 163c (Pulseira "Spread your wings")
Corbis: /Mike Nelson/epa: 7
Imagens cedidas por East Anglia's Children's Hospices: 79a, 79b,163c (Pulseira EACH, *design* exclusivo de Imogen Sheeran, comercializada online em: www.each.org.uk/bracelet)
Emmy Shoes: /www.emmyshoes.co.uk: 83r
Getty Images: 1, 4, 9, 11, 23bd, 25d, 29bd, 33bd, 34, 47, 48a, 51r, 52, 65b, 66, 67, 94, 95e, 96, 98, 100, 101d, 102, 103, 110, 111ad, 117b, 117b, 133, 134d, 135, 136, 137, 144, 144b, 148, 149, 150ad, 150be, 150bd, 153, 160be, 164, /2011 100 Associação Women In Hedge Funds: 80, /2012 Índigo: 88a, / AFP: 14, 23ae, 23ad, 39, 41ad, 45e, 45d, 72e, 74, 75, 77, 84, 106, 113, 123e, 125, 138, 140, /FilmMagic: 20-21, 72bd, /Reino Unido Press: 10e, 19, 89, 146e, 152, 160ac, /WireImage: 29ae, 29ace, 29bc, 29bcd, 33e, 33ad, 36ad, 36bd, 37, 41e, 44, 46, 48b, 49, 54e, 54d, 58, 65c, 78, 120e, 120d, 123d, 142, 146d, 161, 163c (chapéu vermelho)
Heavenly Necklaces: 101e, 162ae
Jimmy Choo: 57, 63, 131e, 162ce, 162bd
Joalheria Annoushka: 118cd, 163 (brinco de pérolas)
Kiki McDonough: 59ad, 68d, 115, 163c (Brincos de citrino, de topázio azul e diamantes e de topázio branco e diamantes)
L.K. Bennett: 55, 163c (clutch "Natalie")
Libélula: 88c, 91
Next Plc: 76
Press Association Images: /Lefteris Pitarakus/PA Archive: 61
Perfil: /Illuminum: 40
R. Soles: 50d, 163c (Botas Vegas Setter)
Reiss: 35
Rex Features: 10d, 12, 15, 16, 17, 18, 23ac, 23be, 26-27, 38e, 50e, 62, 64, 85e, 87, 92, 95d, 114, 131ad, 131bd, 134e, 147, 154, 156, 163e, /Ben Cawthra: 97e, 97ad, 97bd, 99, /Malcolm Clarke/Daily Mail: 22d, /Davidson/O'Neill: 8, /Paul Grover: 104, 158, /David Hartley/Rupert Hartley: 68e, 69a, 83e, 85d, 86bd, 163d, /Ikon Pictures/Niraj Tanna: 90, /Nils Jorgensen: 72ad, 159, /Keystone USA-Zuma: 43, 51e, /Eddie Mulholland: 150ae, /NTI Media Ltd: 70, /Newspix: 141, /Niviere-Chamussy/Sipa: 107, 108, 109, /Dominic O'Neill: 24e, /Tim Rooke: 24d, 56, 59ae, 59b, 60, 65a, 81, 86ae, 86ad, 86be, 112, 116, 119, 121, 122, 126, 129, 130e, /Rotello/MCP: 13, /Richard Young: 29ad, 82
Russell and Bromley: 69b, 111bd, 118ae, 118bd, 162be,163c (*clutch* "Park Avenue" e sapatos nude meia pata)
Seraphine: 160ae, 160d, 160cb
Stuart Weitzman: 86b, 111be, 163c, (sapato anabela '"Coco Pop")

Nos esforçamos para reconhecer e contatar as fontes e os responsáveis pelos direitos autorais de cada imagem. A editora se desculpa antecipadamente por quaisquer erros ou omissões involuntárias, que serão corrigidos em futuras edições deste livro.

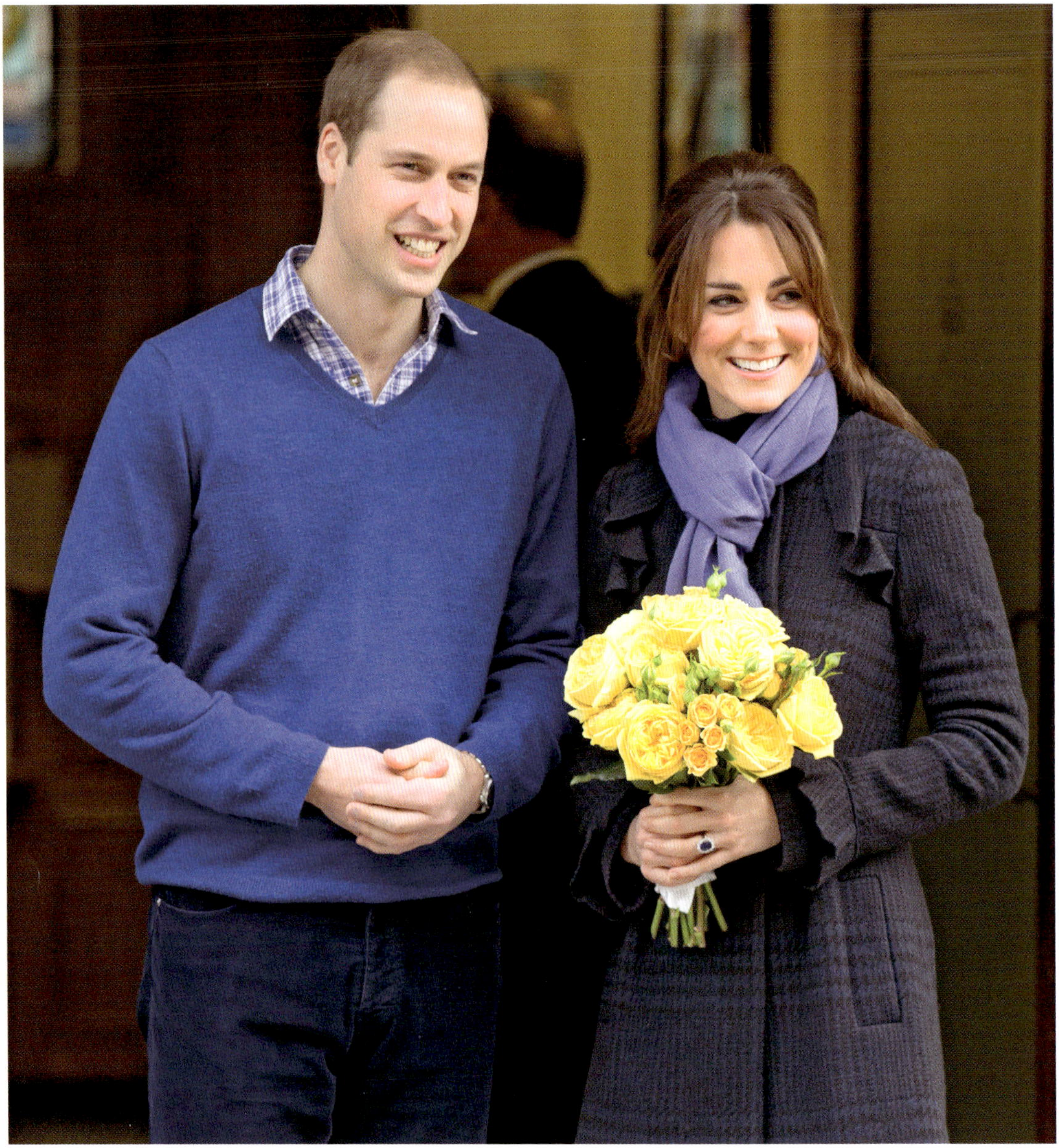